김정은 정권의
핵·미사일 고도화와 미국 상대하기

- 미국의 강압을 역(逆)강압 생존전략으로 정면돌파 -

Kim Jong-un Regime's Nuclear Power Advancement and
Its Counter-Coercive Strategy against the United States

김정은 정권의 핵·미사일 고도화와 미국 상대하기

- 미국의 강압을 역(逆)강압 생존전략으로 정면돌파 -

초판 1쇄 펴낸 날 2020. 2. 20

지 은 이 김황록

펴 낸 이 이진우
편   집 허조행
교   정 이문수
마 케 팅 전진근 · 조관세 · 이수월
디 자 인 박채은

펴 낸 데 도서출판 블루리본
등 록 번 호 제18-49(98.1.21)
주   소 서울시 강남구 역삼동 837-11 Union Ctr 1305
전   화 (02) 3442-0256(대표)
팩   스 (02) 512-0256
전 자 우 편 brbooks@hanmail.net

 BLUE RIBBON® BOOKS

값 20,000원

ISBN 978-89-88185-51-3 03340

*서점에서 책을 사실 수 없는 분들은 전화로 주문(02-3442-0256)
하시면 서점에 가시지 않고도 전국 어디서나 1-2일내 받아
보실 수 있습니다.

농   협 352-0902-3937-63 (예금주: 허영신)
국민은행 818502-04-152931
제일은행 441-20-165120

김정은 정권의
핵·미사일 고도화와 미국 상대하기

- 미국의 강압을 역(逆)강압 생존전략으로 정면돌파 -

Kim Jong-un Regime's Nuclear Power Advancement and
Its Counter-Coercive Strategy against the United States

김황록 지음

이 책은 강대국인 미국이 북한의 핵무력 고도화 활동^{핵실험·미사일}을 억제하기 위해 제재와 압박으로 '강압'하자, 약소국인 북한의 김정은 정권은 미국의 강압에 결코 굴복하지 않고 역逆으로 강경대응하면서 핵무기 운반수단의 고도화와 그 위협을 미국에게 각인시킴으로써 그 결과 강화된 핵억제력과 협상력을 확보하게 되었다는 북한의 대미 '역逆강압전략 관점'╴ 고찰했다.

더욱이 '현실주╷세력균형 이론' 측면에서 볼 때에도 북한이 핵무력 고도화 기 중 미국의 강압에 대항하여 중국이나 러시아 등과 동맹관계 강화로 '편승bandwagoning'을 취하면서 미국에게 '균형balancing'을 취하지도 않았고, 굴복 또는 양보하는 '편승'의 전략을 취하지도 않은 채 오로지 비타협적 강경대응으로 미국을 역逆강압하여 핵무력 고도화 완성에 성공했기 때문이다.

도서출판 **블루리본**

서 문

필자는 1984년 3월, 한국군에서 최초로 창설된1983.7.1 정보병과 육군소위로 임관했다. 이후 2017년 10월 軍정보기관의 수장인 국방정보본부장을 끝으로 공직생활을 마무리할 때까지 약 34년 동안 대북정보 업무에 몸 담아 왔다. 돌이켜보건대 필자가 복무기간 중 약 20여 자리 이상의 주요 정보직위를 거쳐 오면서 김정은 시대 만큼 역동적이었던 시기는 없었다. 필자가 대북정보 업무 27년 차였던 2011년 장군준장으로 진급한 그 해 12월 김정일 위원장이 사망하자 권력을 승계한 김정은 정권은 2012년 집권 첫해부터 핵무력 고도화를 구상하고 공세적으로 실행에 옮긴다. 핵무력 완성을 선언하는 2017년 말까지의 6년이라는 기간은 필자가 합참 정보융합실장2년, 정보사령관2년, 정보본부장2년으로 재직한 시기와 일치한다.

이 기간에 김정은은 총 4회의 핵실험과 무려 60여 발 이상의 탄도미사일을 발사하면서 최고 권력자로서의 모든 권위와 권능 그리고 국가적 역량을 총집중하여 오직 핵무력 고도화에 전념하였다. '핵무력 고도화'의 핵심은 핵탄두를 운반수단에 장착하여 병기화兵器化하는 이른바 핵투발수단의 무기화武器化였으며, 최종수단은 미 본토 전역에 도달할 수 있는 ICBM 완성이었다. 세계유일 초강대국 미국의 강압coercion인 강력한 제재와 압박이 분명하게 예상되었음에도 불구하고 미 본토를 직접 타격할 수 있는 핵투발수단을 고도화하여 자신들의 전략적 목표와 의도를 달성하려는 의지를 보여준 약소국은 이 지구상에서 북한 이외에는 불가능에 가까운 일이었다.

이 시기 필자의 기본 일과는 밤 늦게 퇴근, 새벽 4시 기상(필자 보다 먼저 일어나는 두 분이 있었는데 … 아내는 김밥을 말고, 운진병은 집 앞에 도착해 있었다), 5시 이전에 사무실에 도착하여 간밤에 들어 온 수 많은 자료를 훑어 보고, 부서별 보고도 받고, 확인도 하고, 미측과 정보공조도 하고, 합참의장과 국방장관 보고, 존경하는 의원님들 출근하시면 국회에도 불려가고 하다보면 하루가 짧기만 한 시절이었다. 하루 24시간 중 취침 서너 시간을 제외하고는 그야말로 개인시간 내기가 좀처럼 제한되었던 기억만이 머릿속에 각인되어 있다.

당시 미 정보기관 및 부서와 정보공유는 그 어느 때 보다도 긴박하고 긴밀하게 이루어졌다. 북한이 주로 새벽시간대 그 것도 휴무일에 미사일을 빈번하게 발사했기 때문에 한미 정보분석관들은 "이태원 거리에서 젊은 친구들이 귀가하는 새벽 시간대에 우리 정보인들은 사무실로 출근한다"고 서로를 격려하며 은근히 자부심을 갖기도 했고, 국적은 다르지만 '우리는 정보 마피아다!We are the intelligence mafia!' 라며 한 가족처럼 위로해주던 시절이었다. 필자도 이 시기 새벽 달을 보고 출근하거나 집무실의 야전침대에서 대기했던 기계적인 습관으로 인하여 아직까지도 밤잠을 설치는 일이 종종 있다.

그런데 사실 이 기간에 김정은 정권의 북한은 자신들이 고도화한 다양한 탄도미사일핵투발수단 기술과 실체적 능력의 단면을 거의 모두 보여준 시기였다고 말해도 과언이 아니다. 다시 말해 이 시기처럼 북한의 핵·미사일 세부정보를 분석하기가 용이한 시기는 없었다. 왜냐하면 선대인 김일성·김정일 시기에는 북한체제의 특수성인 폐쇄성과 이중성은 물론 핵 모호성 유지 전략으로 북한의 핵능력을 파악하는 데 상당한 제한사항이 있었지만, 김정은 시대 북한은 핵실험과 미사일 발사간 상세한 위협제원을 적극적으로 공개 및 과시하고자 의도했기 때문에 실체적인 위협을 분석하는 데는 과거보다 훨씬 수월해졌다는 것이다. 그래서 이 기간은 북한이 공개한 핵·미사일 정보로부터 역으로 북한의 핵무력 고도화 위협의 실체를 제대로 파악할 수 있는 가장 절정의 시기였다고 말할 수 있다. 이런 이유로 필자는 북한대학원에서 늦깎이 박사과정에 몰두하여 이론과 실제를 접목한 북한학의 지평을 넓혀 보고자 했다.

그렇다면 김정은 정권은 집권하자마자 왜 핵무력을 고도화했을까? 북한의 주장에 의하면, 새로운 지도자 김정은은 선대시대 부족했던 대미 핵능력과 협상력을 과소평가 및 무시하는 미국의 압박과 제재에 대항하기 위해 미 본토까지 직접 도달할 수 있는 핵투발수단ICBM을 완성하여 이른바 선대시대와 같은 현상유지가 아니라 현상을 새롭게 변경시켜 사실상의 핵보유국 지위 하에 미국과 대등한 위치에서 협상력을 강화하는 전략적 목표를 달성하려 의도했다고 답할 수 있다. 또한 선대의 핵 모호성 유지 전략이 자신의 시대에서는 이미 효력을 상실했다고 판단했기 때문에 미국에게 고도화된 위협의 실체를 각인시켜 미국이 자신들을 더 이상 무시하지 못하도록 위협정보를 필사적으로 공개 및 과시하는 전략을 전개한 것이었다. 이런 측면에서 북한의 핵무력 고도화 전략을 생존전략의 일환으로 본 책에서는 규정했다.

이러한 현상들에 기초해 볼 때, 세계 유일 초강대국, 그것도 총체적인 국력이나 핵무력 면에서 비교할 수 없을 정도로 차이가 나는 미국의 강압에도 불구, 빈곤하고 보잘 것 없는 약소국인 김정은 정권이 어떻게 미국을 상대하며 핵무력 고도화를 완성했을까? 핵무력 고도화의 실체적 위협과 목표 및 의도는 무엇이었을까? 초강대국인 미국은 왜 북한과 대화와 협상에 나섰을까? 당시의 북미관계를 국제관계 이론으로 어떻게 설명이 가능할까라는 질문에 대해 실제와 이론을 접목하여 대답할 수 있다면 고도화된 북핵문제를 전략적으로 해결해 나가는 데 올바른 길잡이가 될 것이라는 영감이 떠올랐다. 이 책은 이상의 핵심질문에 대한 답을 찾는 데 기초가 되는 '김정은 정권의 핵무력 고도화와 미국 상대하기'를 심층있게 설명하고자 했다. 이 부분에서 본 책의 제목인 『김정은 정권의 핵·미사일 고도화와 미국 상대하기』는 필자의 박사학위 논문의 원제인 "김정은 정권의 핵무력 고도화와 대미 역강압전략: 핵투발수단을 중심으로"를 약간 변형한 것으로, 독자들의 이해를 보다 용이하게 돕고자 했다.

예상컨대 가까운 미래에 북한의 핵위협은 이미 고도화된 핵무력과 강화된 협상력에 의해 새로운 양상으로 진화될 것으로 전망한다. 특히 김정은 시대의 핵투발수단은 기존의 단거리·준중거리스커드·노동는 물론 화성계열인 새로운 중거리IRBM·장거리탄도미사일ICBM 완성과 함께 수중에서 은밀하게 발사 가능한 북극성-3형SLBM인 게임체인저까지 완성이 임박하였고, 최근에는 요격이 어려운 새로운 방사포와 전술유도미사일도 추가로 완성하여 고도화된 핵무력을 더욱 보강했기 때문에 선대인 김일성·김정일 시대 북한의 위협과는 비교하기 어려운 새로운 전략적 강압이 예상된다. 한미가 아직 경험해 보지 못한 '안정−불안정 패러독스 stability-instability paradox 이론'에 따른 북한의 군사·비군사적 도발에 철저하게 대비하지 않고 방심하면 후과가 크다는 의미이기도 하다.

이제 김정은 정권의 북한은 핵무력 고도화로 상수常數 입장이 되었고, 변수變數 입장이 된 미국에게 더 큰 몸값을 요구하고 있는 실정이다. 향후 고도화된 북핵문제 해결도, 김정은 정권도 모두 장기화가 예상된다. 이런 면에서 시간은 북한편이다. '상대를 알고 나를 알면 백 번 싸워도 위태롭지 아니하고知彼知己 百戰不殆', '한 번 사용한 전법은 다시 반복하지 않을 것이니 새로운 도발에도 철저히 대비해야 한다戰勝不復 應形無窮'는 손자병법의 구절을 곱씹어 보아야 할 시기에 이 책을 세상에 내놓게 되어 다행스럽게 생각한다.

부족함이 많은 필자의 졸고에도 불구하고, 자상한 지도와 성원을 보내주신 북한대학원대학교 총장님과 교수진, 국가안보전략연구원장님과 직원분들, 도서출판 블루리본 이진우 대표님과 직원분들, 군 선후배동기와 지인분들, 그리고 사랑하는 정보인들과 필자의 아내·두 아들·친지들에게도 깊은 감사를 드린다.

2020년 새해 아침, 관악산 기슭에서
지은이 김황록

contents

6장 결론 및 전망

참고문헌   288

부록

contents

표 목차

그림 목차

contents

김황록 前 국방정보본부장! 김정은 정권의 실체적
핵 · 미사일 위협과 대미 역강압전략을 체계적으로 해부하다.

서 론

북한의 대륙간탄도미사일 화성-15형의 시험발사 장면, 2017. 11. 29

1장 서론

1| 문제제기 및 연구목적

이 책의 집필 목적은 김정은 정권이 예상되는 미국의 압박과 제재에도 불구하고 왜 핵무력을 고도화[1]했고, 어떻게 초강대국인 미국의 강압[2]을 극복하였으며, 고도화의 전략적 목표와 의도는 무엇이었는가를 북미관계에 한정하여 강압이론으로 규명해 보는 것이다. 김정은 정권의 핵무력 고도화 활동이 한국 및 주변국들에게 적지 않은 영향을 미치고 있음에도 불구하고 북미관계로 제한한 이유는 김정은 정권 스스로가 핵무력 고도화 활동을 미국의 대북 적대시 정책과 핵공격 위협에 대항하는 행동으로 법제화하였다는 점[3], 강압 coercion과 역강압counter-coercion의 북미관계 특징[4], 북한의 핵무력 고도화 이후 현재 진행 중인 비핵화 협상 당사국도 북한과 미국이라는 점, 그리고 본 책의 연구 목적 달성에 더욱 충실하기 위함이다.

---

1) '고도화'의 사전적 정의는 '높은 정도/수준으로 되게 하는 것'이다. 김정은 시대 핵무력 '고도화'는 김정일 시대의 북한 핵무력 수준 즉, 핵탄두를 미국영토까지 도달시키는 미사일이 없었던 것과 비교시 '차이 나는 만큼의 높아진 핵무력 위협의 수준'으로 개념화한다. 따라서 '김정은 정권의 대미 핵무력 고도화' 의미는 '주한·주일미군은 물론 괌 및 미국 영토를 직접 위협하는 핵탄두장착이 가능한 탄도미사일(SRBM·MRBM·IRBM·ICBM) 완성과 SLBM· 고체추진 탄도미사일 개발로 제2격 및 기습타격 능력을 향상시킨 수준'으로 정의한다.

2) '강압'이란 '위협을 가하여 상대가 다르게 행동하도록 하는 전략'이다. 강대국인 미국은 군사적 위협수단뿐만 아니라 경제적·외교적·정치적 다양한 위협수단을 가지고 있다.

3) 북한은 3차 핵실험(2013.2) 이후 당중앙위 전원회의(3.31)에서 '경제·핵무력건설 병진로선'에 이어 4월 1일 최고인민회의 법령으로 〈자위적 핵보유국의 지위를 더욱 공고히 할 데 대하여〉를 채택했는데, 법령 제1조에 "조선민주주의인민공화국의 핵무기는 우리 공화국에 대한 미국의 가중되는 적대시정책과 핵위협에 대처하여 부득이하게 갖추게 된 정당한 방위수단이다."라고 명시함으로써 '핵무력 고도화의 원인이 미국에 있다'라고 법제화했다. "자위적 핵보유국의 지위를 공고히 할 데 대하여," 『조선중앙통신』, 2013년 4월 1일.

주지하는 바와 같이 김정은 정권의 고도화된 핵무력은 한반도 평화와 안전은 물론 동아시아 국제관계의 역학적 구조 변화에도 중요한 영향을 미치는 주요현안으로 급부상했다. 이는 김정은 정권의 고도화된 핵무력이 선대先代인 김정일 시대의 핵능력과는 매우 현저한 차이가 나 위협의 범위가 확장되었을 뿐만 아니라 협상력의 레버리지도 커졌기 때문이다. 고도화된 핵무력 위협의 가장 큰 차이점으로 김정일 시대 북한은 미 본토에 직접 도달할 수 있는 핵투발능력을 지닌 중·장거리탄도미사일IRBM·ICBM·SLBM이 실존實存하지 않았지만, 김정은 시대 북한은 태평양을 넘어 미국 영토와 국민을 직접 위협할 수 있는 IRBM1종·ICBM2종·SLBM1종/비행시험 성공을 새로운 핵투발수단으로 확보하였다는 사실이다. 이에 따라 김정은 정권은 선대와는 비교할 수 없을 정도로 강화된 대미 협상력을 가지게 되었고, 결국 강대국인 미국과 두 차례의 정상회담을 거치면서 미국을 직접 상대하는 형국으로 현상이 변화됐다. 특히 하노이 2차 북미 정상회담2019.2에서 비핵화 협상이 결렬된 이후 북한은 미국에게 더 큰 양보를 요구하며 다시 위기를 고조시키고 있다.

이러한 김정은 정권의 위기조성 및 예상되는 벼랑끝 전략은 미국을 직접 공격할 수 있는 핵투발수단 고도화와 강화된 협상레버리지의 과신에 기인한다고 분석되며, 그 파급영향은 향후에도 상당 기간 지속될 것으로 전망된다. 따라서 김정은 정권이 왜 핵무력을 고도화했고, 고도화 위협의 실체는 무엇이며, 고도화된 핵무력을 어떻게 사용하려 했는지에 대한 전략적 목표와 의도를 제대로 파악하는 것이 작금의 상황을 올바로 이해할 수 있을 뿐만 아니라 고도화된 북핵문제 해결에 실마리를 제공해 주는 중요한 기준점이 될 것으로 판단하였으며, 본 연구의 필요성과 중요성이기도 하다.

---

4) 북·미 간 '강압-역강압'의 전략적 상호관계는 2013년 3-5월 사이 상호 핵전쟁 위험 고조 시기에서 대표적 사례로 확인됐다. 미국이 북한의 장거리미사일 발사(2012.12)와 3차 핵실험 (2013.2)에 대응하여 3월 8일부터 말까지 다수의 전략핵폭격기를 한반도로 출격시켜 북한을 강압하자 북한은 전쟁불사를 선언하고 핵투발수단인 무수단 발사 위협, 즉 역강압으로 대응해 북미 간의 핵전쟁 위험 상황까지 초래한 사례이다. 여기서 역(逆)강압이란 '강대국 미국이 약소국 북한을 강압할 때 북한이 미국의 강압에 굴복하지 않고 역으로 맞대응하여 고도화를 달성하려는 행동(전략)'이라고 간략하게 먼저 정의한다.

돌이켜보건대, 김정은은 2011년 12월 17일 김정일 위원장의 사망으로 세습 권력을 승계하자마자 이듬해 북한체제의 최고 권력자로서 모든 권위와 권능 그리고 전 국가적 역량을 총집중하여 오직 핵무력 고도화에만 전념했다. 그는 집권 첫해인 2012년 초 김정일 생전 시부터 추진되어 성사된 '2.29북미합의'5)를 깨고 4월과 12월 이른바 장거리미사일6)을 발사한 데 이어 2013년 2월 3차 핵실험7)을 감행함으로써 핵무력 고도화를 공세적 · 본격적으로 추진하기 시작했다.

이후 북한은 2017년 말까지 약 5년 동안 4회의 핵실험과 40여 회 60여 발의 탄도미사일을 발사8)하면서 사상 최대 횟수로 출격한 전략핵폭격기 및 항모 전개와 UN 대북결의총 8회 및 규탄성명22회 등 미국의 강압에 굴복하지 않고 대화와 협상도 거부한 채 마침내 2017년 11월 29일 미국 전역을 타격할 수 있는 화성-15형 대륙간탄도미사일ICBM: Inter-Continental Ballistic Missile 시험 발사에 성공하고 핵무력 완성을 선언하기에 이른다. 세계 유일의 초강대국인 미국의 강압이 분명하게 예상되었음에도 불구하고 미 본토를 직접 타격목표로 하는 ICBM을 고도화하여 자신들의 전략적 목표와 의도를

---

5) 김정은 정권이 2.29합의를 깨고 장거리미사일 발사를 감행한 것은 핵무력 고도화 명분을 확보하기 위한 김정은의 전략적 구상과 맞물려 사전부터 준비한 의도적인 행동으로 평가했다. 북한은 은밀히 발사준비를 하면서 3차례 북미회담(2011.7- 2012.2)을 병행했기 때문이다. 결국 2.29합의는 이중적 행동 결과로 단지 협상전략 일환이었을 뿐 합의파기는 기정사실이었다.

6) 북한이 주장하는 이른바 실용위성은 발사체(로켓명)와 탑재체(위성명)에 각각 다른 명칭을 부여하고 있다. ①1998.8.31 발사체는 '대포동 1호'(백두산 1호), 탑재체는 '광명성 1호', ②2006.7.5 발사체는 '대포동 2호', 탑재체는 명칭 미식별, ③2009.4.5 발사체는 '은하 2호', 탑재체는 '광명성 2호', ④2012.4.13 발사체는 '은하 3호', 탑재체는 '광명성 3호', ⑤ 2012.12.12. 발사체는 '은하 3호', 탑재체는 '광명성 3호 2기', ⑥2016.2.7 발사체는 '광명성', 탑재체는 '광명성 4호'이다. 국방부는 발사체를 기준으로 대포동 1호(1998.8.31)와 대포동 2호 (②~⑥ 모두를 '대포동 2호' 또는 '장거리미사일')로 나누어 공식적으로 사용하고 있다.

7) 3차 핵실험은 김정 정권에서 감행한 첫 핵실험으로써 핵무기 소형화 · 다종화 · 정밀화가 본격적으로 이루어지는 전환점이 되었다.

8) 김일성(1984.4.11-1993.5.30: 12회 19발) 및 김정일 시대(1994.7-2011.12: 7회 16발)를 합한 약 25년간 총 19회 35발 대비 김정은 시대에는 약 5년간이라는 짧은 기간에 선대 대비 2배(40여 회 60여 발) 이상의 미사일 발사를 통해 집중적으로 고도화했다.

달성하려는 것을 보여준 나라는 이 지구상에서 북한이라는 약소국 외에는 불가능에 가까운 일이었다.

그렇다면 앞에서도 고도화의 정의를 내렸듯이 왜 김정은은 핵무력을 고도화했을까에 답하기 위해서는 먼저 선대인 김정일 시대의 핵투발수단과 비교 시 어떤 능력이 얼마만큼 차이가 나는지를 정확하게 식별해야만 쉽게 답할 수 있을 것으로 판단했다. 왜냐하면 김정일 시대에는 핵능력에 대해서 모호성 유지 전략9)으로 협상력을 강화했기 때문에 김정은 시대 고도화의 실체적 능력이 김정일 시대 핵능력과 비교했을 때 무엇이 얼마만큼 차이가 나는지를 정확하게 식별해내면 왜 김정은이 그렇게 차이가 나는 정도로 고도화를 하려했을까를 용이하게 파악할 수 있다는 인과성의 논리이다. 즉, 고도화 과정에서 나타난 현상에 본 연구의 질문과 목적을 대입해봄으로써 학문적으로 설명할 수 있는 적합한 이론적 분석틀을 도출할 수 있다고 보았다.

이렇게 문제해결의 답을 찾기 위한 김정은 시대 핵무력 고도화와 김정일 시대 핵능력의 가장 큰 차이점은 다음 두 가지이다. 첫째, 김정은 시대 핵무력 고도화의 핵심과업은 핵폭탄의 소형화와 소형화한 핵탄두를 장착·운반할 수 있는 다양한 핵투발수단을 무기화하는 것이었다. 그중 핵심은 미국의 사활적 이익인 본토를 공격할 수 있는 핵투발수단인 ICBM 완성이었다. 김정일 시대는 미국 영토에 직접 도달할 수 있는 IRBM과 ICBM을 보유하지 못했다는 것을 김정은이 인지하고 있음을 전제하고자 했다. 둘째, 김정은 정권은 고도화 과정에서 위협정보를 적극적으로 공개 및 과시하는 전략으로 전환하였다. 김정일 시대 북한이 전형적으로 모호성 유지 전략을 통해 협상력을 강화하려 했던 점과는 완전하게 상반되는 현상의 변화로 나타났다.

---

9) '모호성 유지 전략(obscurity)'이란 북한이 '핵과 미사일 능력에 대한 보여주기(과시·기만)와 감추기(은폐·위장) 등의 다양한 방법을 반복하면서 애매모호한 핵능력의 불투명성이나 불확실성을 이용하여 대미 협상력을 높이기 위해 적용하는 전략'으로 개념화하며, 이러한 모호성 유지 전략에 대한 시기를 구분하는 것 자체가 모호하지만 김정일 정권과 비교 시 공개정보의 양적·질적 비중 면에서 김정은 정권의 공개전략과는 상반되는 개념으로 적용했다.

이러한 김정은 시대 핵무력 고도화 결과와 김정일 시대 미흡했던 핵능력의 중요한 차이점 비교 시도는 기존연구에서 깊이 있게 다루어지지 않았는데, 과연 본 연구의 질문이자 연구목적 달성에 부합되는 이론적 분석틀을 도출하는 데에는 어떠한 함의를 던져주고 있을까?

첫째, 김정은은 김정일로부터 물려받은 부족한 핵능력과 모호성 유지 전략으로는 미국의 북핵능력 과소평가와 무시정책을 감당하거나 극복할 수 없을 것이라고 인식했기 때문에 당시의 핵능력과 모호성 유지 전략은 효력을 잃어 결국 현상을 변경시킬 수밖에 없다는 전략적 구상을 하였을 것으로 전제해 볼 수 있다. 고도화의 핵심동인 및 전략적 구상 파악이 가능

둘째, 이렇게 현상을 변경시키기 위해서는 미국 본토를 직접 공격할 수 있는 전략적 핵투발수단IRBM · ICBM · SLBM을 완성하고 생존성 및 보복타격 능력을 향상시켜 대미 직접억제력이하 '직접강압력' 또는 '직접강압 수단'을 유사어로 사용을 강화함으로써 김정일 시대 대비 고도화한 만큼의 협상력 강화라는 전략적 목표와 의도를 달성하려 했을 것이다. 핵투발수단의 실체적 위협, 전략적 의도와 목표 파악이 가능

셋째, 핵투발수단 고도화 과정에서 그 위협을 미국이 인식하지 못하면 미국으로부터 또다시 선대인 김정일 시대처럼 과소평가와 무시를 당해 협상력을 강화할 수 없다는 사실을 인지하였기 때문에 미국의 압박과 제재에 맞대응하여 필사적으로 미국에 고도화 위협을 공개 및 과시하여 강제적으로 위협을 인식시키는 데 중점을 두었을 것이다. 어떻게: '강제→억제⇒강압' 메커니즘 작동원리10) 도출이 가능

---

10) 여기서 '강제'는 북한이 핵투발수단(8종) 위협의 실체를 의도적으로 공개 · 과시하여 미국이 인식하도록 강요한다는 의미이며, '강제→억제'는 강제적으로 위협을 보여준 결과 미국이 이를 인식하여 북한을 공격하지 못하도록 '억제' 효과를 달성하였음을 의미하고(억제는 위협의 실체를 인지하는 것으로부터 효력이 발생하기 때문에 강제적 언행이 선행되어야 하며, 이런 과정은 거의 동시적 또는 순차적으로 발생하는 불가분의 관계), '강제→억제' 결과는 '⇒강압'('위협을 통해 상대가 다르게 행동하도록 하는 것')으로 나타나 북미관계의 변화로 이어진다는 논리이다.

이 책의 연구는 김정은 정권의 핵무력 고도화와 김정일 시대 핵능력의 중요한 차이에 대한 분석과 문제의식으로부터 출발했다. 그리고 김정은 정권의 핵무력 고도화 과정에 대한 체계적 분석이 가능한 이론적 분석틀을 도출하기 위해 '강압이론'을 선정했다. 미 본토를 직접 공격할 수 있는 핵무기_{투발수단}의 상징성과 절대성, 그리고 김정은 정권의 북한체제 특수성_{의지의} _{비대칭성 등} _{상대적 강점} 등에 적합하게 발전시킬 수 있다면_{역강압전략}, 서두에서 제시한 본 책에서의 연구질문이자 목적에 답할 수 있을 것이라는 판단에 도달했기 때문이다.

따라서 본 책에서는 강압국이자 강대국인 미국이 북한의 핵무력 고도화 행동_{핵실험·미사일발사}을 저지하기 위해 제재와 압박이라는 강압으로 대응할 때 피강압국이자 약소국인 북한의 김정은 정권은 미국의 강압에 순응, 대화 및 협상에도 임하지 않으며 자신들의 체제 강점과 핵무력 고도화 위협을 활용하며 역逆으로 맞대응함으로써 핵무력 고도화를 완성하고, 그 결과 억제력과 협상력을 강화하겠다는 '역逆강압전략' 관점으로 고찰해 보고자 했다.

더욱이 '현실주의 세력균형 이론' 측면에서 접근해볼 때에도 약소국 김정은 정권이 핵무력 고도화 기간 중 강대국인 미국의 강압에 대하여 중국이나 러시아 등과 동맹 관계 강화로 '편승bandwagoning'을 취하면서 미국에 대한 '균형balancing'을 취하지도 않았고, 미국에 굴복 또는 양보하는 '편승'의 전략을 취하지도 않은 채 오로지 미국의 강압에 비타협적 강경 대응으로 역강압하여 핵무력 고도화 완성에 나름대로 성공했기 때문이기도 했다.

마지막으로 이 책에서의 핵심주장이자 이론의 핵심논리인 역강압 메커니즘의 작동원리는 선대의 '핵모호성 유지 전략'과는 상반되게 고도화 위협의 실체를 적극적으로 보여주는 공개전략으로부터 기인하고 있다고 강조하고자 한다. 김정은 정권의 핵투발수단에 대한 위협정보 공개전략은 다분히 의도적이었으며, 그러므로 강제성을 가진 또 하나의 원인 변수로 작동하고 있었다는 사실에 주목하고자 했다. 북한 역사상 핵투발수단인 무기체계를 고도화하는 과정에서 이례적으로 취한 공개전략은 미국으로 하여금 자신들이 공개한 자료로부터 고도화 실체에 대한 위협정보를 용이하게 파악하도록 유도하기 위한 의도로 분석할 수 있다.

즉 '북한의 핵무력 고도화 위협을 미국에 강제적으로 인식시킴으로써 억제력을 강화하고, 그 결과 미국의 인식에 변화를 가져오는 '강제→억제⇒역강압'

---

11) 브루킹스 연구소 조나단 폴락(Jonathan Pollack) 선임연구원은 김정은의 핵과 미사일 고도화 목표를 세 가지로 제시했다. 첫째, 정당화(validation), 둘째, 억제(deterrence), 셋째, 강압(coercion)이다. 그는 강압에 대해 북한 김정은이 핵·미사일 역량 발전으로 미국의 행동을 바꾸도록 강요하는 수단으로 볼 수 있다고 지적한다. 조나단 폴락, "북한의 핵과 미사일 프로그램 전략: 방향과 전망," 『한국국가전략』, 3권 1호(2018), p. 106.

12) 사실 이러한 대미 강제적 위협인식 메커니즘은 매우 효과적으로 작동됐다. 대표적인 두 가지 사례로 첫째, 2017년 5월 10일 미 CIA가 북한임무센터(KMC)를 창설해 대북정보 수집분석능력을 강화한 사례와 둘째, 2017년 11월 29일 북한의 화성-15형 ICBM시험발사 2시간 만에 대통령, 국무장관, 국방장관 등 외교안보 핵심 관계자들이 긴급 소집돼 발표한 압박성명에서 트럼프(Trump) 대통령은 "우리는 매우 진지한 접근법을 가지고 있고, 이 문제를 심각하게 여기고 있다"라고 언급한 사례다. 배석한 제임스 매티스(James Mattis) 당시 국방장관도 "북한이 ICBM을 발사했으며 앞서 발사한 어떤 미사일보다 높은 고도까지 올라갔고, 북한이 이제 세계 모든 곳을 위협할 수 있게 되었다"고 언급함으로써 미국 정부도 북한의 화성-15형 ICBM이 미 본토를 직접 위협할 수 있다고 심각하게 인식하고 있음을 방증하고 있다. "트럼프 '우리가 처리할 것' 매티스 '北, 세계 모든 곳 위협'," 『조선일보』, 2017년 11월 30일; http://news.chosun.com/site/data/html_dir/2017/11/30/2017113000296.html?related_all(검색일: 2019년 2월 12일); 한편, 38노스 군사전문가인 조셉 버뮤데즈(Joseph Bermudez)는 북한이 핵·미사일 실험을 제한했음에도 불구하고 "북한은 ICBM을 통해 존재 그 자체만으로도 미국에게 위협으로 인식되는 전략적 목표를 달성했고, 그 결과 북한은 국제무대의 중심에 서있다"고 주장했는데 전문가들의 북핵 위협인식 변화를 잘 보여주는 사례이다. Michael R. Gordon, "North Korean ICBM Efforts Hampered by Test Ban," THE WALL STREET JOURNAL, 10 August 2018.

의 메커니즘11)을 작동시키고자 의도했을 것으로 추정할 수 있다. 본 연구에서는 이러한 메커니즘의 작동원리가 김정은 정권의 핵무력 고도화와 역강압전략의 주요 성공요인으로 작용할 것으로 전제하였으며, 특히 핵투발수단 유형별 주요 사례연구에서 중점적으로 다룰 이 책에서의 연구 핵심과제12)임을 미리 밝혀둔다.

이상에서 살펴본 바와 같이 김정은 정권은 김정일 시대의 핵능력으로는 자신의 시대에서 더 이상 체제유지와 안전을 보장받을 수 없다는 생존의 문제로 인식하여 핵무력 고도화와 그 위협의 실체를 미국에게 강제적·필사적으로 반드시 인식시켜 미국으로부터 체제유지와 안전을 확실하게 담보 받도록 협상력을 확보하겠다는 이른바 현상변경을 위한 생존전략으로 규정하고 핵무력 고도화 전 과정을 고찰함으로써 본 연구의 질문과 목적에 답하고자 했다.

본 책이 김정은 정권의 핵무력 고도화를 통한 핵투발수단의 실체적 위협과 전략적 목표 및 의도를 학문적·이론적으로 설명하여 향후 장기집권이 예상되는 김정은 정권의 고도화된 북핵문제 해결에 미력이나마 통찰력을 제공할 수 있기를 기대한다. 특히 김정은 정권이 핵무력을 포기하지 않고 강경대응으로 전환하려 한다면 이미 고도화된 핵무력을 어떻게 강압수단으로 사용하려는지를 예측하기 위한 준거의 틀로 활용할 수 있는 '김정은 정권의 대미 핵무력 고도화와 역강압전략'의 첫 유형별 연구사례를 담은 책이 되었으면 한다. 다른 한편으로는 강대국인 미국 중심의 강압이론을 약소국 북한에게 적용이 가능한 역강압전략으로 발전시킴으로써 북한의 대미 핵전략 연구의 이론적 지평을 확장하는데 기초를 제공하는 계기가 되었으면 한다.

2| 기존의 연구들

김정은 시대의 핵무력 고도화와 대미 역강압전략 연구와 관련된 기존연구 검토는 우선 연구 목적상 시기 및 범위 면에서 김정은 시대로 한정하며, 다음 두 가지 측면에서 검토하여 차별화를 시도했다. 첫째, 김정은 시대 북미 관계에서 약소국 북한이 강대국 미국을 상대할 수 있는 상황과 여건^{성립요건}에 적합하게 강압이론을 발전시킬 수 있는 시사점과 보완점을 찾고자 했다. 둘째, 김정은 정권의 핵무력 '고도화' 개념에 대한 김정일 시대와의 차이점과 그 함의로부터 답을 찾는 문제해결의 접근방법을 차별화해보고자 했다.

1. 김정은 시대 핵무력 고도화 관련 강압이론 적용 연구

'김정은 정권의 핵무력 고도화 활동'과 관련하여 강압이론을 적용한 연구는 크게 두 가지 범주로 분류할 수 있다[13]. 첫째, 강대국 미국이 약소국 북한의 핵무력 고도화를 억제하려는 '미국의 대북 강압전략'에 관한 연구범주와 둘째, 역으로 약소국 북한이 미국의 강압에 대응하여 핵무력 고도화 활동으로 대항한 '북한의 대미 역강압전략'에 대한 연구범주가 있다.

먼저 강대국 미국의 약소국 북한에 대한 강압전략 연구사례는 미국의 관점에서 '약소국' 북한을 강압하는 전략으로 설명하고 있으며, 주로 1·2차

---

13) 김정은 정권을 대상으로 연구한 연구는 아니지만, 김정일 시대 약소국 북한이 강대국인 미국의 강압에 대응한 북한의 역강압과 관련된 연구로는 서훈, 「북한의 선군외교 연구: 약소국 북한의 강대국 미국 상대하기」(서울: 명인문화사, 2008); 김용순, "북한의 대미 강압흥정 외교행태에 관한 연구: 선군 리더십을 중심으로,"「한국정치학회보」, 제43집 제2호(2009), pp. 235-261; 김승기, "북한의 핵무장과 선군 강압전략 연구: 1, 2차 핵실험 및 천안함·연평도 도발 사례연구," 경기대학교 박사학위논문(2014)이 대표적이다.

14) 이러한 연구들은 김진아, "미국의 대북정책과 강압외교,"「월간 북한」, 2017년 5월호, pp. 31-37; 이인호·김영석, "북핵문제 해결을 위한 미국의 강압외교 분석과 개선방안,"「전략연구」, 제22권 제1호(2015), pp. 91-118; 김진아, "북미 강압외교의 비대칭성과 대북제재의 구조적 한계," 한국행정학회 학술발표논문집(2013년 12월), pp. 862-872; 정종관, "트럼프 행정부의 대북 강압전략 연구와 한국의 대응전략,"「한국동북아논총」, 제23권 제1호(2018), pp. 99-121.

북핵 위기 시기와 김정은 시대 3차 핵실험2013.2 기간까지를 범위로 설정하여 북미 관계를 '미국의 강압외교' 관점에서 연구한 특징을 가지고 있다.14) 그런데 본 연구의 범위2012-2018.4와 관점피강압국이자 약소국인 북한의 관점에서 차이가 나기 때문에 참고는 하되 논의에서 제외했다. 단지, 제2장 이론적 배경에서 검토한 죠지의 '강압외교' 개념이 셸링의 공세적 개념과 상반되는 방어적·수세적 개념을 적용하고 있음에 착안하여 김정은 시대 미국 오바마 행정부의 대북정책은 중동지역 우선 정책으로 동아시아의 북핵문제는 상대적으로 무시하는 전략적 인내정책을 채택했을 것이라는 관점에서는 '강압외교' 개념을, 트럼프 행정부의 최대압박과 관여의 대북정책은 셸링의 공세적 개념인 '강압'의 개념을 적용하는 것이 합리적일 것으로 판단했다.

한편, 본 책에서는 연구목적에 충실히 하고자 두 번째 연구사례인 김정은 시대의 역강압전략에 대한 기존연구15)에 한정하여 세부적으로 검토했다. 본 연구에서 관심이 있는 김정은 정권의 강대국 미국에 대한 역강압전략 연구는 김정은 정권의 북한이 피강압국 입장에서 미국의 강압에 굴복하지 않고 핵실험과 미사일 발사 활동을 통하여 역으로 미국을 강압하는 관점에서 논의하고자 했다. 다만 관련 문헌들을 확인한 결과, 북한의 관점에서 강압이론을 적용한 김정은 정권의 핵무력 고도화 활동과 관련된 연구 사례가 매우 부족했다. 또한, 이러한 극소수의 연구들도 질적인 면에서 북한의 상황과 여건 및 특수성에 부합되는 강압이론의 발전적 적용과 북한의 1차 자료 활용 및 분석 면에서는 더 많은 연구 노력과 보완이 요구되었다. 그래서 북한의 관점에서 대남, 대미 강압 또는 역강압전략을강압이론 적용한 몇 개의 대표적 연구사례 중 본 연구에서 발전시키고자 하는 북한에 적용 가능한 이론적 보완사항에 시사점을 주는 부분만을 발췌하여 다음과 같이 검토했다.

---

15) 김태현, "김정은 정권의 대남 강압전략," 「국방정책연구」, 제31권 제4호(2015), pp. 9-44; 정종관, "강대국에 대한 약소국의 역강압 전략에 관한 연구: 북핵문제를 중심으로," 조선대학교 박사학위 논문(2016); 정성윤, 「김정은 정권의 핵전략과 대외·대남 전략」,(서울: 통일연구원, 2017); 정성윤, "북한의 대외·대남 전략 구상의 특징과 결정요인: 북핵문제와 강압전략을 중심으로," 「한국과 국제정치」, 제35권 제1호(2019), pp. 1-31.

먼저 김태현은 2013년 3월 3차 핵실험과 2015년 8월 DMZ지뢰 및 포격도발 사건 등 주요상황에 북한의 대남 강압이론의 개념과 성공요소인 확전우세 및 압박점 개념을 적용하여 분석했다. 동 연구에서 그는 남북관계의 상황과 여건에 부합될 수 있는 전통적 강압이론 적용의 적합성 여부를 발전적으로 개념화하지는 않았지만, 강압이론에서 다루는 강압의 성공요건인 '확전우세'와 '압박점'을 북한의 대남 강압전략에 적용해보면서 '사례와 모형연구'를 통하여 '실제'에 접목하려 시도했다. 이러한 시도는 본 연구가 김정은 정권의 다양한 핵투발수단을 대미 역강압전략의 주요사례로 유형화하여 분석하는 데 도움이 되었다.

다음으로 정종관은 그의 박사학위논문에서 북핵문제를 중심으로 약소국 북한이 강대국 미국을 어떻게 역강압하여 미국의 북핵개발 제지를 위한 강압에 맞대응하면서 약소국 북한의 핵심이익을 지키려 했는지에 대한 성공요건을 강압이론을 통해 분석했다. 논문의 연구기간과 연구대상이 김정은 시대 초기 3차 핵실험 시기까지만 제한적으로 반영되어 김정은 정권의 전 과정을 설명하는 데는 한계가 있었지만, 약소국인 북한이 강대국 미국을 어떻게 상대하려 했는지를 약소국의 역강압 관점에서 강압이론을 부분적으로 원용하여 분석을 시도함으로써 본 연구의 필요성과 중요성 그리고 주제선정에 시사점을 주었다.

마지막으로 정성윤은 "김정은 정권의 핵전략과 대외·대남 전략2017"에서 김정은 정권의 핵중심 안보전략을 강압외교로 특징짓고 강압전략 이론을 원용하여 북한의 대외 및 대남 전략을 설명하고자 했다. 정성윤은 김정은 정권의 대외관계를 핵무기와 북미관계가 전부라고 주장하면서 이 과정에서 북한의 도전과제는 미국의 방해를 극복하는 것이며, 최종과업은 미국의 대북정책을 전환해 제압하는 것이라고 주장한다. 특히 2016년부터 2017년 9월연구기간까지 미국의 강압에 대한 북한의 역강압이 핵무기 고도화의 진전 단계와 연계되어 전개되고 있다고 주장했다. 또한, 그는 두 번째 소논문인 "북한의 대외·대남 전략 구상의 특징과 결정요인2019"에서는 앞의 논문에서 주장한 논리와 연계해 김정은 정권의 북한이 2018년 갑자기 비핵화 협상에 나선

이유를 북한의 핵무력 고도화와 강압전략 투사의 파급영향으로 미국이 북한의 요구를 수용하였기 때문이라고 지적하고 있다. 김정은 정권의 안보전략은 핵중심 강압전략이라는 주장과 더불어 강압전략의 파급영향이 핵무력 고도화 완성 이후 비핵화 협상에 미국이 나오도록 만들었다는 논리는 본 연구에서의 역강압전략 작동논리, 즉 핵무력 고도화 결과가 대미 핵억제력을 강화했고 다시 그 결과로 대미 협상력을 높이게 되었다는 역강압 메커니즘인 '강제→억제⇒강압'이라는 핵심 작동논리와 일맥상통하고 있음을 확인할 수 있었다.

하지만 정성윤의 연구는 김정은 정권의 핵무력 고도화 과정 5년이라는 전 기간 중 2016년과 2017년 위주로 핵무력 중심 강압전략을 분석함으로써 김정은 정권의 핵무력 고도화 전 과정을 포함하지는 않아 전체적인 북한의 고도화 로드맵을 이해하는데 제한이 되었다.

본 연구는 이러한 제한사항을 보완하기 위해 김정은 정권이 집권 초기부터 핵무력 고도화를 치밀하게 계획하고 전개하여 본 책에서는 2013부터 북한의 역강압전략이 본격적으로 시작되는 것으로 평가 2017년 11월 핵무력 완성을 선언하였고, 이후 고도화 완성과 미국의 고도화 위협인식에 변화가 일어나 협상력을 강화하게 되었다는 북한의 대미 역강압전략 전 과정을 종합적으로 평가하고자 했다. 이는 김정은 정권의 핵무력 고도화의 전략적 목표와 의도까지를 대관세찰大觀細察 할 수 있고 나아가 향후 장기화될 것으로 예상하는 김정은 체제와 북핵문제 해결에 대한 해답을 찾는데 통찰력을 제공할 수 있을 것으로 판단했기 때문이다.

이상의 검토에서 알 수 있는 바와 같이 김정은 정권의 핵무력 고도화 과정에서 약소국 북한이 강대국 미국의 강압을 어떻게 극복했는지를 국제정치이론으로 설명하는 데는 여전히 적지 않은 한계점과 보완점이 대두되고 있음을 확인할 수 있었다. 연구 건수도 절대적으로 부족하고, 약소국 북한이 강대국 미국을 상대할 수 있는 성립요건을 설명하는 전반적인 논리 개발이나 실체적 위협의 규명과 전략적 목표 및 의도를 연계하여 체계적으로 설명하려는 이론적 분석틀과 연구방법을 발전시키는 데 많은 관심이 요구되고 있었다. 특히, 오늘날 고도화된 북핵문제 해결의 중요성이 부각되는 시기에 모두가 직면해 있음에도 불구하고 북한의 관점에서 학문적 연구가 미흡한 실정은 북한에 대한 자료접근이 부족하다는 이유뿐만이 아니라 북한에 대한 인식의 문제일 수도 있다는 비판적 시각까지로 확대하여 본 연구를 진행하고자 했다.[16]

2. 김정은 시대 핵무력 '고도화' 개념정립 필요성과 차별화

가. 필요성

김정은 시대에 국한된 북핵문제와 관련해 '고도화'라는 용어를 사용한 연구들[17]은 '고도화'에 대한 명확한 개념 정의, 즉 선대의 김정일 시대와 비교해 핵능력소형화와 투발수단의 능력이 어느 정도 만큼 고도화되었는지를 분석하는 경우가 드물다. 북한의 핵 및 미사일 개발이나 능력 또는 의도나 목적 등을

---

16) 김정은 정권이 들어서고 북한의 핵무력 관련 정보는 자신들의 대내외적 고도화 위협의 과시 목적 때문에 김일성 · 김정일 정권보다 현저하게 많이 공개된 것이 사실이다. 이러한 공개된 자료들은 비록 과장이나 과시 그리고 기만 측면도 없지 않았지만, 오히려 북한의 전략적 목표와 의도를 더욱 잘 간파할 수 있는 원천자료 및 정보추출이 용이한 자료로써의 가치가 증대되었기 때문에 김정은 정권이 스스로 공개한 자료로부터 유용한 정보를 생산하려는 연구노력이 그 어느 때 보다도 더욱 필요하다고 본다.

17) 북핵관련 '고도화' 용어를 사용하는 논문들을 확인할 수 있었으나, 저자마다 '고도화'의 정의를 특별하게 개념화하지 않고 일반적 개념에서 '이전보다 나아진 수준이나 정도'의 의미로 사용하고 있다. 본 책에서는 고도화의 비교 대상이나 시기를 명시하지 않게 되면 독자에 따라 다소 모호한 개념으로 인식할 수 있다는 점만 부각하고자 하며, 나름의 기준을 가지고 고도화라는 용어를 사용했을 것으로 판단하기 때문에 관련문헌들을 세부적으로 제시할 필요가 없었다는 점을 밝힌다.

설명할 때 사용되는 통상적 용어로써의 고도화 개념은 '기준 시점이 모호할 수 있지만 이전보다 빈도·강도·기술 등 빈번하거나 다소 나아진 상태' 정도의 의미로 사용되고 있다고 전제할 경우, 고도화의 수준을 위협능력+의도18)으로 실체화하여 설명하기 곤란하거나 그럴 필요가 없을 때 사용될 수 있는 적절한 표현이라고 말할 수 있다.

그러나 김정은 시대 핵무력 '고도화'의 의미는 김정은 정권의 북한이 김정일 시대 핵능력 대비 고도화 위협의 실체를 쉽게 분석할 수 있도록 제원 및 성능 관련 세부 위협정보를 적극적으로 공개함으로써 고도화 실체에 대한 위협 즉, 능력이나 의도의 차이를 구체적으로 설명할 수 있다. 그래서 '고도화 개념을 차별화'함으로써 오히려 김정은 정권의 고도화된 핵무력의 실체를 규명하는 데 보다 논리적으로 접근이 가능하다고 판단했다.

이러한 고도화 개념의 차별화를 통해 김정일 시대와 비교하여 김정은 정권의 핵무력 고도화의 실체적 능력을 세부적으로 분석 및 이해하게 되면 분석평가한 실체적 능력으로부터 그 의도까지 내포된 위협(능력+의도)으로 규명이 용이할 뿐만 아니라 이를 바탕으로 한 고도화의 전략적 목표와 의도를 파악하는 데에도 비교적 쉽게 접근할 수 있다. 따라서 고도화라는 용어를 자주 사용하게 되는 김정은 시대 핵무력에 관한 기존연구들과 차별화의 필요성과 당위성이 요구되었다.

---

18) 위협은 '상대방의 능력과 의도 또는 환경 등 다양한 요인으로부터 받는 심리적인 긴장 상태' 또는 '도발이 예상되는 상대방의 능력과 의도가 드러난 상태'로 정의할 수 있다. 한편, 미 국방부 군사용어사전 번역본에서 '능력(Capability)은 특정 방책을 수행할 수 있는 능력(능력은 의도를 수반하거나 수반하지 않을 수 있음)', '의도(Intention)는 특정 방책을 시행하기 위한 (능력과 구분되는) 목적이나 계획'으로 정의하고 있다. 합동참모본부, 「군사기본교리」(계룡: 국군인쇄창, 2014), pp. 1-5; 합동참모본부, 「합동기본교리」(서울: 대학기획인쇄, 2009), p. 3; 합동참모대학 합동교리발전부, Defence Dictionary of Military and Associated Terms, 「미 국방부 군사용어사전」(2011) p. 48.

나. 김정은 시대와 김정일 시대 '고도화' 개념의 차별화

(1) '실체적 위협'과 '전략적 목표·의도' 파악의 용이성

앞에서 주장한 고도화 개념의 차별화 필요성에 기초하면 김정은 시대 '핵무력 고도화'의 개념은 선대인 김정일 시대의 '핵능력 고도화' 개념과는 어떻게 현저히 차이가 나는지를 올바로 해석하고 이해하는 것이 중요하다. 예를 들어 차이점을 구별하지 않고 1차 및 2차 북핵위기의 핵개발 과정에서 일반적 개념으로 사용되는 '고도화'라는 용어를 김정은 정권의 북한에 사용할 때에는 다소 유의할 필요가 있다고 보았다. 왜냐하면 김정은 시대 핵무력 고도화 의미는 김정일 시대 북한의 핵능력과는 군사·정치·전략적으로 매우 큰 차이가 있다는 함의를 내포하고 있기 때문이다.

김정은 시대 이전 북한의 핵능력구성요소: 핵물질 생산능력, 핵탄두 소형화 기술, 핵탄두 투발수단은 1·2차 북핵위기를 거치는 과정에서 핵물질 생산이 플루토늄Pu에서 고농축우라늄HEU으로 어느 정도 확대되었고, 핵탄두 소형화는 핵실험보다 기폭실험을 장기적으로 진행하여 상당한 수준의 기폭장치 개발 기술을 축적했으며, 운반수단은 시험발사도 하지 않은 무수단IRBM·KN-08ICBM과 김일성 시대부터 개발한 SRBM인 스커드·노동미사일만을 보유했다.

이 시기 북한의 핵개발·능력이 '고도화되었다'라는 표현에서의 '고도화' 의미는 ①핵물질 생산을 Pu에서 HEU로 확대 생산한다는 의미, ②소형화를 염두에 둔 기폭장치 개발능력의 향상, ③스커드-B/C300-500km를 스커드-ER1,000km로 사거리 연장, ④1·2차 핵실험실패로 평가, 그리고 ⑤핵실험 직전 이른바 실용위성이라 주장하는 장거리미사일 '98년·'06년·'09년 발사궤도진입 실패 지속 정도라고 표현할 수 있을 것이다.

그런데 김정은 시대 핵무력 '고도화' 의미는 이러한 김정일 시대 핵능력 고도화 의미와 매우 큰 차이가 있다. 즉 김정은 시대는 김일성·김정일 시대를 합한 통계 대비 훨씬 짧은 5년 만에 4차례의 핵실험과 2배 이상의 탄도미사일 발사를 통해 다종화Pu탄·HEU탄·수소탄하고 소형화하여 이를 장착 및

운반할 수 있는 다양한 핵무기 투발이 가능한 탄도미사일 시험발사에 성공하며 그 위협을 공개하고 과시했다. 특히 김정일 시대에는 미국 영토에 직접 도달할 수 있는 실체적인 IRBM · ICBM을 보유하지 못했지만, 김정은 정권은 새로운 대형엔진을 개발하여 화성-12형 IRBM과 화성-14 · 15형 ICBM을 완성함으로써 미국 본토 전역까지 위협할 수 있는 핵투발수단을 보유하게 되었다.

물론 ICBM의 재진입 기술 문제는 이견들이 있을 수 있으나 북한이 보여준 ICBM 존재 그 자체만으로도 이미 정치 · 전략 · 군사적으로 김정은 정권이 소기의 목적을 달성한 것으로 보아야 한다고 전제했다.

이러한 김정일 시대와 김정은 시대 핵무력 고도화 개념의 가장 큰 차이를 한마디로 표현하자면『핵무기운반능력』또는 동의어로『핵투발수단』의 '위협 능력과 의도의 차이'라고 설명할 수 있다. 군사적 의미에서 보면, 아무리 많은 핵물질이나 핵탄두를 가지고 있어도 이를 운반할 수단이 없으면 상대를 위협할 수 없다는 것을 의미하며, 이는 상대에게 물리적 피해를 줄 수 있는 무기체계라 할 수 없기 때문에 단순한 핵물질이거나 과시용 또는 협박용에 불과하다고 밖에 볼 수 없다. 그런데 이것이 핵무기의 모호성과 연계되면 핵무기의 절대성이라는 후광효과로 인하여 협박과 협상에도 유리하게 작용할 수 있다. 이러한 측면에서 김정은 시대 핵무력 고도화 의미를 이해하고자 한다면 김정일 시대의 핵능력 대비 그 차이점을 쉽게 이해할 수 있을 것이다.

본 연구가 핵투발수단을 중심으로 진행되고 있는 이유는 핵투발수단으로 김정은 시대 핵무력 고도화의 실체적 위협과 고도화의 전략적 목표 및 의도 규명에 보다 용이하게 접근할 수 있을 것이라는 논리적 판단에 기초했음을 여기서 밝히고자 한다.

(2) 고도화 개념의 차별성을 통한 '고도화 목적' 평가

앞에서 논의했던 김정은 시대 핵무력 '고도화' 개념에 대한 기존연구와의 차별화 결과를 적용하여 사용하게 된다면, 김정은 시대 핵무력 '고도화의 목적'을 평가할 경우에도 이러한 기준이 적용되어야만 일관성을 유지할 수 있을 것이다.

따라서 김정은 시대 핵무력 '고도화의 목적'을 평가하는 데에서도 본 연구에서는 이러한 차별화된 고도화 개념을 적용하여 분석하고자 했다. 즉, 김정일 시대 북한의 핵문제를 논하는 기존연구들에서 '북한이 왜 핵을 보유 또는 왜 핵을 개발하려 했는지에 대한 목적'을 분석할 때 기준으로 삼았을 것으로 보이는 그 당시의 모호한 핵능력과는 차별화된 관점에서 김정은 시대 핵무력 '고도화 목적'을 해석하고 평가하고자 했다.

통상적으로 어느 국가가 핵을 보유 또는 개발하려 할 때 ①방어적 · 공격적 군사목적설 '세이건'의 안보모델과 유사, ②외교적 목적설 협상, ③국내정치 모델, ④규범 모델, ⑤기술결정론 등 다양한 관점에서 목적설을 논의할 수 있다.[19] 이러한 가설들은 특정 국가의 상황과 여건에 따라 시대별로 달라질 수도 있고, 어느 한 가설이 다른 가설보다 우선순위가 앞설 수도 있으며, 어느 한 가설이 비중면에서 보다 결정적 · 지배적일 수도 있고, 모든 요인이 섞여 영향을 미치는 복합적인 개념으로 다양하게 평가할 수도 있다.

그렇다면 핵무력을 고도화한 김정은 정권의 '고도화 목적'은 어떤 관점에서 평가하는 것이 더욱 설득력이 있을까? 먼저 본 연구는 김정일 시대나 김정은 시대 북한은 '핵을 절대 포기하지 않으면서 어떤 형태나 수준으로든 핵을 보유하겠다'는 '불변의 핵정책'이라는 전제와 함께 고도화 개념의 차별성을 고려하여 여러 가설 중 '군사목적설'과 '외교적 목적설'에 주목하고자 했다.

---

19) 임수호, "실존적 억지와 협상을 통한 확산: 북한의 핵정책과 위기조성외교(1989-2006)," 서울대학교 대학원 박사학위논문(2006), pp. 14-63; 엔드류 퍼터(Andrew Futter), 고봉준 역, 「핵무기의 정치」(서울: 명인문화사, 2016), pp. 77-82.

앞에서 논의한 바와 같이 김정은 시대 핵무력 고도화와 김정일 시대 핵무력 고도화의 핵심적 차이는 바로 '핵투발수단의 위협_{능력+의도}'의 차이이다. 여기서 '능력'의 차이는 미국 영토에 직접 도달할 수 있는 사거리를 가진 신형 IRBM과 ICBM, 즉 운반능력을 의미하는 군사적 수단이지만 단순 운반체가 아닌 미 본토를 직접 공격하여 피해를 줄 수 있는 공격 및 방어수단으로써의 군사무기체계로 해석할 수 있어 '군사목적설'로 우선 평가할 수 있다.

다음은 '의도', 즉 '목적' 면에서 김정은 정권이 왜 미 본토까지 도달하는 핵투발수단을 새롭게 고도화하고 그 위협을 과시하고자 했을까를 분석해 볼 때 북한이 과연 대미 선제기습공격을 먼저 하려고 했는지, 그것이 가능할지, 북한이 세계 유일 초강대국인 미국을 선제공격 시 과연 북한이라는 불량국가가 이 지구상에서 살아남을 수 있을지 등의 의문을 가질 수 있다. 아마 북한은 자신들이 핵포기를 하지 않아 미국이 먼저 북한을 공격하려 한다면 미국을 직접 보복할 수 있는 수단을 확보함으로써 역으로 미국의 예방공격이나 선제기습공격을 억제하고 자신들의 핵고도화 위협을 인식시켜 협상에 임하려는 '협상력 확보' 목적으로 보는 것이 더 합리적인 판단일 것이다.

결국 김정은 정권의 핵무력 고도화의 목적은 '미 본토를 직접 공격할 수 있는 핵투발수단 고도화_{군사목적설}를 통해 대미 협상력을 강화_{외교적 목적설}하려는 데 있었다'라고 전제하며, 궁극적으로는 외교적 목적설에 더 비중을 두었다고 볼 수 있다. 하지만, 김정은 정권의 핵무력 고도화의 핵심은 미 본토를 직접 공격할 수 있는 군사무기체계인 ICBM_{군사목적설}을 완성하는 과정에서 미국에게 핵투발수단인 ICBM의 위협인식을 극대화한 결과가 원인으로 작동하여 협상력을 강화_{외교적 목적설}했다고 전제했기 때문에 군사적 목적설과 외교적 목적설은 원인과 결과라는 인과관계를 형성하고 있어 서로 분리할 수 없는 불가분의 관계로 규정했다. 기타의 목적설들인 가설은 본 책의 연구목적 달성에 충실하기 위해 논의에서 제외했다.

이상의 검토를 간략하게 요약해보면, 김정은 시대 핵무력 고도화는 김정일 시대와는 비교할 수 없을 정도로 정치 · 전략 · 군사적 모든 면에서 명백한 차이가 나기 때문에 김정은 시대 핵무력 '고도화'의 의미는 기존의 북핵문제 연구에서 사용했던 일반적 개념과는 달리 차별화된 개념으로 적용하는 것이 타당하다. 그래서 김정은 시대 핵·미사일 '고도화' 용어의 개념을 선대인 김정일 시대와 차이점 없이 사용할 경우, 김정은 정권이 왜 핵무력을 고도화하였는지 이유·원인이나 동인·목적 등을 논리적으로 파악하는 데 제한될 수 있다고 전제했다. 또한, 왜 고도화했는지를 논리적으로 파악하지 못하면 고도화를 통해 달성하려는 전략적 목표와 의도 파악도 연계시켜 증명하기가 쉽지 않아 고도화한 핵무력의 실체 파악과 해법을 찾는 데 지장을 초래할 수밖에 없다는 점에 유의하고자 했다. 결국, 김정은 정권의 핵무력 고도화에 대한 연구는 자료 부족의 문제가 아니라 김정은 정권이 자료를 이례적인 수준으로 공개했기 때문에 문제해결 방법과 관점의 차별화로 연구의 질을 높이고자 한 것이다.

본 책에서는 이런 문제의식 속에서 기존연구에서 사용되고 있는 '고도화' 개념을 차별화하고 김정은 시대 핵무력 고도화의 실체적 위협을 정확하게 이해한 뒤 이를 기초로 김정은 정권의 핵무력 고도화의 전략적 목표와 의도를 파악함으로써 김정은 시대에 고도화된 북핵문제 해법을 찾으려는 접근방법 면에서도 기존연구와의 차별화를 시도하고자 했다.

3| 연구의 방법 및 책의 구성

1. 연구의 대상과 범위

이 책에서 연구의 대상은 김정은 정권의 핵무력 고도화 활동과 대미 역강압전략이다. 연구대상으로 첫째, 김정은 정권이 핵탄두 소형화와 다종화, 그리고 다양한 핵탄두 운반수단인 탄도미사일을 고도화하는 과정에서 위협으로 사용한 총 8종의 핵투발수단능력면 둘째, 그러한 핵투발수단을 미국에게 위협으로 인식시키려는 역강압 메커니즘수단과 목표를 연결시켜주는 고리의 역할 셋째, 달성하고자 하는 결과인 목표를 세부대상으로 선정하여 이른바

'역강압 수단-역강압 메커니즘-목표'로 구성되는 북미 간 행동-대응-역대응의 과정과 활동까지를 설정했다. 연구대상 중 핵투발수단^{스커드급 이상 탄도미사일}은 미사일의 분류방식^{사거리·발사수단별} 등에서 혼란을 가져올 수 있어 한미 관련기관의 공식발표 및 공개자료를 중심으로 정리한 아래의 【표 1-1】을 기준으로 미사일들의 명칭과 제원을 적용하고자 한다.

【표 1-1】 북한 주요 탄도미사일 분류와 제원

분류	미사일 명칭[20]		위협 사거리 (km)	추진제
	북한	한미(KN)		
단거리탄도미사일(SRBM) 300-1,000km	화성-5형	SCUD-B	300	액체
	화성-6형	SCUD-C	500	액체
준중거리탄도미사일 (MRBM) 1,000-3,000km	북극성-1형[21]	KN-11	1,200	고체
	북극성-2형	KN-15	1,300	고체
	화성-9형	SCUD-ER	1,000	액체
	화성-7형	노동	1,300	액체
중거리탄도미사일(IRBM) 3,000-5,500km	화성-12형	KN-17	5,000	액체
	화성-10형[22]	무수단	3,000이상	액체
대륙간탄도미사일(ICBM) 5,500km 이상	화성-14형	KN-20	10,000이상	액체
	화성-15형	KN-22	13,000	액체

* 출처: 대한민국 국방부, 「국방백서」(서울: 국방부, 2012·2014·2016·2018)을 종합해 저자가 작성.

---

20) 북한은 우주의 별(星)자리 등을 선호하여 미사일의 명칭을 화성, 북극성, 금성, 광명성, 은하 등의 용어를 부여한다. 화성은 액체형 지대지 미사일, 북극성은 고체형 미사일, 금성은 지대함 미사일, 은하·광명성은 인공위성 탑재체나 발사체 등으로 명칭을 부여했다. 한미는 대포동, 무수단 등 북한의 미사일 활동이 최초 식별된 지역명이나 북한을 의미하는 영문자 순서를 뒤바꾼 KN-일련번호를 식별된 순서대로 부여하여 사용하기도 한다.

21) 북극성-1형은 발사방식에 따른 분류 시 잠수함탄도미사일(SLBM)에 속하나, 여기서는 사거리에 따라 MRBM에 포함했다. 북극성-3형의 플랫폼인 신형 잠수함이 건조되고 있으며, 동 신형 잠수함에서 시험사격에 성공하고 전력화가 되기 이전까지는 실전 운용이 불가하다.

본 책의 연구범위는 연구목적을 고려하여 2011년 12월 김정은의 집권부터 2013년 핵경제 병진노선을 채택하고 2017년 고도화를 완성한 이후 2018년 경제총집중노선으로 전략적 전환을 선언한 시점까지를 모두 포함하는 2011년 12월말부터 2018년 4월까지의 기간으로 설정했다.

2. 연구방법과 책의 구성

본 연구는 문헌연구와 사례연구 방법을 적용했다. 북한문헌의 경우 북한의 핵무력 고도화 활동^{역강압} 활동과 미국의 압박 및 제재^{강압} 활동 과정을 살펴보기 위해 김정은 정권의 북한이 공개한 각종 핵실험 및 미사일 발사제원과 사진자료, 김정은의 핵 및 탄도미사일 활동 관련 현지지도 활동, 북한 외무성 공식문건, 주요기관지『로동신문』과 주요통신사인「조선중앙통신」공개 내용, 『조선중앙년감』수록 내용 등을 우선적으로 활용했다.[23] 그리고 UN 안전보장이사회의 대북제재 현황, 미국 주요 대외정책기구인 백악관^{미 대통령} · 국무부^{국무장관} · 국방부^{국방장관} · 태평양사령부 등의 공식문건이나 언론공개 자료, 해외 연구기관들의 북한 핵 · 미사일 분석자료 등 북한 및 국내외 1차 자료들을 적극적으로 활용했다.

---

22) 화성-10형인 무수단미사일은 2016년 4월부터 2017년 3월까지 9회 중 1회만 성공해 작전운용능력이 미흡하여 향후 화성-12형 등으로 교체할 가능성이 크다. 화성-13형(KN-08) ICBM은 무수단 엔진을 개조해 생산한 것으로 추정해왔으나 시험발사를 실시한 적이 없어 포함하지 않았다.

23) 이종석은 북한의 담론에 대해 은유성과 이중성에 유의해야 한다고 강조한다. 김정은 시대는 핵무력 고도화과정에서 고도화와 관련된 사실적 내용(특히 기술적 위협평가 가용자료)을 적극적으로 공개한 데 따라 내용의 사실 여부와 옳고 그름을 구별하는 분별력 및 분석력이 더욱 요구되는 시기임을 강조하고자 한다. 이종석, 「새로 쓴 현대북한의 이해」(서울: 역사비평사, 2000), pp. 40-46.

사례연구는 김정은 정권의 핵투발 수단 총 8종에 대해 고도화 시기별로 실제 북한이 핵실험과 미사일 발사 이후 공개한 자료와 전문가들이 평가한 공개자료를 기초로 실제와 이론을 접목하여 분석했으며, 미국의 북한 행동에 대한 강압과 반응 사례를 망라하고 북한의 행동–미국의 대응–북한의 역대응 활동 사례를 연계하여 종합적으로 분석했다. 이해를 돕기 위해 4가지 유형별 사례로 분류하여 고찰했다.

본 책은 서론을 포함하여 총 6개의 장으로 구성되었다. 먼저 서론에서는 문제점을 제기하고 본 연구의 목적과 중요성 그리고 연구 중점분야와 접근방법에 대해 논했으며, 기존연구를 검토하여 미비점을 보완할 목적으로 그동안 강대국 입장에서 발전되어 온 강압이론을 약소국인 북한에 적용할 수 있는 사례연구까지로 확대해 차별화하고자 했다.

2장은 이론적 배경과 북한에 적용 가능한 이론을 보완하여 개념화하고 적용방법을 논하였다. 기존의 강압이론이 주로 강대국인 미국 위주의 전통적 이론으로 자리잡은 반면, 핵무력 고도화 중심의 생존전략을 택한 약소국 북한의 김정은 정권이 내세우는 대외관계는 미국과의 관계가 핵심인 만큼 미국의 강압에 대한 북한의 역강압 논리를 발전적으로 적용하고자 했다.

특히 피강압국 입장에서 역강압의 성공요건을 적용하기 위해 역강압전략을 개념화하고 바이먼과 왁스먼의 '수단–메커니즘–결과목표'라는 강압전략 구상 분석의 기본개념 틀을 김정은 정권의 북한사례에 적합하게 적용했다. 이 중에서도 역강압수단과 목표를 연결해주는 역강압의 메커니즘, 즉 고도화 위협을 미국에 공개적으로 과시하면서 미국이 감내하기 어려운 취약점을 압박하여 강제적으로 위협을 인식시키려는 메커니즘에 중점을 두었다.

이를 위해 본 연구에 적용할 수 있는 세 가지의 분석틀, 즉 변인관계를 검증할 수 있는 분석틀, 강압의 성패를 평가할 수 있는 분석틀, 그리고 고도화의 실체적 위협 활동으로 대미 강제적 위협인식의 메커니즘을 작동시킨 결과가 전략적 목표 달성으로 이어지는 종합분석틀을 분석 도구로 도출했다. 약소국인 북한이 강대국의 강압에 역강압으로 대응해 자신들의 전략적 목표를 달성할 수 있는 성공요건과 작동원리에 중점을 두는 분석틀을 적용해 연구목적을 달성하고자 했다.

3장에서는 북한의 최고지도자로서 정권을 장악한 김정은이 핵무력 고도화를 구상하고 결심한 핵심동인, 즉 김정은 정권이 자신들의 핵무력 중 어떤 분야가 부족하다고 인식했는지, 부족한 분야를 고도화하는 과정에서 예상되는 미국의 강압을 어떻게 돌파하며 성공적인 여건을 조성하려 했는지에 대해 김정은의 전략적 구상을 논했다. 선대의 북한이 미국과 협상할 때 미국 본토를 직접 위협할 수 있는 핵투발^{핵폭탄+운반수단} 능력이 미흡했기 때문에 대미 핵억제력과 협상력 또한 미흡하여 미국 오바마 행정부의 전략적 인내^{북한을 무시하고 과소평가하는 대북정책} 정책을 초래하였다고 김정은이 인식했으며, 이러한 영향이 김정은에게 미국 본토에 대한 직접 핵투발 능력을 고도화시키는 동인으로 작용했고, 이에 따라 김정은이 핵무력 고도화의 전략적 목표 달성을 위해서 어떻게 대내외 여건을 조성하였는지에 대해 세부적으로 논했다.

4장과 5장은 김정은 정권이 핵무력 고도화 과정에서 미국의 강압을 어떻게 역강압으로 대응해왔는지 현존 핵투발수단과 신규로 개발한 핵투발수단을 구분하여 대미 강압구상 분석의 틀^{역강압 수단-역강압 메커니즘-목표}로 유형별 대미 고도화 위협 활동 및 강제적 위협인식 사례를 분석했다. 그 결과에 따른 전략적 목표달성 여부를 유형별 및 종합적 평가과정을 거쳐 본 연구의 가설을 검증했다.

4장은 현존 핵투발 수단을 통한 역강압 사례를 분석한 것으로 북한이 기보유하고 있는 무수단 미사일과 스커드 및 노동 미사일을 이용한 위협 활동을 사례화해 북한의 '행동-미국의 대응^{강압}-북한의 역대응^{역강압}' 활동의 분석틀로 종합분석했다.

5장에서는 새로운 핵투발 수단 고도화를 통한 역강압으로 잠수함발사탄도미사일SLBM: Submarine-Launched Ballistic Missile과 이를 지상플랫폼으로 개발한 고체추진제 지대지탄도미사일인 북극성-2형, 신형 중거리탄도미사일IRBM: Intermediate-Range Ballistic Missile과 대륙간탄도미사일의 위협 과시 활동으로 사례화하여 4장과 같이 북한의 '행동-미국의 대응강압-북한의 역대응역강압' 활동의 분석틀로 분석하고 4장 사례를 포함하여 고도화의 전략적 목표를 종합평가했다.

마지막 결론 및 전망에서는 김정은 정권의 핵무력 고도화 활동 결과와 목표를 최종적으로 종합평가하고 본 책에서의 연구 결과에 대한 이론적 함의, 예상되는 북핵 시나리오 전망 및 우리의 전략적 대응방향, 그리고 북한의 핵 대 경제안보 딜레마와 동아시아에서의 핵 도미노 딜레마를 극복할 수 있는 북핵문제 해결과제를 제안했다.

김황록 前 국방정보본부장! 김정은 정권의 실체적
핵·미사일 위협과 대미 역강압전략을 체계적으로 해부하다.

2장

김정은 시대
대미 역강압전략의
이론과 실제

북한의 대륙간탄도미사일 화성-14형의 시험발사 장면, 2017. 7. 4

2장 김정은 시대
대미 역강압전략의 이론과 실제

이 장에서는 기존 강압이론들을 고찰하고 본 연구에 적용할 수 있는 김정은 정권의 대미 핵무력 고도화 위협 역강압전략 논리 개발과 분석틀을 제시하는 데 중점을 두었다.

앞서 선행연구에서 언급한 바와 같이 강압이론은 강대국의 약소국에 대한 강압 위주로 연구가 되어 왔고 약소국의 강대국에 대한 역강압 연구, 특히 김정은 정권인 북한의 대미 역강압연구는 그 개념과 이론의 분석틀이 아직 제대로 정립되어 있지 않다. 따라서 본 장에서는 기존 강압이론을 강대국 미국에 대한 약소국 북한의 관점과 북한체제의 특수성에서 나타나는 강점 그리고 절대무기인 핵위협 특성에 초점을 맞추어 강압이론의 발전 추이와 주요개념 등을 고찰하고 김정은 정권의 북한에 어떻게 발전적으로 적용할 것인지를 개념화하여 제시하고자 했다.

먼저 1절에서는 고전적 강압이론을 살펴보았다. 토마스 셸링Thomas Schelling과 알렉산더 죠지Alexander George 두 학자를 중심으로 발전되어 온 강압이론을 고찰하고 셸링을 중심으로 한 '억제와 강제, 강압'과 죠지를 중심으로 한 '강제, 강압외교·공갈' 그리고 밀튼 프리드먼Milton Friedman이 제시한 '전략적 강압'의 개념과 다니엘 바이먼Daniel Byman 및 매튜 왁스먼Matthew Waxman의 강압의 메커니즘을 중점적으로 고찰했다.

2절에서는 앞에서 논의된 개념들을 '김정은 정권의 핵무력 고도화 위협을 통한 역강압전략 논리'에 적용했다. 여기서는 김정은 정권에서 발생한 실제 사례들을 기존 이론과 분석틀에 대입해 적용할 때 약소국 북한의 관점에서 강대국 미국을 상대하는 역강압전략이 어떻게 가능하게 했는지에 대해 강압의 개념과 작동원리 그리고 성립요건 등 세 가지 측면에서 발전시켰다. 첫째로 셸링과 죠지의 억제 · 강제 · 강압 및 공갈 · 강압외교, 프리드먼과 야콥센의 강압과 전략적 강압 개념, 바이먼과 왁스먼의 역강압 중요성, 성공요건인 압박점과 확전우세, 강압전략구상의 기본틀 '수단-메커니즘-목표'과 작동원리, 게리 쇼브Gary Schaub의 강압 과정에서의 강압국과 피강압국 간 전략적 상호작용, 둘째로 약소국 북한의 강대국 미국에 대한 하비브의 특정사안핵위협에서의 구조적 힘의 논리, 셋째로 북한체제의 특수성에 따른 대미 의사결정의 자율성에 대한 유리한 점 등을 김정은 정권의 북한에 적용하고자 했다.

마지막 3절에서는 1절과 2절에서 논하였던 것들을 종합하여 본 연구에서 적용할 분석틀과 가설을 제시했다.

1| 이론적 배경: 고전적 강압이론 고찰

1. 셸링과 죠지의 강압이론

가. 필요성

셸링은 상대를 억제하는 것to deter이란 '상대방이 무엇을 시작하지 못하게 의도적으로 위협하는 것'이며, 강제하는 것to compel이란 '상대방이 무엇인가를 하도록 또는 하는 것을 중지하도록 의도적으로 위협하는 것'이라고 정의하고 있다.[1] 또한, 셸링은 억제deterrence와 강제compellence[2]의 차이점으로 억제란 특정한 행동의 결과에 대한 처벌의 두려움으로 인하여 상대가 그 행동을 하지 못하게 하는 것으로 상대의 행동 결과가 초래할 상황을 설정해 놓고 기다리는 수동적인 개념이지만, 강제는 능동적인 개념이라고 주장했

---

1) Tomas C. Schelling, The Strategy of Conflict (New York: Oxford University Press, 1963), p. 195.

2) '억제(deterrence)'는 우리말 '억지'로도 사용되는데, 본 연구에서는 '억제'로 통일하여 사용한다. 한편, 영어 'compellence(강제)'를 우리말 '강압', '강요'로 사용하는 논문도 있는데 여기서는 '강제'로 통일하여 사용한다.

다.3) 즉, 강제는 자신이 행위를 시작하는 것을 의미하며 이를 통해 상대방이 원하지 않는 행동을 하게 만드는 것또는 행위를 멈추게 만드는 것을 의미한다.4)

그러나 억제와 강제는 오히려 유사한 측면도 있다. 데이비드 볼드윈David Baldwin은 "언어적 관점에서 보면 억제를 목적으로 한 위협은 강제적 어투를 취할 수 있고, 강제를 목적으로 한 위협은 억제를 상정할 수 있다"라고 주장했다.5) 억제나 강제 모두 무력 위협 또는 행사를 통해 상대의 의지나 행동을 변화시키려는 의도를 내포하고 있기 때문이다. 앤툴리오 에체베리아Antulio J. Echevarria도 "억제와 강제는 동전의 양면과 같다"라며 "상대방에게 어떤 것을 하지 못하도록 하는 것은 상대방에게 다른 어떤 것을 하도록 강요하는 것과 밀접하게 연관되어 있기 때문"이라고 강조한다.6)

한편, 셸링은 상대방의 행동을 변화시키기 위한 군사력의 사용을 두 가지로 구분했다. 첫째, 승리를 위해 군사력을 실제로 사용하는 것으로 목적에 따라 방어와 공격으로 구분했다. 둘째, 상대방의 행동에 영향을 미치기 위해 군사력을 사용하겠다고 위협하는 것으로 목적에 따라 억제와 강제로 구분했으며, 억제와 강제를 합쳐서 강압coercion이라고 규정했다. 또한, 실제 군사력을 사용하는 경우라도 그것이 위협의 신뢰성을 높이기 위한 목적에 국한되는 경우라면 강압의 범주에 포함했다.7)

---

3) Tomas C. Schelling, Arms and Influence (New Haven and London: Yale University Press, 1966), pp. 70-72.

4) Schelling, The Strategy of Conflict, p. 195.

5) David A. Baldwin, "Power Analysis and World Politics: New Trends and Old Tendencies," World politics, Vol. 31, No. 1 (January 1979), p. 188.

6) Antulio J. Echevarria II, Military Strategy: A Very Short Introduction (Oxford: Oxford University Press, 2017), Ch. 4.

셸링이 주장한 강압은 "상대방에게 위협을 가함으로써 상대방의 행동방식이나 의지 그리고 결심을 변화시키려는 행동 및 전략"이라고 할 수 있으며,[8] 바이먼과 왁스먼도 셸링과 유사하게 강압을 "무력사용 위협 또는 신뢰성 강화를 위한 제한적 무력사용으로 상대방에게 영향을 끼쳐 다르게 행동하도록 유도할 수 있는 능력"이라고 정의하고 있다.[9].

나. 죠지의 강제, 강압외교 · 공갈

죠지는 셸링이 주장한 강압 개념 중의 하나인 강제를 발전시켜 1971년 '강압외교coercive diplomacy' 개념을 처음으로 제시하고 이를 실제 사례에 적용할 수 있는 분석틀을 제시하여 이론의 운용화에 기여한 대표적 학자이다. 그는 셸링의 '강제' 개념을 '강압외교'와 '공갈blackmail'로 구분하고 셸링의 강제 개념이 공갈의 개념까지를 포함하고 있다고 비판한다. 죠지는 위기관리 전략을 공세적 전략과 방어적 전략으로 구분했다. 공세적 전략으로 공갈 및 억제된 압력 등을, 방어적 · 수세적 전략으로 강압외교 및 동일보복 전략 등으로 구분했다.[10] 죠지가 말하는 '공갈'이란 상대방이 스스로 원하지 않는 행위를 하게 하려고 위협을 사용하는 반면, '강압외교'는 상대방이 먼저 시작한 행위를 중지시키거나 원상 복구시키는 것을 목표로 한다고 정의한다.

죠지는 상대방이 이미 행한 어떤 행동을 침해하기 위한 반응으로 강제보다 강압외교를 억제와 대비되는 개념으로 사용했다. 그에 따르면 강압외교 개념

---

7) Schelling, Arms and Influence, Ch. 1-2; 임수호, "북한의 대미 실존적 억지 · 강제," pp. 84-85에서 재인용.

8) Schelling, Arms and Influence, pp. 3-4; 정성윤, 「김정은 정권의 핵전략과 대외 · 대남전략」(서울: 통일연구원, 2017), p. 33에서 재인용.

9) 다니엘 바이먼(Daniel Byman) 외, 이옥연 역, 「미국의 강압전략:이론, 실제, 전망」(서울: 사회평론, 2004), pp. 18, 47.

10) Alexander L. George, ed., Avoiding War: Problems of Crisis Management (Boulder: Westview Press, 1991), pp. 375-393.

이 셸링의 강제 개념과 유사하나 강제는 강압적 위협의 방어적 및 공격적 사용을 구별하지 않고 절대적으로 강압적 위협에 의존한다고 지적한다. 그러나 강압외교는 적대국 요구에 순응하거나 수용할 수 있는 타협을 모색하도록 합리적 설득과 유화와 함께 강압적 위협을 통한 유연한 외교의 가능성을 강조하는 방어전략이라고 주장한다. 즉, 강압외교는 강압적 위협뿐만 아니라 화해와 합리적 설득을 통한 유연한 외교의 가능성을 포함하고 있다고 주장했다.[11]

2. 셸링과 죠지 이후의 강압이론

셸링과 죠지 연구 이후 강압과 관련한 연구는 두 가지 경향을 띤다. 한 가지는 강제에 중점을 둔 '강압'에 관한 연구이고, 다른 한 가지는 '강압외교'에 관한 연구이다. 우선 셸링의 연구에 기반한 강압에 관한 대표적인 연구로 페이프1996, 프리드먼1998 및 바이먼·왁스먼2002 등이 있다.[12] 로버트 페이프Robert A. Pape는 강압적 공군력에 대한 연구에서 강압을 셸링의 강제와 유사하게 "비용과 이득을 조작함으로써 국가의 행위를 변화시키는 노력"으로 정의했다. 그는 강압적 전략을 징벌, 위험부담, 거부, 관계단절로도 구분했다. 그리고 셸링의 강제개념을 강압으로 명명했다. 강제와 억제가 아닌 강압과 억제를 대비해 개념화를 시도한 것이다.[13]

---

11) George, ed., Avoiding War, p. 384; Alexander L. George, Forceful Persuasion: Coercive Diplomacy as an Alternative to War (Washington, D.C.: United States Institute of Peace Press, 1991), p. 5.

12) 윤태영, "강압외교에 대한 이론적 고찰과 한·미동맹의 대북한 전략에 대한 시사점," 「정책연구」, 통권 제173호(2012), p. 42.

13) Robert A. Pape, Bombing to Win: Air Power and Coercion in War (Ithaca: Cornell University Press, 1996), pp. 4-9, 57.

이러한 논의 속에서 프리드먼은 위협을 수단으로 사용하는 모든 전략을 '전략적 강압strategic coercion'이라는 개념으로 포괄하여 설명하고 있다. 그는 전략적 강압을 "상대의 전략적 선택에 영향을 주기 위해 명백한 위협을 신중하고 목적적으로 사용하는 것"이라고 정의하고 있다. 그는 죠지의 개념 정의와는 다르게 강압적 행위는 본질적으로 방어적 또는 공세적이 아니며 반드시 온전한 수준의 무력이 개입되는 것 또한 아니라고 주장한다. 억제와 강제라는 전통적 구분에 동의하고 있으나, 두 개념은 엄격하게 분리하기 힘들고 '전략적 강압'의 형태라고 설명한다.[14]

한편, 죠지의 연구에 기반한 탈냉전기 강압외교에 관한 연구로 야콥센 2002, 아트2003, 젠틀슨2005 등이 있다. 피터 비고 야콥센Peter Viggo Jakobsen은 강압외교에 대한 죠지의 강압외교 개념을 수용하면서 효과적인 강압외교의 조건을 발전시킨 대표적인 학자다.[15] 그는 "강압외교란 상대방이 이미 시작한 행동을 중단시키거나 원래대로 돌아가도록 설득하기 위해 어떤 처벌적 위협이나 전면적인 군사작전이 아닌 제한된 군사력 위협을 사용하는 전략"이라고 정의했다.[16]

야콥센은 셸링, 죠지 및 프리드먼의 연구 개념들을 정리하여 위협 사용을 기준으로 프리드먼의 '전략적 강압' 개념 아래 셸링의 강제와 억제를 구분하고, 강제 개념 아래 죠지의 공갈과 강압외교를 하위개념으로 구분하여 【그림 2-1】과 같이 종합했다.[17]

---

14) Lawrence Freedman, ed., Strategic Coercion: Concepts and Cases (Oxford: Oxford University Press, 1998), pp. 3, 15, 20.

15) 윤태영, "강압외교에 대한 이론적 고찰," p. 43.

16) Peter Viggo Jakobsen, Western Use of Coercive Diplomacy after the Cold War (Basingstoke: Palgrave Macmillan, 2002), p. 16.

17) 윤태영, "강압외교에 대한 이론적 고찰," p. 44.

【그림 2-1】 위협을 수단으로 사용하는 개념들

```
                              ┌── 공갈(blackmail) : 상대국의 행동을 목표
              ┌── 강제(compellence) : 상대국이 어떤 행위를 하도록 강제
              │               └── 강압외교(coercive dipolomacy) :
              │                       상대국의 행동 중지 또는 원상복구를 목표
  전략적 강압(strategic coercion) : 일반적으로 위협을 수단으로 사용
              │
              └── 억제(deterrence) : 상황의 첫 국면에서 행위 자체의 방지 목표
```

* 출처: Peter Viggo Jakobsen, Western Use of Coercive Diplomacy after the Cold War, (Basingstoke: Palgrave Macmillan, 2002), p. 12.

【그림 2-1】은 강압이론의 연구발전 과정에서 각 개념 간의 관계를 보여준다. 대체로 상대방이 스스로 원하지 않는 행위를 하도록 여건을 조성하기 위해 위협에 의존한다는 점에서 공통점을 가지고 있음을 알 수 있다. 그런데 이러한 강압이론은 강압적 수단이나 보상력을 많이 보유하고 있는 미국과 같은 강대국이나 UN과 같은 국제기구를 중심으로 주로 발전되어 왔다. 특히 기존 연구에서 검토했듯이 북미 간 강압이론을 적용하려는 일부 연구 노력이 남아 있음에도 불구하고 여전히 개념적 모호성이 있어 약소국 중심으로 적용하는 데는 한계가 노정되어 왔다. 약소국인 북한, 특히 김정은 정권의 핵무력 고도화 과정에 적합하게 적용하려면 강대국이 아닌 약소국 입장과 북한체제의 특성에 부합되는 발전적인 노력이 지속 요구되고 있다.

3. 강압의 메커니즘

가. 강압과 역강압의 전략적 상호작용

프리드먼은 "상대the target의 자유의지Voluntarism 즉, 강압을 받는 대상국the target인 피강압국은 강압을 당하는 상황에서도 다양한 선택지를 가진다는 점이 '전략적 강압' 개념의 중요한 특징"이라고 지적했다.18) 강압을 받은 상대의 선택은 다시 강압국the coercer의 선택에 영향을 받는다. 특히 피강압국이 "강압국을 강압하기 위한 역강압counter-coercion을 선택하는 경우에는 누가 강압하는 자이고 누가 강압당하는 자인지조차 불분명해질 수 있다. 따라서 강압은 전략적 상호작용의 과정이다.19)

강압국의 위협에 직면한 피강압국은 대체로 3가지 선택방안에 직면한다. 첫째, 강압국의 요구를 수용하거나, 둘째, 협상을 제시하거나, 셋째, 요구를 거절 또는 무시한다. 특히 피강압국이 강압국의 요구를 거절하거나 그들의 요구를 제시하고 협상을 요구하여 강압국의 취약점을 최대한 이용하거나 강압국에 위험을 부과하려는 역강압 행동이 나타난다면 강압의 성공이 어려워질 수 있다.20)

또한, 강압국의 위협에 직면하여 피강압국은 강압국의 정치적·군사적 부담비용을 증폭시켜 강압국의 정책결정 과정에 영향을 끼치고 강압적 경합과 연관된 비용과 이득의 인식을 변경하려 한다. 예컨대, 피강압국은 국내불안정을 촉발해 자국민의 불만을 촉진하거나 강압국에 대한 저강도 도발, 게릴라전 또는 군사적 확전을 시도하거나 상대 동맹국 간 외교적 분열을 획책함으로써 강압국이 위협을 거두어들이도록 유도할 수도 있다.21)

18) Freedman, ed., Strategic Coercion, p. 16.

19) 임수호, "북한의 대미 실존적 억지·강제의 이론적 기반," 「전략연구」, 통권 제40호(2007), p. 150.

20) Gary Schaub Jr., "Resuscitating the Concept," Freedman, ed., Strategic Coercion, p. 45; 임수호, "북한의 대미 실존적 억지·강제," pp. 149-151; 윤태영, "강압외교에 대한 이론적 고찰," p. 46.

21) 다니엘 바이먼(Daniel Byman)·매튜 왁스먼(Matthew C. Waxman), 이옥연 역, 「강압의 역학: 미국의 대외정책과 군사력의 한계」(서울: 국방대학교 안보문제연구소, 2003), p. 38.

이처럼 강압의 성공과 실패 여부의 구분은 강압국의 요구와 위협에 대해 상대인 피강압국이 어떻게 대응을 하느냐에 따라 달려있으며, 역동적인 역강압과 전략적 상호작용에 따라 강압국이 의도하지 않은 전혀 다른 결과로 이어질 수 있다. 예를 들어 강압국이 실제 절대 우위의 군사력을 보유하고 있고 피강압국이 요구에 불응할 경우 반드시 공격할 것이라는 신뢰를 준다면 강압은 성공할 가능성이 크지만, 절대 우위의 군사력도 보유하고 있지 않으면서 강압을 하거나 강압을 하더라도 실제 군사행동을 할 것이라는 확신을 피강압국에게 인식시키지 못하면 피강압국의 강력한 역대응에 직면할 수 있다.

바이먼과 왁스먼은 강압의 역동적 경합 양상으로 인해 역강압 전략은 강압국의 전략과 같은 비중으로 다루어져야 한다고 강조했다.[22]

나. 강압전략 구상 분석의 기본틀과 메커니즘

강압전략 분석 기본틀과 메커니즘은 바이먼과 왁스먼의 공저『강압의 역학 The Dynamics of Coercion』에서 잘 설명하고 있다. 저자들은 이 책에서 강대국인 미국 입장에서 강압전략을 연구하고 있다. 그런데 여기서는 강대국 미국이 약소국 북한을 강압 시 미국의 강압과 북한의 역강압에 의한 역동성으로부터 북한 입장에서의 역강압 작동원리 및 성공조건 등을 어떻게 도출할 수 있는지에 대한 시사점을 역으로 보여주고 있다. 그리하여 '강압전략 구상 분석의 기본틀'을 본 논문에 가장 적합한 분석도구로 활용할 수 있을 것으로 판단했다.

바이먼과 왁스먼은 강압을 결정할 때 정책결정자들에게 다음과 같은 근본적인 문제들이 제기된다고 말한다. 강압을 통해 무엇을 이루고자 하는가? 상대 적국의 취약점은 무엇인가? 그러한 취약점을 표적으로 삼은 방편이 용이한가? 이러한 질문의 해법을 찾는 일이 바로 방법과 목표 간 사슬을 찾아내어 원하는 결과를 얻게 하는 강압자의 전략구상이다.

---

22) 바이먼·왁스먼, 이옥연 역,「강압의 역학」, p. 63.

【그림 2-2】는 강압전략에 관한 기본적인 개념 틀로써 동원된 수단, 사용된 메커니즘, 원하는 결과목표라는 세 요소를 중심으로 구성됐다. 수단은 상대 적국에 해를 입히려고 위협하는 도구강압수단이고, 메커니즘은 가해하려고 위협하는 과정절차/작동원리이며, 결과는 강압자가 추구하는 궁극적 목표강압목표이다. 23)

【그림 2-2】 강압전략 구상 분석의 기본틀24)

강압수단은 군사 · 경제 · 외교 등 다양하며, 강압국의 여건과 상황에 따라 한 가지 또는 수 개의 수단을 복합적으로 사용할 수 있다. 25) 강압수단은 개별적으로 사용할 때는 불충분하지만, 같이 사용할 경우 상당한 위력을 발휘했다는 점을 감안하면 강압수단은 개별적 단위보다는 종합적 맥락에서 평가해야 한다.

강압수단이 목표나 목적을 달성했는지 실패했는지에만 초점을 두면 강압수단에 대한 평가가 오류에 의해 이루어질 수 있다. 왜냐하면, 비록 특정한 강압수단의 기여도가 제한적이더라도 다른 강압전략과 함께 사용되면 개별적

---

23) 바이먼 · 왁스먼, 이옥연 역, 「강압의 역학」, p. 45.

24) 바이먼 · 왁스먼, 이옥연 역, 「강압의 역학」, p. 46.

25) 바이먼과 왁스먼은 자신들의 저서에서 강압수단으로 공습, 침공과 영토 수탈, 핵공격 위협, 제재와 국제적 고립, 반란세력 지원, 강압수단의 조합 등을 제시하고 있다. 바이먼 · 왁스먼, 이옥연 역, 「강압의 역학」, pp. 114-163.

으로 가능하지 않았던 정책변화를 가능하게 만드는 데 충분하기 때문이다.[26)

여러 강압수단의 가치나 효과를 적절하게 평가하려면 강압적 압력이 특정한 순간에만 한정되어 있지 않다는 점을 알아야 한다. 군사력과 다른 형태의 압력 및 그의 사용에 대한 위협 등을 통해 강도를 달리하면서 적국을 상대로 지속적인 영향력을 행사할 수 있다. 무력사용에 대한 갑작스러운 위협으로의 등장을 거론하는 것이 아니라 대체로 전시효과를 노린 무력사용, 요구사항과 위협내용의 표면화 등 명백한 징후들에 나타나는 무력사용 위협의 상대적 변화를 거론하는 것이다. 또한, 강압수단의 가치는 위협 수위의 증폭뿐 아니라 압력의 배경 수위에 대한 기여도를 측정함으로써 비로소 가능하다.[27)

다음으로, 강압자는 다양한 메커니즘을 사용해 상대의 정책결정과정에 영향력을 행사한다. 그중 ①정권과 주요 지지층 간의 관계를 위협하는 권력기반 침식, ②대상국 정부에 대한 대중국민의 불만을 유도하는 사회동요, ③대상국 지도층의 신변을 위태롭게 하는 관계단절, ④대상국을 전반적으로 불안정하게 만드는 공략, ⑤적국의 승리를 방해하는 거부작전, ⑥대상국을 지원하는 제3국에 대한 간접강압second-order-coercion28) 등이 있다.

강압이 성공하기 위한 최적의 메커니즘은 존재하지 않는다. 이상적 메커니즘 또는 복수의 메커니즘은 정권의 취약성과 위기사태의 세부사항에 따라 달라진다. 개별적으로 메커니즘의 효력이 나타나지 않더라도 두 개 이상의 메커니즘이 결합하면 정책결정과정에 영향을 끼칠 수 있다.[29)

---

26) 바이먼 · 왁스먼, 이옥연 역, 「강압의 역학」, p. 50.

27) 바이먼 · 왁스먼, 이옥연 역, 「강압의 역학」, pp. 50-52.

28) 미국의 북한에 대한 간접강압국은 중국을 대표적으로 제시할 수 있다. 북한의 미국에 대한 역강압 간접강압국은 한국이 대표적이다.

29) 바이먼 · 왁스먼, 이옥연 역, 「강압의 역학」, p. 72, pp. 111-112.

한편, 바이먼과 왁스먼은 강압과 역강압의 경합과정에서 강압의 두 가지 성공조건으로 '압박점pressure points'과 '확전우세escalation dominance' 개념을 도입했다.30) 첫째, 성공적 강압은 상대의 압박점을 찾아 위협함으로써 가능하다. 압박점이란 상대에게 취약한 영역일 뿐 아니라 상대 적국 자체가 도저히 지킬 수 없는 영역을 말한다. 둘째, 강압적 위협은 강압자가 확전의 우위를 지킬 때, 즉 상대에게 가해지는 위협의 비용을 증대시킬 수 있는 동시에 상대가 위협비용을 상쇄하거나 역으로 강압자에게 가할 수 있는 능력을 박탈할 수 있을 때 가장 성공확률이 높다고 설명한다.31)

또한 바이먼과 왁스먼은 미국의 막강한 군사적 우위에 의한 미국식 강압외교에 지대한 제약을 끼치고 있는 미국의 국내정치 요인과 대외정책 규범을 다음과 같이 몇 가지로 제시하고 있다. ①무력사용의 정당성32), ②다자주의의 선호.33) ③미군의 사상자 수에 대한 민감성. ④상대국 민간인의 고통을 혐오하는 국내의 여론, ⑤미군의 인명피해를 줄이기 위한 첨단 기술에의 의존, ⑥ 국제적 규범의 준수 등이 있다.34)

상대국, 특히 북한은 바로 이러한 미국의 제약된 특성들을 취약점으로 삼아 미국에 대한 역강압의 압박점으로 이용할 수 있음을 시사하고 있다.

---

30) 바이먼 · 왁스먼, 이옥연 역, 「강압의 역학」, p. 48, pp. 58-68.

31) 바이먼 · 왁스먼, 이옥연 역, 「강압의 역학」, p. 48.

32) 미국 국민은 대체로 강압적 군사작전을 국민의 동의와 지지 속에 펼칠 것을 요구한다. 바이먼 · 왁스먼, 이옥연 역, 「강압의 역학」, p. 173.

33) 적국의 술수로 연합국(동맹국) 간 관계에 괴리가 생기면 미국은 이를 바로잡으려고 군사작전 수행방식을 수정하고 이를 목격한 적국이 연합국(동맹) 간 이간질을 하는 노력을 배가하도록 이끈다. 바이먼 · 왁스먼, 이옥연 역, 「강압의 역학」, p. 197.

34) 바이먼 · 왁스먼, 이옥연 역, 「강압의 역학」, pp. 170-197.

종합하면, 강압이론은 강대국, 특히 미국을 중심으로 연구됐다. 강대국 중심 이론인 강압이론을 총체적 국력의 비교 면에서 약소국인 북한에 적용하는 것은 제한될 것이다. 그러나 김정은 정권의 북한은 미국의 강압에 역강압으로 대응하면서 핵무력 고도화를 완성하고 그 결과 대미 핵억제력을 강화하고 협상력을 제고하였다. 강압이론에 의하면 피강압국인 북한이 성공할 수 있는 역강압의 수단과 메커니즘, 그리고 압박점을 효과적으로 활용한 결과로 판단할 수 있다.

다음 절에서는 이렇게 강압이론에서 고찰한 강압과 관련된 주요개념과 메커니즘이 역강압국인 약소국 북한에 어떻게 적용 가능할 것인지를 검토해 발전시키고자 한다.

2| 김정은 정권의 핵무력 고도화 위협 '역강압전략' 논리

1. 주요개념의 북한 적용

가. '강제와 억제' 개념

(1) '강제'

김정은 정권의 대미 핵무력 고도화 간 '강제'의 개념은 【표 2-1】과 같이 셸링이 주장한 기본개념을 원용 또는 북한의 상황과 여건에 부합되게 개념화하여 적용한다.

첫째, 기본개념 원용은 북한이 미국에게 핵투발수단 고도화 위협을 통해 '미국이 무엇인가를 하도록 하거나 하는 것을 중지토록 하는 행위'라는 셸링의 개념을 북미 간 상황에 맞게 적용한다. 둘째, 김정은 정권이 김정일 시대와는 다르게 핵투발수단 위협을 파악할 수 있는 미사일의 세부제원, 엔진시험·발사장면 사진, 동영상, 상황도 등 위협 관련 정보들을 언론매체에 공개하는 전략으로 전환해 미국에 강제적으로 핵투발수단의 위협을 인식시키려는 '의도적 행위'로 간주하여 이러한 목적적 행위를 '강제'의 개념으로 정의, 적용하고자 한다.

【표 2-1】 북한에 적용할 '강제'의 개념

강제	'상대방이 무엇인가를 하도록 또는 하는 것을 중지토록 의도적으로 위협하는 것'. '능동적 개념'(셸링)
개념화	강제란 '핵투발수단 고도화 과정(핵실험·미사일발사 등)에서 핵투발수단별 위협의 실체를 다양한 방법(세부제원·발사사진·작전상황도·핵장치·괌타격 위협발언·동영상 등)으로 매체에 공개·과시함으로써 미국이 위협으로 인식할 수 있도록 강요하는 것'으로 정의하며, 이는 '강제→억제⇒역강압' 메커니즘 작동 논리에서 첫 번째 원인변수이자 메커니즘 작동 시작의 핵심요인으로 '대미 강제적 위협인식 역강압 메커니즘'이 의도적·강제적으로 작동되고 있다'는 논리로 적용 *강압의 성공요인: '능력+신뢰도'(실체적 능력을 강제적으로 인식시켜 위협의 신뢰도를 향상함으로써, '강제→억제⇒강압'의 작동 논리로 상대(미국)가 이전과 다르게 행동하도록 유도) *억제를 하려면 위협을 강제적으로 보여주는 것으로부터 시작하여 위협을 인식시킨 결과로 억제달성이 가능하며, 궁극적으로는 '강압'(상대가 다르게 생각·행동)의 목표를 달성

　이는 김정은 정권의 핵투발수단별 고도화 사례와 관련된 주요특징 중 하나로 김정은 정권이 핵무력을 고도화하는 과정에서 선대와는 다르게 핵실험이나 탄도미사일을 발사한 이후 많은 내용과 사진 자료를 공개했다는 사실에 근거한다.[35] 김정은 정권의 북한은 핵실험 목적이나 결과 그리고 탄도미사일의 종류와 상세한 제원 및 타격대상 등을 비교적 구체적으로 공개했다. 이러한

---

35) 물론 김정은 정권은 성공한 사례 위주로 공개보도를 했다. 성공한 사례는 대부분 김정은이 참관했다. 공개내용을 모두 신뢰할 수는 없다. 다소 과장되고 검증되어야 할 부분들도 없지 않다. 그러나 공개내용으로부터 북한의 의도와 전략을 파악하는 데 많은 도움이 된다. 김정은 정권의 북한에서는 핵·미사일 관련 정보가 많음에도 불구하고 기존 대북정보가 부족하다는 관점에서 보면 종종 간과하는 사실들이 많이 발견된다. 이런 점에서 김정은 정권의 핵무력 고도화 관련 공개정보는 북한연구자들에게 많은 관심이 요구된다.

공개내용들로부터 전문가들이나 청중들은 나름대로 위협을 판단하고 인식한다. 북한의 공개내용이 전문가 또는 비전문가들의 분석에 의해서 위협으로 인식되는 과정은 글로벌 시대 첨단과학기술의 발전으로 인하여 다양한 대중매체 및 SNS 등의 수단으로 매우 빠른 속도로 전파되고 수준의 차이는 있을지라도 위협들이 청중들에게 인식된다.

이런 현상이 반복되면 위협에 대한 인식의 상태나 정도에서 차이가 날 수는 있지만, 누적효과가 발생하여 무관심한 청중보다 영향을 받을 관련 국가 또는 관심이 있는 청중에게 인식효과의 영향은 극대화될 것이다.

특히, 북한의 핵실험 및 탄도미사일 발사와 관련된 내용의 적극적 공개는 핵무력의 특성상 강제와 억제의 논리가 거의 동시에 작동됨에 따라 고도화된 핵투발수단의 능력과 사용 의지를 적시에 전파하려는 김정은 정권의 적극적인 의도가 개입되어 있다.[36] 결국, 역강압수단의 위협을 판단할 수 있는 내용과 사진자료를 공개하는 행위 자체가 대상 청중들에게 그들이 원하든 원하지 않든 일정한 메시지를 인식하도록 강제하는 의도로부터 기인하는 것_{강제의 개념 적용 이유}이다.

(2) '억제'

김정은 정권의 대미 핵무력 고도화 간 '억제' 개념은 【표 2-2】와 같이 북한의 관점에서 셸링의 주장을 원용 또는 북한의 상황과 여건에 부합되게 정의한 개념을 적용했다.

---

36) 김정은 정권의 공개전략은 대외적 목적은 물론 대내적 목적 두 가지 모두 관련이 있다. 본 논문에서는 대외적 특히 대미 관점에서 더 구체적으로 살펴보고자 한다.

【표 2-2】 북한에 적용할 '억제' 의 개념

억제	'상대방이 보복이 두려워 무엇을 시작하지 못하게 의도적으로 위협하는 것'. '수동적 개념' (셸링)
개념화	고도화 위협을 미국에 인식시키는 강제의 과정(메커니즘 작동)으로부터 미국이 고도화 위협의 실체(능력↑)를 인식한 결과(신뢰도↑)로 억제가 달성된다는 인과관계의 논리에 기초해 억제란 '고도화된 북한의 위협인식을 미국에 강요하는 강제행위로부터 시작되어 미국이 북한의 고도화된 실체적 능력을 위협으로 인식한 결과 북한에 대한 미국의 군사력 사용을 제한하는 것' 으로 정의하였다. 이는 '강제→억제⇒역강압' 메커니즘의 작동원리에서 두 번째에 있는 매개변수이자 종속변수인 강압에 영향을 주는 또 다른 원인변수 기능으로도 개념화했다. 즉 '위협'은 '강제→억제 과정'을 통해 인식되고, 다시 억제 결과에 따라 '상대의 행위에 변화'를 주는 '강압'의 개념으로 연계되어 작동한다는 논리이다.

기본적으로 북한이 미국에 핵무력 고도화 위협을 하여 미국으로 하여금 북한의 보복이나 전쟁으로의 확전을 우려하도록 과시함으로써 북한의 핵위협을 제거하려는 군사적 공격을 하지 못하게 한다는 셸링의 기본개념을 적용했다. 북한이 앞에서 정의한 강제의 개념과 '강제→억제⇒역강압'의 메커니즘 과정에서 '고도화된 핵투발수단 위협을 미국에게 강제적으로 인식시킨 결과, 북한이 미국 본토나 주한·주일미군 기지를 대상으로 보복성 공격을 할 수 있다고 과시한 고도화 능력을 미국이 인식함으로써 미국으로 하여금 북한의 핵무력 고도화 중지 및 핵위협 제거 목적의 군사적 공격을 하지 못하도록 제한하는 것' 이라고 '억제'의 개념을 정의하여 적용하고자 했다..

(3) '강제→억제⇒역강압' 개념의 작동원리와 인과성

억제의 개념에서처럼 상대가 무엇을 시작하지 못하도록 하기 위해서 위협을 어떤 방법을 통해서라도 상대에게 인식시켜야만 억제의 효과가 작동된다. 그런데 위협을 인식시키는 과정에서 상대에게 강요하려는 언행을 보여줄 수밖에 없으므로 자신이 행동을 먼저 시작하는 강제의 능동적인 개념으로부터 억제를 위한 과시적 언행이 시작된다. 이런 측면에서 김정은 정권의 핵투발수단별 고도화 행위의 시작은 강제적 성격이 강하게 느껴지고 있음을 알 수 있다. 결국, 김정은 정권의 핵투발수단별 고도화 위협은 미국의 북핵능력에 대한 과소평가 및 무시성의 성향이나 인식에 변화를 주어 김정일 시대로부터 물려받은 북한의 핵능력을 실존하는 위협으로 인식하고 있지 않았던 그 당시 미국의 위협인식 상태를 변화시키려는 데 초점이 맞추어져 있었다고 분석했다.

이러한 강제적 의미를 내포하고 있는 '김정은 정권의 공개전략'은 김정은 정권이 선대와 다르게 적극적으로 사용 및 활용하고 있다는 점에서 매우 흥미로운 현상이며, 북한의 의도와 전략을 파악하기 위한 유용한 분석 소재이기도 하다. 김정은 정권의 핵무력 고도화 위협인식의 강제과정에서 북한 행동의 시작은 항상 공세적 · 의도적 · 적극적으로 '강제적인 언행'에서 출발하여 '억제'로 이어지고 다시 '강압과 역강압의 전략적 상호작용'을 통해 반복되는 현상이 학문적 · 이론적으로 규명된다면 피강압국이자 약소국인 북한의 관점을 기준으로 하는 역강압전략의 김정은 정권에 대한 적용 의의는 배가될 것이다. 물론 이러한 흐름은 실제로 눈에 보이지는 않지만, 김정은 정권의 역강압전략을 이론적으로 잘 설명할 수 있는 설득적 매개변수가 될 수 있다는 점에 중점을 두고 분석 및 적용하고자 했다.

핵투발수단별 고도화 위협, 즉 북한이 기보유한 미사일의 정확도를 향상시키거나 새로운 중장거리탄도미사일의 시험발사 성공은 궁극적으로는 미국에 대한 핵억제력과 협상력을 강화하는 결과로 나타나지만, 그 결과는 고도화 과정에서의 강압수단 능력과 이를 사용할 수 있다는 의지를 미국에게 전달하고 인식시키려는 공개전략의 시작으로부터 '강제→억제⇒역강압의 메커니즘'이 보이지 않게 작동되어 비로소 그 결과로 목표를 달성하려 했다는 점도 중요한 현상으로 발견하여 개념을 발전시키고자 했다.

김정일 시대에는 대표적인 핵전략 중의 하나인 '모호성 유지 전략'으로 대미 핵억제력과 협상력을 강화해 미국과의 위기조성 외교 중 협상과 보상을 도모했다. 이러한 김정일 시대의 모호성 유지 전략을 억제와 강제의 측면에서

굳이 구분하면 '억제' 개념에 더 경도되었다고 평가할 수 있다. 그런데 김정은 정권은 '모호성 전략'을 '적극적 공개전략'으로 전환했다. 이러한 전환은 미국 본토를 직접 위협할 수 있는 실체적 핵능력을 고도화하는 과정을 세부적으로 공개함으로써 위협을 의도적·강제적으로 주입하려는 변화로 볼 수 있다. 즉, 미국이 자신들의 실체적 위협을 깨닫고 인식하도록 '강압^{강제→억제}'해 미국의 북핵고도화 위협에 대한 인식과 행동에 변화^{강제→억제⇒역강압} 개념의 작동원리를 유도하고자 한 것이다.

부연하자면, 강제와 억제의 유사점은 모두 위협을 사용한다는 것이다. 그런데 억제를 하려면 위협을 인식하도록 강요해야만 가능하다. 위협에 대한 구체적인 수단이나 방법을 제시하지 않고 수사적인 위협만으로 상대방을 억제하는 것은 제한된다. 단지 위협을 보여주는 정도나 수준 면에서는 모호성 유지와 세부내용 공개의 효과를 고려한 적절한 비율을 어떻게 조절하느냐에 따라 차이는 있을 수 있다. 해당 시기별 관련 상황과 여건에 따라 상대가 위협을 인식할 수 있는 효과를 평가하고 조율할 수 있어 시기와 상황별로 달라질 수도 있다는 의미다. 따라서 강제와 억제를 완전히 구분할 수 있거나 분리해서 생각하기는 불가능하다. 강제와 억제의 효과가 거의 동시적으로 수반된다고 설명하는 이유이기도 하다.

김정은 정권은 핵무력 고도화의 전략적 당면목표인 대미 협상력을 높이기 위해서 자신들이 고도화하는 핵투발수단별 위협을 미국에게 강제적으로 인식시키려는 행동을 강화하는 데 중점을 두어 그 효과도 극대화해 억제력을 강화하고자 했다. 미국이 북한의 핵능력을 과소평가하고 있다고 김정은이 분명하게 인지했기 때문에 강제적 위협인식을 위한 역강압의 메커니즘을 강화한 것이다. 이것이 곧 김정은 정권의 '강제→억제⇒강압'의 인과적 작동논리로 설명이 가능하다는 점을 본 연구에서 밝혀보고자 한다.

나. 북한에 적용할 '역강압' 및 '전략적 강압' 개념

(1) '역강압' 개념

북한의 관점에서 정의한 '역강압전략' 및 '전략적 강압' 개념 역시 앞서 강압이론에서 고찰한 바와 같이 각각 셸링과 프리드먼이 주장한 개념과 바이먼과 왁스먼이 강조한 역강압의 중요성을 고려해 북한 상황과 여건에 부합하게 개념화하여 적용하고자 한다.

먼저 북한의 대미 '역강압전략' 개념을 정의하기 위해서는 두 가지 관점에서 그 필요성과 당위성에 대해 논리의 발전과 개념화가 요구된다. 국제정치의 현 단계에서 보편적 현상을 설명하는 (고전적) 강압이론으로 김정은 정권의 핵무력 고도화 과정에서 북-미 간의 강압과 역강압 관계에 대한 개념의 한계성을 짚어 보면 다음과 같다.

첫째, 강대국이자 강압국인 미국이 약소국이자 피강압국인 북한을 위협해 핵무력 고도화를 중지하도록 다르게 행동하도록 하는 행동을 '강압' 또는 '강압외교'37)로 설명이 가능하다. 이때 강대국 미국이 약소국 북한을 강압할 때 약소국 북한이 강대국 미국의 강압에 굴복하여 완전히 핵을 포기하지 않고, 미국의 강압에 순응하여 대화와 협상에 나서지도 않으면서, 오로지 미국의 강압에 역으로 맞대응하여 핵무력 고도화를 포기하지 않는 행동전략을 '역강압'이라고 해석할 수 있다. 즉, '강압'은 강대국 미국이 강압의 주체가 되며, 역강압은 약소국 북한이 피강압국의 입장에서 미국의 강압에 역으로 맞대응하는 단순한 양방향의 순서 구조로도 설명할 수 있다 강압과 역강압은 질적으로 다르지 않다는 관점. 문제는 총체적 국력 면이나 핵전력 면에서도 수백 배의 차이가 나는 약소국 북한을 미국이 강압해 핵무력 고도화를 억제시킬 수 있음을 설명하는 데는 한계점이 있다는 현실을 부인할 수 없다는 것이다. 다시 말해

---

37) 강대국 입장의 미국이 북한을 강압하는 개념은 오바마 행정부 시기에 전략적 인내 정책을 고려 시 죠지의 '강압외교'(수세적·방어적 개념) 개념을, 트럼프 행정부 시기는 최대압박과 관여 정책을 고려 시 셸링의 '강압'(공세적·공격적 개념) 개념을 염두에 두고 북한의 역강압전략을 분석하는 데 참고했다.

현존하는 국제정치의 강압이론으로 북핵관련 북미관계를 강대국인 미국 입장을 중심으로 설명하는 데는 아직까지 보완이 요구되고 있다는 것이다.

둘째, 그렇다면 강대국인 미국을 중심으로 발전된 이러한 '강압'의 개념을 약소국, 특히 북한의 관점에서 역강압 개념으로 어떻게 설명할 수 있을까라는 논의가 역설적으로 필요하다. 그런데 오늘날의 국제정치에서 약소국이 강대국에게 강압을 선택하는 것 또한 사실상 불가능하다는 것이 현실이다. 특히 힘의 비대칭성 면에서 초강대국인 미국을 상대로 강압전략을 선택하는 것은 더욱 그렇다고 볼 수 있다. 그래서 김정은 시대 핵무력 고도화 기간 중의 북미관계는 강대국인 미국의 관점에서 강압이론으로 설명이 제한되고, 역으로 약소국 북한의 관점에서도 강압이론의 역강압 측면에서 설명이 제한될 수 있다. 그러나 북한과 같은 특수성을 가진 체제의 강점, 그리고 강압수단이 절대성을 가진 핵무기라는 특수성그것도 미 영토를 직접 위협하는 핵투발수단을 새롭게 완성 등을 고려하여 북한의 관점에서 역강압전략의 개념과 논리 및 성립요건을 발전시켜야 할 필요성과 당위성도 함께 제기되고 있기 때문에 강압이론을 북한의 관점에서 적용이 가능할 수 있다고 판단했다.

따라서 이상의 두 가지 관점을 보완적으로 충족시킨다는 측면에서 약소국 북한이 피강압국으로서 어떻게 강대국인 미국의 강압에 굴복하지 않고 역강압으로 강대국 미국을 상대할 수 있었을까에 답할 수 있도록 북한체제의 특수성과 역강압의 성립요건까지를 포함해서 이론적으로 보완하고자 했다.

약소국인 북한의 관점에서는 강대국 미국에 적용하고 있는 '강압'의 개념을 차용하여 약소국인 북한도 절대성과 상징성을 가진 핵무기와 같은 특정이슈에서그것도 미국 본토를 직접 공격할 수 있는 핵투발수단 위협의 구조적 힘의 원리와 북한체제의 특수성생존전략 일환 필사적 의지의 비대칭성 등 상대적 장점 등 북한의 상황과 여건에 부합되는 강점과 성립요건을 갖추게 되면 역강압으로 강대국인 미국을 직접 상대할 수 있을 것이라는 판단 하에 다음의 【표 2-3】에서와 같이 구체적으로 개념화하여 본 연구에서 적용 하고자 한다.

【표 2-3】 '강압 · 역강압' 개념과 북한에 적용할 '역강압(전략)'

강압 (미국/ 강대국)	'상대를 위협하여 행동방식 · 의지 · 결심을 변화시키는 행동 및 전략' (셸링) '무력사용 위협(제한적 사용)으로 상대방에게 영향을 끼쳐 다르게 행동하도록 유도할 수 있는 능력'(바이먼 · 왁스먼)
	강압의 행동주체는 강대국이자 강압국인 미국
역강압 (북한/ 약소국)	① 역강압의 행동주체는(강대국이자 강압국인 미국이 아니라) 약소국이자 피강압국인 북한이 자신의 입장에서 미국의 강압에 역으로 맞대응한다는 개념으로 '역강압' 용어를 사용 ② 미국의 강압에 순응해 대화 · 협상에 나오지 않고 생존전략 일환의 고도화로 맞대응 · 강경대응해 적대시정책 · 핵위협 변화를 위한 협상력 강화 개념

개념화 ⇩ 정의

역강압 (전략) **개념화**	'북한이 강대국 미국이 원하지 않는(UN결의 등을 위반하는) 핵무력 고도화를 위해 핵실험이나 미사일을 발사하는 고도화 행동을 할 때 미국이 이를 억제하기 위한 목적으로 강압하게 되면 북한이 이에 굴복 또는 순응하여 대화나 협상에 나서지도 않고 핵실험 · 미사일 발사로 계속 강경대응하면서 고도화 위협을 공개 · 과시해 미국에 강제적으로 위협을 인식시켜 고도화 완성과 핵억제력 제고로 대미 협상력을 강화하려는 전략' *역강압 수행개념: 고도화 위협 공개 · 과시로 대미 강제적 '위협(능력+사용의지) 인식→(위협인식 결과)억제↑'→ '역강압' 효과 극대화↑(오바마: 죠지의 강압외교 개념−과소 평가 · 무시 · 선북핵비핵화만 기다리며 압박 · 제재하는 전략적 인내)/(트럼프: 셸링의 강압 개념−최대압박 · 관여정책)로 미국의 북핵 고도화 위협인식의 변화에 영향을 주어 협상력을 강화하려는 '역강압 메커니즘'('강제→억제⇒강압' 작동논리)'이 핵심 *역강압 성립조건: 미 본토 도달 핵투발수단, 미국의 사활적 이익을 압박, 강제적 위협인식 역강압 메커니즘 작동, 보복 · 기습타격력 강화, 북한체제 특수성 · 강점

앞의 【표 2-3】에서 보는 바와 같이 강압의 행동 주체가 강대국인 미국 입장이 아니라 약소국인 북한 입장에서 미국의 강압에 역으로 맞대응한다는 개념과 미국의 강압에 굴복하지 않고 대화와 협상에도 나오지 않으면서 미국의 강압이 성공하지 못하도록 맞대응하겠다는 강대국-약소국 관계라는 구조적 측면에서의 '역강압' 이라 부를 수 있다.

이를 기초로 북한의 '역강압전략' 개념을 발전적으로 정의하면, '북한이 강대국 미국이 원하지 않는, 그리고 UN결의를 위반하는 핵무력 고도화를 위해 핵실험이나 미사일을 발사하는 행동을 지속할 때 미국이 이를 억제하기 위한 목적으로 강압38)하면 북한이 미국의 강압에 굴복해 핵무력 고도화를 포기하지도 않고 미국의 강압에 순응해 대화나 협상에 나서지도 않은 채 계속 역으로 강경대응하며 미국 영토를 직접 공격할 수 있는 다양한 핵투발수단 위협을 미국에게 강제적으로 인식시켜 고도화를 완성하고 협상력을 강화하는 전략적 당면목표를 달성하려는 행동' 을 '역강압' 이라 정의하며 그러한 '계획이나 전략' 을 '역강압전략' 이라 규정하고자 한다.

【표 2-3】 하단부에서 보는 바와 같이 '역강압전략의 수행개념' 은 '김정은 정권의 북한이 핵투발수단의 고도화 위협을 '강제' 적으로 미국에게 인식시키는 과정에서 위협인식의 수준정도이 이전의 북핵능력보다 훨씬 차이가 나게고도화 정도의 차이 향상되고 강력능력↑해졌다고 인식신뢰도↑하도록 강제하여 '강제→억제' 논리 작동 상대미국가 다르게 행동하는 결과 '강압' 로 목표를 달성하려는 수행개념 '강제→억제⇒역강압' 의 메커니즘이라고 설명할 수 있다.

이상에서와 같이 개념적으로 정의한 역강압전략은 두 가지로 그 특징을 요약 설명할 수 있다. 첫째, 북한의 고도화 위협인식 강제 역강압으로 미국의 위협인식이 변화하여 억제력이 강화되고, 그 결과 대미 협상력 강화라는 목표를 달성하려는 전략, 둘째, 강제와 동시 억제 기능의 작동효과 '강제→억제' 기능와

---

38) 오바마 행정부는 죠지의 수세적인 강압외교 개념, 트럼프 행정부는 셸링의 공세적 강압 개념에 근접한다고 볼 수 있으며, 강대국 미국이 강압의 수단으로 제재(유엔/독자)와 압박(전략핵자산 전개훈련 등), 외교적 고립 조치 등 다양한 위협수단을 사용한 것으로 전제한다.

다시 그 효과가 강압의 원인으로 작동되어 '강압_{역강압}'의 효과_{결과}로 나타나 비로소 상대^{미국}가 다르게 인식하거나 행동하게 하는 '강제→억제⇒역강압' 메커니즘 작동논리에 중점을 둔 전략이다.

(2) '전략적 강압' 개념

프리드먼은 셸링의 공세적 강압 개념과 죠지의 방어적 강압 개념의 차이점이나 전통적 개념인 억제와 강제 간 유사점과 상이점에 대한 논쟁에서 각각의 개념 간 차이점을 엄격하게 구분하는 것이 매우 어렵기 때문에 이들을 모두 포함해서 '전략적 강압'이라 명명한 바 있다. 그리고 '위협을 수단으로 사용하는 모든 전략'을 '전략적 강압'이라고 주장하면서 이러한 전략적 강압은 '상대의 전략적 선택에 영향을 주기 위해 명백한 위협을 신중하고 목적적으로 사용하는 것'이라고 포괄적으로 정의했다.

이러한 프리드먼의 전략적 강압에 대한 포괄적인 개념은 '강제→억제⇒역강압' 작동논리의 개념과 각각의 작동논리를 연계시켜 설명하려 했던 김정은 정권의 핵무력 고도화 과정₂₀₁₂₋₂₀₁₇에서 그 활용이 다소 제한되었다.

즉 북한이 핵무력을 고도화하는 과정에서 아직 미국을 직접 위협할 수 있는 핵억제력이나 협상력이 실제로 강화되지 않은 상태였기 때문에 당시에는 핵투발수단의 고도화 완성과 그 위협을 미국에 강제적으로 인식시켜 억제력과 협상력을 이전 시대 보다 높이는 데 중점을 둘 수밖에 없었다. 그래서 '강제→억제⇒역강압'의 논리가 작동되었던 역강압전략 적용이 보다 더 유효했다고 평가할 수 있었다는 것이다.

그러나 ICBM 등 대미 핵무력 고도화 완성과 '직접억제력'^{'직접강압력'으로}_{도 혼용} 강화로 김정일 시대보다 협상력을 훨씬 강화한 김정은 정권의 북한은 2차 하노이 북미 정상회담_{2019.2}에서 협상이 원하는 대로 이루어지지 않고 예상치 않게 결렬되자 2019년 5월 4종의 신형단거리_{200-600km}미사일과 초대형방사포, 그리고 최후병기로 불리는 진수 직전의 대형잠수함과 새로운 SLBM 수중발사 성공장면을 공개했다. 이로부터 이미 ICBM 확보 등으로 고도화된 핵무력은 물론 새로운 단거리 간접강압 투발수단^{단거리}과 직접강압 투발수단^{신형 SLBM}의 단계적 과시를 통해 대미 위협 수위를 조절하면서 신중하고도 목적적으로 미국의 전략적 선택에 영향을 미치려 의도하고 있음을 알 수 있다. 또한, 북한은 이미 고도화한 핵무력에 추가하여 요격조차 어려운 신형단거리미사일 및 대형방사포의 고도화와 완성 직전 단계에 돌입한 최후의 병기인 SLBM 고도화로 자신들의 요구사항이 관철되지 않으면 새로운 카드로 위협하겠다는 의도도 전달하려 하고 있다.

이러한 북한의 새로운 위협양상의 변화를 프리드먼의 '전략적 강압'의 개념에서 해석해 보면 김정은 정권이 이미 고도화한 핵무력^{ICBM 등 8종의 핵투발수단}에 이어 한·미동맹의 요격에 더욱 불리할 것으로 예상한 새로운 단거리미사일의 회피기동 능력을 보강하여 제3국 간접강압 능력의 완성도를 최상으로 높이고^{추가적인 간접강압력 고도화} 북극성-1형 개발을 기초로 한 북극성-3형의 대형 SLBM과 잠수함 건조 완성으로 지상에서만이 아닌 수중으로까지 발사플렛폼을 확장했다고 볼 수 있다. 이로 인해 북한은 ICBM에 이어 미 본토를 은밀공격할 수 있는 새로운 직접강압 능력의 완성도를 높여^{추가적인 직접강압력 고도화} 미국에게 북한이 요구하는 방향으로 전략적 선택을 강요하려는 '새로운 강압의 시기'로 접어들었다고 분석할 수 있다.

이상의 고찰을 통해 북한에 적합한 '전략적 강압의 개념'은 '김정은 정권의 북한이 기존에 이미 고도화한 핵무력에 이어 추가로 고도화한 새로운 대미 간접 및 직접강압 수단으로 미국에 신중하고 목적적으로 위협을 가하여 가일층 강화된 억제력과 협상력을 바탕으로 한 미국의 전략적 선택을 강압하려는 행동이나 전략'이라고 정의하고자 한다.

한편, 약소국이자 피강압국인 북한을 기준으로 용어를 사용할 때는 역강압, 역강압전략, 전략적 강압 등을 북한의 상황과 여건에 적절하게 사용하고자 하며, 본 연구에서는 연구목적 달성을 위해 북한의 입장, 즉 피강압국 입장에서 '강압전략'을 언급할 경우 '역강압전략'으로 사용하되, '강압이론'을 언급할 경우 에는 강압이론내에 '역강압' 개념이 기본적으로 포함되어 있기 때문에 혼동을 방지하고자 '역강압이론' 이라는 용어는 사용하지 않는다. [39)

2. 김정은 정권의 '역강압전략' 구상

가. 역강압수단: 무수단 → 스커드 · 노동 → SLBM · 북극성-2형 → 화성-12(IRBM) · 14 · 15형(ICBM)

다음【표 2-4】에서 확인할 수 있듯이 바이먼과 왁스먼은 강대국인 미국 입장에서 강압수단을 연구하여【표 2-4】좌측과 같이 강압수단을 제시한 바 있다. 이러한 강압수단의 유형들 모두는 약소국인 북한에 적용하기는 어렵다.

그러나 이 중에서 우선 북한의 핵무력 고도화를 억제하기 위한 미국의 강압에 북한이 대항하여 역강압으로 대응할 경우 미국의 취약점을 압박점으로 활용하면서 위협을 가할 수 있는 수단이 있다. 그것은 바로 절대무기인 핵무기 3. 핵공격 위협이다. 핵무기는 북한에게 미국의 강압에 대응할 수 있는 사활적인 위협 수단인 것이다. 물론 미국과 비교 시 핵전력 수준에서도 크게 열세인 북한일지라도 절대무기로서의 핵무기 자체가 가지고 있는 파괴력은 미국을 위협하는 수단으로 활용하여 역강압 효과를 얻어낼 수 있기 때문이다.

두 번째로는 강압수단의 조합 측면에서도 김정은 정권의 북한에 적용 가능한 요소로 볼 수 있다. 김정은 정권이 핵무력 고도화간 다양한 핵투발 수단을 통해 미국을 강압하는 각각의 핵투발수단별 위협사례와 누적된 강압효과를 조합하여 종합적으로 평가해 보면 북한이 사전에 치밀하게 준비하여 단계적이고도 주도면밀하게 전개함으로써 강압의 효과를 점진적으로 극대화하려 했음을 알 수 있기 때문이다.

---

39) 본 책에서는 우리가 일반적으로 일컫고 있는 '강압이론'을 피강압국인 약소국 즉, 북한의 입장에서 역강압 논리를 어떻게 적용 가능한지를 발전적으로 적용해 보려고 시도하는 만큼 '역강압이론' 이라고 부르는 것은 또 다른 이론으로 오해할 수 있어 적절하지 않다고 판단했다.

【표 2-4】 김정은 정권에 적용 가능한 역강압수단 도출

구 분	강압이론(강대국 미국 기준)	김정은 정권의 북한에 적용 가능한 수단
강압수단	1. 공습	
	2. 침공과 영토수탈	
	3. 핵공격 위협 ⇨	3. 핵공격 위협 수단 – 핵무기 소형화 – 핵투발 탄도미사일 8종 (기보유: 3종, 신규: 5종)
	4. 제재와 국제적 고립	
	5. 반란세력 지원	
	6. 강압수단의 조합 ⇨	6. 강압수단 (다양한 핵투발 수단)의 조합

* 출처: 바이먼 · 왁스먼, 이옥연 역, 「강압의 역학」, pp. 114-163을 참고하여 저자가 작성.

한편, 약소국인 김정은 정권의 북한은 강대국인 미국과 비교할 경우 대미 핵무력 고도화 구상 및 사용을 결심하는 조건이나 절차에서 국내정치적 제약 사항이 거의 없고 상대적으로 의사결정의 자율성 확보 측면에서도 이점을 가 지고 있다. 핵무기를 사용하겠다는 의지의 비대칭성 면에서도 미국보다 우위 에 있다는 유리점을 활용해 핵무력을 고도화한 것으로 평가된다. 김정은 정권 은 이러한 북한의 강점을 활용하고 약소국이라는 단점여기에는 북한을 무시하고 있는 미국의 전략적 인내에 대한 인식도 포함을 보강하기 위해 다종의 핵투발 수단 을 고도화했다. 이러한 다종의 핵투발 수단, 즉 강압수단으로써 고도화한 다 종의 핵투발수단300km 단거리탄도미사일 이상은 크게 두 가지로 구분하여 설명 할 수 있다.

첫째, 기旣보유 중인 현존하는 스커드계열 미사일SRBM과 노동미사일 MRBM 그리고 무수단미사일IRBM 등 3가지 탄도미사일이다. 이들 3종의 탄도미사일은 김정은 정권 들어 2013년 2월 3차 핵실험 이후부터 소형화된 핵탄두^{원자탄: 플루토늄탄/우라늄탄}를 장착해 목표까지 운반할 수 있는 능력을 고도화했음을 과시했다. 김정은 정권은 이러한 기보유 3종의 탄도 미사일에 소형화한 가상 핵탄두 발사훈련으로 미국의 강압에 선제공격도 불사하겠다며 역강압으로 대응했다.

북한이 미국에 위협한 강압사례를 시계열로 제시해 보면, 북한의 3차 핵실험^{2013년 2월}에 대한 미국의 강압을 빌미로 북미 간 핵전쟁위기가 고조됐던 2013년 3-5월에 북한은 동해안 임의지역에 무수단 2기를 전개하고 발사 위협으로 미국 영토와 증원기지를 직접 강압한 사례가 있다. 다음으로는 2014년 3월부터 스커드 및 노동미사일의 실전과 같은 기습발사훈련을 통한 대미 간접강압 사례이다. 스커드 및 노동미사일 고도화 위협 간접강압 전략은 2017년 5월 화성-12형 발사 전후까지 이루어졌다. 스커드와 노동미사일은 북한에서 가장 신뢰할 수 있는 탄도미사일이어서 새로운 중·장거리탄도미사일 체계개발기간^{2013-2015년}의 대미 위협공백 기간에 주한·주일미군 및 증원병력을 대상으로 하는 거부적·보복적 억제40) 효과에 중점을 두고 주로 한미연합연습에 대응하는 대미 간접강압 수단으로 이용하였다.

---

40) 여기서 '거부적 억제(deterrence by denial)'란 미국이 북한의 핵무력 고도화를 억제하기 위해 군사적 옵션을 사용(공격)할 경우 북한이 정확도가 향상된 핵무기장착 탄도미사일로 주한·주일미군이나 증원병력 등을 공격해 심대한 손실을 입히겠다는 능력을 과시하고 미국의 공격이 성공할 수 없다는 것을 강제함으로써 억제를 달성하려는 개념이다. '보복적 억제(deterrence by punishment)'란 미국의 공격에도 살아남을 수 있는 생존성이 강화된 탄도미사일로 주한·주일미군(인질), 괌·하와이·본토를 보복공격 하겠다는 능력과 의지를 강제적으로 보여줌으로써 억제를 달성하려는 개념으로 사용한다. 다시 말해 냉전시대 강대국인 미·소 간 거부적·보복적 억제의 개념으로부터 지역핵국가로서의 약소국인 북한의 관점에서까지 부합하게 적용하고자 한다. 한용섭은 북한이 단거리미사일로 부산, 포항 그리고 주일미군 기지에 대한 타격훈련(2016년 3월과 7월, 2017년 3월)을 보여준 것은 미 증원군을 공격하거나 억제할 수 있다는 '거부적 억제' 개념으로, 기타 미 항모전단 타격능력 현시나 복수의 미군기지를 핵 및 재래식으로 타격할 수 있음을 보여주는 위협활동은 '보복적 억제'와 '거부적 억제'를 병행하여 적용하는 것으로 보아도 무방하다고 주장한다. 한용섭, 「북한 핵의 운명」(파주: 박영사, 2018), pp. 42-43.

둘째, 새로 개발한 핵투발 수단인 SLBM^{잠수함탄도미사일}과 북극성-2형 고체추진탄도미사일, 화성-12형^{IRBM/5,500km} · 14형^{ICBM/1만km} · 15형 ^{ICBM/1.3만km} 등 총 5종의 탄도미사일이다. 이 중 SLBM은 2015년 초부터 북한이 시험발사한 내용을 공개하면서 대미 2격 능력^{보복능력} 과시의 위협수 단으로 사용했다. 북극성-2형은 SLBM 고체연료를 지대지미사일로 전환해 2017년 2월부터 대미 기습타격 간접강압 수단으로 사용했다. 이어서 고도화 의 최종수단인 신형 IRBM과 ICBM 완성으로 미 본토에 대한 직접강압 수단 을 새롭게 확보했다.

이상 8종의 핵투발수단 고도화를 위해 김정은 정권의 북한은 모든 역량과 노력을 결집시켰고, 특히 미국 본토를 직접 위협하는 새로운 대륙간탄도미사 일^{ICBM} 개발 완성은 역강압전략의 최종수단으로써 전략적 목표를 달성하는 데 결정적 역할을 하였다고 평가된다.

나. 역강압 메커니즘과 성공요건

다음 【표 2-5】 좌측에 제시된 6개의 강압메커니즘은 바이먼과 왁스먼이 강대국 미국 입장에서 제시한 상대 적국에 가할 수 있는 강압의 메커니즘 유 형이다. 이 중에서 북한이 강대국 미국의 강압에 역강압으로 활용할 수 있는 '역강압 메커니즘'^{이하 '강제→억제⇒역강압' 메커니즘 또는 단순 '메커니즘'으로도} ^{사용}은 표 우측의 내용처럼 도출해 볼 수 있다. 이들 3가지 메커니즘은 후술하 겠지만 김정은 정권이 실제로 핵무력 고도화 과정에서 피강압국 입장에서 사 용한 메커니즘이기도 하다.

강압이론에서 강압국인 미국을 기준으로 제시된 6가지의 강압 메커니즘 중 【표 2-5】 우측과 같이 미국 정부에 대한 대중의 불만 야기로 사회동요 현 상을 꾀하거나, 절대무기인 핵공격 위협으로 미국사회 일부를 불안정하게 만 들거나, 제3국인 한국이나 일본을 간접적으로 강압^{이하 '간접강압'으로도 사용}해 미국의 행동에 영향을 끼치려는 총 3개의 메커니즘을 김정은 정권의 북한에 도 적용이 가능한 메커니즘으로 도출하였다.

【표 2-5】 김정은 정권에 적용 가능한 역강압 메커니즘

구 분	강압이론	김정은 정권에 적용
강 압 메 커 니 즘	1. 정권과 주요 지지층 간의 관계를 위협하는 권력기반 침식	
	2. 대상국 정부에 대한 대중(국민) 불만을 유도하는 사회동요 ⇨	2. 대상국 정부에 대한 대중(국민) 불만을 유도하는 사회동요
	3. 대상국 지도층의 신변을 위태롭게 하는 관계단절41)	
	4. 대상국을 전반적으로 불안정 하게 만드는 공략 ⇨	4. 대상국을 전반적으로 불안정하게 만드는 공략42)
	5. 적국의 승리를 방해하는 거부작전43)	
	6. 대상국을 지원하는 제3국에 대한 간접강압(second-order-coercion)	6. 대상국을 지원하는 제3국에 대한 간접강압 (second-order-coercion)44)

* 출처: 바이먼·왁스먼, 이옥연 역, 「강압의 역학」, pp. 114-163을 참고하여 저자가 작성.

---

41) 참수작전이 좋은 예이다.

42) 핵공격 위협은 대체로 불안정 메커니즘에 의존한다. 핵공격으로 인한 황폐는 국민, 지도층, 군부 및 국가기반에 영향을 미치지만, 국가 전반에 영향을 미치는 핵공격은 정상적 정책결정과 정을 말살할 정도로 파괴력이 크며 핵 위협에 대해서 모든 국민이 심각하게 반응하기 때문이다. 바이먼·왁스먼, 이옥연 역, 「강압의 역학」, p. 100.

43) 상대국이 저항을 통해 염원하는 혜택을 얻지 못하도록 방해하는 전략을 말한다. 이라크전에서 이란은 쿠르드족을 지원해 이라크를 압박하고, 이라크는 이란의 지원을 받는 쿠르드족을 제압할 수 없음을 인식해 이란의 요구 수용에 합의했다. 바이먼·왁스먼, 이옥연 역, 「강압의 역학」, p. 103.

44) 미국의 북한에 대한 간접강압국은 중국이 대표적이다. 북한의 미국에 대한 역강압 간접강압국은 한국이 대표적이다.

이러한 강압의 메커니즘은 가해하려는 위협과 달성하려는 목표 사이를 연결시켜주는 연결고리, 과정, 절차, 방법 그리고 작동원리 등을 내포하는 다양한 의미를 내포하고 있는데, 미국이 가장 아파하는 취약점을 압박점으로 선정하여 공략할 때 메커니즘의 효과를 극대화하여 성공적인 목표달성에 기여할 수 있다고 보았다. 특히 약소국인 북한 김정은 정권은 초강대국 미국의 강압에 대한 역강압의 성공을 위해 앞에서 도출한 3개의 역강압 메커니즘에 더해 고도화 과정에서 미국의 다양한 취약점을 압박점으로 선정했다고 판단했다. 이러한 압박점은 바이먼과 왁스먼이 강압의 성공요건45) 중의 하나로 제시했는데, 약소국인 북한이 미국을 대상으로 이용 가능한 압박점은 미국의 사활적 이익이나 미국체제 속성상의 제약사항인 취약점이었다.

또한, 바이먼과 왁스먼은 미국이 국내정치 문제로 미국식 강압외교에 몇 가지 지대한 제약을 받고 있다고 주장한 바 있다.46) 이 중 김정은 정권이 압박점으로 활용 가능한 미국 체제상 가장 큰 제약사항은 미국이 미국 국민이나 해외 주둔 군인들의 희생에 대해 매우 민감하게 생각하고 있다는 것이었으며, 이는 곧 미국의 사활적 이익영토와 국민과도 일맥상통하는 가장 치명적인 취약점인 것이다. 전제주의 국가이자 약소국인 북한은 자신들이 생각하는 자국민들의 인명피해 우려와 민감도가 미국과는 매우 크게 차이가 있다는 것을 스스로 인지하고 있을 것이다.

따라서 김정은 정권에 적용이 가능한 3가지 압박점과 선정 이유는 다음과 같이 설명이 가능하다. 첫째, 미국의 사활적 이익인 미국 영토와 국민을

---

45) 죠지는 강압의 성공요건으로 위협수단의 '능력(potency)'과 '신뢰도(credibility)'를 제시했다. 이러한 능력과 신뢰도는 본 연구에서 적용하고 있는 '강제→억제⇒강압' 개념의 작동논리에 포함돼 설명하고 있다.

46) ①무력사용의 정당성, ②다자주의의 선호, ③미군의 사상자 수에 대한 민감성, ④상대국 민간인의 고통을 혐오하는 국내의 여론, ⑤미군의 인명피해를 줄이기 위한 첨단 기술에의 의존, ⑥국제적 규범의 준수

대상으로 압박점을 선정하여 미 본토를 직접 공격할 수 있는 핵투발수단을 고도화하고 위협을 과시하였다는 점, 둘째, 제3국에 주둔하는 미국 국민인 주한·주일미군이나 증원기지, 그리고 타격이 쉬운 대형 항모 등을 압박점으로 선정해 다양한 핵투발수단으로 타격능력을 과시했다는 점, 셋째, 미국 정부의 교체 취약시기2016-2017[47])에 이전부터 은밀하게 개발했던 신형 IRBM 및 ICBM2종을 불과 6개월이라는 단기간 내 차례로 집중발사하여 성공함으로써 미국이 적시적으로 대응하기 어려운 취약점으로 이용하였다고 전제하면서 이상의 3가지 압박점을 김정은 정권의 북한에 적용하여 이론적으로 발전시키고자 했다.

종합하면, 바로 앞에서 제시한 김정은 정권이 핵무력 고도화 과정에서 강대국 입장에서의 메커니즘 중 활용 가능한 3가지 대미 역강압 메커니즘과 추가로 활용한 3가지 압박점을 다음의 【표 2-6】와 같이 제시할 수 있다.

【표 2-6】 김정은 정권에 적용 가능한 역강압 메커니즘

김정은 정권에 적용 가능한 역강압 메커니즘과 압박점(취약점)	
메커니즘(미국의 강압사례에서 차용)	압박점(북한의 대미 역강압사례)
1. 대상국 정부에 대한 대중(국민) 불만을 유도하는 사회동요	1. 미국 본토 및 미국 국민(사활적 이익) * 직접강압 핵투발수단
2. 대상국을 전반적으로 불안정 하게 만드는 공략	2. 주한 미군/기지, 주일 미군/기지 * 간접강압 핵투발수단
3. 대상국을 지원하는 제3국에 대한 간접강압(second-order-coercion)	3. 미 행정부 교체 취약점 * 대북 적시적 결심 및 대응 곤란

* 출처: 바이먼·왁스먼, 이옥연 역, 「강압의 역학」, p.71을 참고하여 저자가 작성.

---

47) 후술하겠지만 미국 정부교체 시기에는 레임덕 현상, 한반도를 포함 아시아태평양 지역 담당 주요인사 선발 지연, 대북정책 변화나 계획수립 지연 등이 나타나 행정부 교체기의 취약점이 드러난다.

앞의 【표 2-6】 좌측에서 보는 바와 같이 미국의 강압사례에서 연구된 메커니즘 3가지는 북한이 역강압 시 적용이 가능한 것으로 평가했으며, 미국을 위협하는 과정에서 역강압의 효과를 극대화하기 위해 김정은 정권이 사용한 역강압메커니즘이기도 하다. 우측의 3가지 '압박점'은 미국의 치명적인 사활적 영역이자 취약점으로써 강압이론에서 제시되지 않은 압박점이지만, 김정은 정권이 핵무력 고도화 간 이용한 압박점으로 판단해 도출했다.

또한, 이러한 김정은 정권의 핵무력 고도화 과정에 적용 가능한 역강압전략의 메커니즘과 압박점은 ①북한의 대미 역강압전략의 성공요인이자 ②성립요건 그리고 ③핵투발수단과 전략적 목표달성을 연결하는 메커니즘의 결정적 작동원리 '강제→억제⇒역강압' 로 이해하며 김정은 정권의 북한에 적용하고자 했다.

다. 역강압 결과(목표)

여기서 결과란 궁극적으로는 북한이 역강압 핵투발수단의 고도화 위협을 통해 원하고자 하는 목표를 의미하지만, 북한이 역강압전략을 전개하여 '강제→억제⇒역강압' 의 메커니즘이 작동된 결과로 나타나는 현상 중에서는 북한이 달성하려 했던 궁극적인 '목표'와는 별도로 미국이 방어력을 보강하려거나 북한의 위협을 자극하지 않으려는 행동의 변화 또는 기존계획의 변경 등 역강압의 결과로 식별된 '강제→억제⇒역강압' 의 개념이 작동된 사례도 있다. 그렇기 때문에 이런 '결과'에 대해서는 역강압이 성공적으로 작동되었다는 효과 측면에서의 결과로 평가할 것이며, 셸링의 '강제', '억제', '강압'의 개념과 '강제→억제⇒역강압' 의 작동논리로 설명이 가능하다는 점을 부각하고자 한다. 이런 점에 유의하면서 상황에 부합되게 유형별 핵투발수단의 고도화 위협 '결과'와 '목표'를 필요시에 구분하여 분석 및 평가하고자 했다.

'목표'는 김정은 정권이 고도화한 유형별 다양한 핵투발수단의 위협을 통해 '강제→억제⇒역강압' 의 메커니즘이 작동된 결과 중의 하나로써 달성하고자 하는 유형별 핵투발수단의 군사적·정치적 목표로 볼 수 있다. 각각의 유형별 핵투발수단의 실체적 능력완성에 따른 목표는 주로 시험발사 성공여부나 향상된 정확도, 임의지역 실전발사나 생존성과 은밀성, 간접강압 수단으로써의 향상된 능력, 새로운 직접강압 수단으로써의 능력, 잠재적 보복능력이나 기습타격 능력 등을 고려해 핵투발수단이라는 군사적 · 기술적 수준에서 평가할 것이다. 이러한 유형별 평가한 핵투발수단의 실체적 위협을 종합한 후 조합효과를 고려해 정치적 · 군사적 · 전략적으로 달성하려 했던 전략적 목표와 의도까지를 분석 및 평가하고자 했다.

이러한 역강압 결과와 목표달성 평가과정을 통해 김정은 정권의 유형별 핵투발수단의 실체적 위협의 능력을 이해하고, 이를 기초로 김정은 정권이 왜 핵무력을 고도화했으며, 예상되는 미국의 강압을 어떻게 극복했고, 성공적인 역강압전략의 핵심요건과 작동논리 그리고 전략적 목표와 의도는 무엇이었는지를 이론적으로 밝혀보고자 했다.

라. 핵무력 고도화간 역강압전략이 가능한 조건들

(1) 강대국 미국의 취약점에 대한 약소국 북한의 역강압전략

약소국 북한의 강대국 미국에 대한 역강압전략 성공의 상대적 유리점은 크게 두 가지 측면에서 관련 논리를 적용하고자 한다.

첫째, 마이클 핸델Michael Handel이 주장한 것처럼 강대국의 국익에 대한 범위와 영향력은 범세계적이라고 말할 수 있다. 반면에 약소국의 영향력과 국익의 범위는 상대적으로 제한된다. 약소국 지도자들은 일반적으로 그들 자신의 지역적인 이해, 갈등과 두려움 등에 의해 움직인다. 그런데 약소국의 지도자들이 가지는 이러한 지엽적provincial이고 편협적parochial인 사고방식은 상당한 장점이 있기도 하다. 약소국은 제한된 범위의 외교정책문제에 대하여 총력을 기울일 수밖에 없기 때문에 강대국의 정책결정자에 대한 상대적인 이익을 가지고 있다. 약소국의 정책결정자들은 관련 문제에 대한 뚜렷한 지식과 혼란되지 않는 정신상태를 갖는다.[48]

---

48) 마이클 핸델(Michael Handel), 김진호 역, 「약소국 생존론」(서울: 대왕사, 1995), pp. 52-53.

이런 측면에서 약소국 북한은 강대국 미국보다 특정한 대외정책, 특히 안보와 생존에 관련된 사활적인 정책과 전략을 결정하는 과정에서는 미국보다 상대적으로 유리점이 있다.

둘째, 윌리엄 하비브William Mark Habeeb는 총체적인 국력에서 북한처럼 약소국일지라도 핵공격 위협 등과 같은 "특정 이슈별 구조적 힘"issue-specific structural power에서는 강대국인 미국과의 협상에서 우위를 점할 수도 있다는 논리를 제공한다. 하비브의 이러한 연구는 특정 이슈에서의 관계issue-specific relationship는 약소국도 우위에 설 수 있다는 연구로 요약할 수 있다.49)

세계 초강대국인 미국이 북한의 핵무력 고도화를 억제하려는 강압을 지속하는 상황 속에서 약소국인 북한에게 하비브가 주장하는 특정 이슈는 곧 핵무력을 고도화하는 것으로 비유할 수 있다. 김정은 정권에게 핵무력 고도화는 자신들의 핵무력을 과소평가하고 있는 미국에게 파괴력이 엄청난 절대무기인 핵무기를 사용하겠다고 위협함으로써 미국을 역강압하기에 최상인 강압수단이었다. 그것도 미국 본토를 직접 위협할 수 있는 ICBM 완성은 북한의 대미 강압수단 중에서도 최고의 강압수단이었다.

하비브는 특정 이슈에서 힘의 우위에 설 수 있는 조건으로 대안alternatives, 의지commitment, 그리고 통제력control을 제시50)하고 있다. 북한은 약소국으로서 특정 이슈에 대해서는 선택적 대안이 별로 없지만, 오히려 사활적 체제생존욕구로부터 나오는 열망과 필요에 의한 의지, 그리고 어떠한 희생이라도 감수할 수 있는 능력을 의미하는 통제력은 미국보다 북한이 상대적으로 강할 수밖에 없다. 특히 김정은 정권의 핵무력 고도화의 전략적

---

49) William Mark Habeeb, Power and Tactics in International Negotiation: How Weak Nations Bargain with Strong Nations (London: The Johns Hopkins University Press, 1988).

50) Habeeb, Power and Tactics in International Negotiation, pp. 17-25.

목표가 대미 직접 위협 핵무력을 최종 완성하여 핵억제력을 강화함으로써 미국과의 대등한 전략적 지위하에 강화된 협상력을 확보하려는 것이라면, 북한이 미국에게 고도화된 핵무기 사용을 위협할 수 있는 의지와 통제력 면에서는 상대적으로 우위에 있다고 볼 수 있다. 미국이 세계 초강대국으로서 국제규범을 지켜야 하는 가운데 북한과는 다르게 복잡한 국내외 정치적 제약을 많이 받고 있기 때문이기도 하다.

이러한 연구 결과들이 시사하는 점은 북한이 약소국일지라도 자신의 강점을 최대한 활용하면서 강대국인 미국의 취약점, 특히 사활적인 이익을 치명적인 위협 수단으로 필사적인 협박을 실시할 경우 실제 상황에서는 북한에게 유리한 결과를 창출해 낼 수 있다는 가능성을 보여준다. 상대적으로 국력의 차이가 크더라도 몇 가지 성공요건이 갖춰진다면 북한이 약소국일지라도 강대국인 미국을 상대로 제한적인 강제력과 보복적 그리고 거부적인 억제력을 함께 가질 수 있다고 분석이 가능하다.

(2) 북한체제 특수성에 의한 독단적 의사결정과 유리점

북한은 대외관계 및 정책결정 과정에서 자신들의 폐쇄적인 정치·사회체제의 특수성을 얻을 수 있는 장점을 최대한 활용하고 있다. 특히 미국과 관련된 핵문제를 다루는 데에서는 미국이라는 자유민주주의 체제보다 유리점을 가지고 있다.

북한은 대내적으로 내부 여론으로부터 영향을 거의 받지 않고 당과 최고지도자 중심으로 의사결정이 획일적으로 이루어지는 구조를 가지고 있다. 또한, 국제사회나 미국과 중국이라는 강대국으로부터의 제재나 압박에서도 상대적으로 자유로운 위치에 있다. 핵문제로 수십 년 동안 국제사회로부터 고립되고 제재를 받아오고 있지만, 역으로 북한은 내부체제를 더욱 결속시키는 데활용하고 있을 뿐이다. 북한은 이러한 이점을 최대로 이용해 자신들의 내부를 철저하게 외부로부터 격리하고 외부 사조의 유입을 차단해 외부와의 갈등에서도 유리한 위치를 차지하려 단속을 지속하고 있다. 3대 세습을 승계한 김정은 체제에서도 이러한 체제결속과 외부 사조 차단이라는 북한체제의 폐쇄적

특수성은 유지되고 있다. 오히려 김정은 정권은 권력세습 기간이 김정일 후계시절보다 상대적으로 짧았기 때문에 체제단속을 더욱 강화하는 시기이기도 했다. 이러한 폐쇄적 체제의 특수성은 북한의 개혁개방을 제한하고 있는 요인으로 작용하고 있지만, 북한체제에 주는 반사 이점도 있다는 것이 사실이자 곧 북한의 현실이다.

북한체제는 유격대 국가, 수령제, 유일독재체제, 전제주의 국가 등 다양하게 명명되고 있다. 모두의 공통점은 최고지도자의 우월적 지위를 강조하고 있다는 점이다. 주체사상, 유일사상체계확립의 10대원칙 등은 무오류성과 절대성의 원칙이 관철되는 북한의 최고지도자는 어떠한 내부의 압력으로부터 자유롭다는 것을 의미한다. 따라서 북한의 정책결정자^{최고지도자}가 대내적 여론^{국내정치}의 압력에서 벗어난다는 사실은 주체사상과 유일사상체계 10대원칙, 당규약, 헌법과 법규 등에서도 나타나지만, 내부 체제결속이나 권력개편 및 공고화, 경제난 극복, 위기관리, 핵무력 고도화 등 다양한 분야에서 체제안정성을 실제로 유지하는 것은 곧 통제력을 유지하고 있다는 것을 방증하고 있다.[51]

북한체제는 이러한 내부적 여론의 압력으로부터 자유로울 뿐만 아니라 폐쇄적 경제체제의 특성으로 인해 단기적으로는 대외적 경제제재 등의 압력으로부터도 비교적 자유롭다고 볼 수 있다. 북한은 김일성·김정일 시대에 대외로부터의 자주성을 수도 없이 강조해 왔음은 물론 김정은 정권 들어서도 정치적, 경제적 손실을 감수하고서라도 이를 지키기 위해 노력하고 있다. 이는 북한 스스로 인정하고 주장하는 것처럼 외부 사조의 침투로부터 체제위기의 증폭을 두려워하고 있기 때문이다.[52]

51) 최용환, "북한의 대미 비대칭 억지·강제 전략: 핵과 미사일 사례를 중심으로," 서강대학교 대학원 박사학위논문(2002), pp. 123-128.

52) 최용환, "북한의 대미 비대칭 억지·강제 전략," p. 128.

특히 김정은 정권 들어서는 4회의 핵실험과 수십여 발의 탄도미사일 발사로 국제사회의 비난은 물론, UN대북제재 결의8회와 규탄성명22회, 미국의 독자제재3회, 그리고 친북국가들의 수교단절 등 국제사회로부터 고립이 점차 심화함에도 불구하고 대외관계에서 외부압력으로부터 영향을 미미하게 받는 자율성이라는 북한적 내구성을 가지고 있다는 것은 놀라운 사실이다.53)

이렇게 북한체제의 폐쇄성으로 인해 북한의 지도자가 대내외적 압력에서 벗어난다는 사실은 국제관계 특히 미국과 같은 자유민주주의 개방체제와의 대외관계에서 상당한 이점을 제공한다. 김정은 정권은 바로 이러한 대내외적 자율성을 최대한 활용해 대미관계에 임하고 있다. 그것은 대미정책을 결정하고 집행하는 데 내부적 여론에 신경 쓰지 않을 뿐만 아니라 오히려 내부 여론을 조작해 유리한 환경을 만들어 낼 수도 있을 정도에 이르고 있다. 상대적으로 자유로운 개방체제를 가진 미국으로서는 자신의 국내 사정을 노출하면서도 북한의 그것을 파악할 수는 없다는 점이 불리하게 작용되고 있는 현실이다.54)

따라서 북미관계는 신현실주의자들이 주장하는 것처럼 국제관계에서 힘의 구조가 강대국과 약소국의 관계를 규정하는 것만은 아니라는 것을 보여준다. 특정사안인 핵무력 고도화에 대해 사활적 이해관계를 가지고 있는 김정은 정권의 북한과 같은 약소국과 제한적 이해를 가지는 강대국인 미국과의 관계

---

53) 밀러와 비핀 나랑(Vipin Narang)은 "북한은 어떻게 핵전문가들에게 충격을 주었는가"라는 美 폴리티코지 기고문(2017.8.26.)에서 "북한은 모든 것이 통제되고 폐쇄된 체제인 초국수주의 국가이기 때문에 국제적 제재에도 크게 잃을 것이 없고, 미국의 일방적 제재에 면역력을 갖게 되었으며, 미국과 어떤 정치적 경제적 유대관계가 없었기 때문에 핵프로그램을 갖는데 자유로울 수 있었다"라고 주장하면서, 사실상 북한체제의 자율성과 내구성을 강점으로 지적했다. Nicholas L. Miller and Vipin Narang, "How North Korea Shocked the Nuclear Experts," POLITICOMAGAZINE, 26 August 2017; https://www.politico.com/magazine / story/2017/08/26/north-korea-nuclear-tests -shock-experts-215533(검색일: 2019년 7월 21일).

54) 최용환, "북한의 대미 비대칭 억지 · 강제 전략," pp. 137-139.

에서 해당 사안에 대해 북한이 우위를 점할 수도 있다. 또한, 체제의 특성상 상당한 정치·경제적 비용을 지급하기 쉬운 약소국은 그러한 비용의 지출에 대해 큰 거부감을 가지는 강대국을 상대할 때 핵무력 고도화 위협으로 역강압을 추구할 수 있다[55)]는 논리를 뒷받침할 수 있다.

마. 강대국 미국의 강압과 북한의 역강압 간 전략적 상호작용

앞의 절 강압이론 고찰에서 전술한 바와 같이 프리드먼이 "강압의 대상인 피강압국은 강압을 당하는 상황에서도 다양한 선택지를 보유하고 있다는 점이야말로 '전략적 강압' 개념의 가장 중요한 특징이다"라고 지적한 것처럼 강압을 받은 피강압국의 선택은 다시 강압국의 선택에 영향을 미친다.

【그림 2-3】은 김정은 정권의 핵무력 고도화 과정에서 미국의 강압에 따른 북한의 역강압 대응의 전략적 상호관계를 도식한 것이다. 강대국 미국과 약소국 북한이라는 북미관계를 고려하여 강대국인 미국을 강압국으로 선정하고 피강압국을 북한으로 상정해 북미 간 강압-역강압의 전략적 상호작용을 보여주는 개념도이다.

---

55) 최용환, "북한의 대미 비대칭 억지·강제 전략," p. 139.

【그림 2-3】 미국과 북한의 강압-역강압의 전략적 상호작용 개념도

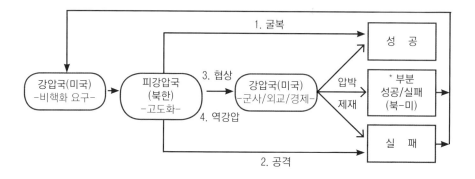

* 출처: Gary Schaub Jr., "Resuscitating the Concept," Freedman, ed., Strategic
Coercion, p. 45; 김승기, "북한의 핵무장과 선군 강압전략 연구: 1, 2차 핵실험
천안함·연평도 도발 사례연구," p. 25; 임수호, "북한의 대미 실존적 억지·강
제," p. 150; 정종관, "강대국에 대한 약소국," p. 33을 참고하여 저자가 작성.

먼저, 북한의 핵무력 고도화 행동에 대해 강압국인 미국이 비핵화를 요구
하면서 위협(압박·제재=강압)을 가하면, 피강압국인 북한은 미국의 요구에
즉각 순응하거나('1.굴복') 아니면 물리적 반격('2.공격')을 가하는 극단적
선택을 할 가능성도 있다. 그러나 즉각 순응해 굴복하는 방식은 주권국가 관
계에서 기대하기 힘들며, 후자의 경우는 강제의 실패일 뿐 아니라 억제의 실
패를 의미하는 것으로 북미관계처럼 핵억제의 상황에서는 가능성이 크지 않
다. 따라서 대체로 피강압국은 협상(3)의 신호를 보내거나 역강압(4)을 가하
는 방법으로 대응할 것이다.[56]

---

56) 임수호, "북한의 대미 실존적 억지·강제," pp. 150-151.

김정은 정권의 북한은 역강압(4)을 선택했고 이에 대한 대응으로 미국은 정부차원국무부·국방부·대통령의 성명, 전략핵폭격기 전개훈련, UN대북결의·규탄성명, 경제제재 등 군사·외교·경제적 수단을 통해 압박과 제재로 북한을 강압했다. 북한은 미국의 강압에 굴복·공격·협상하지 않고 미사일 발사, 핵실험 등 고도화를 지속하였으며, 이러한 북미 간 강압-역강압의 상호작용은 반복적으로 지속되었다.[57]

이러한 북미 간의 강압과 역강압의 전략적 상호작용과 역동성이라는 (전통적) 강압이론의 주장을 고려해 볼 때 강압의 역동성과 역강압의 중요성, 강압은 피강압자의 선택에 좌우된다는 프리드먼의 주장, 그리고 '역강압전략'의 비중도 강압전략의 비중만큼 중요하게 다루어져야 한다는 바이먼과 왓스먼의 주장 등이 김정은 정권의 미국에 대한 핵무력 고도화 위협 강제적 인식의 역강압 사례에서 유용한 이론으로 적용될 수 있는지를 검증하고자 한다.

또한, 역강압은 강압국이 통제하기 매우 어렵고 일반적으로 북한과 같이 비민주주의 국가나 실패한 국가들이 구사하는 전략이기에 김정은 정권의 핵무력 고도화 과정에 적용하는 것은 역강압전략이 북한과 같은 약소국이자 특수성을 가진 체제에서는 가능하다는 점을 보여줄 수 있는 대표적인 연구사례로써 그 의미는 매우 크다고 판단된다.

---

57) 본 연구에서 강대국 미국의 강압수단은 오바마 행정부 시기 전략적 인내 대북정책 일환의 압박과 제재, 트럼프 행정부 시기 최대압박과 관여 대북정책(화염과 분노, 예방·선제공격 검토 등), 공통으로 핵전략자산 전개훈련(사상 최대 출격횟수), 강화된 한미연합연습(년 2회+α), 미국 주도 UN대북결의(8회)와 규탄 성명(22회), 독자제재법(3회) 등 군사·외교·경제적 다양한 위협수단을 동원한 광의의 강압개념을 적용하고자 했다.

3| 연구의 분석틀과 가설

1. 연구의 분석틀

본 연구는 약소국의 강대국에 대한 강압이론 체계와 역강압의 효과평가에 대한 한계점을 동시에 고려하면서 【그림 2-4】와 같이 '분석틀 1'을 먼저 설정한다. 김정은 정권의 핵무력 고도화 과정에서 약소국인 북한이 핵무력이라는 절대무기로 강대국 미국에 역강압으로 대응해 미국에 위협을 강제적으로 인식시켜 미국의 위협인식을 변화하고 억제력을 극대화함으로써 협상력을 강화하였다는 인과관계를 학문적으로 규명한다는 연구목적에 충실히 위해 북한의 핵무력 고도화를 단일한 독립변수로, 미국에게 핵무력 고도화 위협을 강제적으로 인식시키는 역강압 메커니즘을 매개변수로, 강화된 억제력에 의한 협상력 강화를 종속변수로 설정했다.

【그림 2-4】분석틀 1: 북한의 대미 강제적 위협인식 역강압 메커니즘

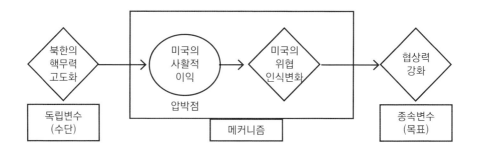

약소국인 북한이 세계 초강대국인 미국을 직접 위협할 수 있는 핵무력을 고도화하는 과정에서 가장 큰 도전요인은 미국의 강압^{과소평가 · 무시 · 제재와 압}박임을 분명히 예상했을 것이다. 지난 시기 북한의 핵개발 관련 북미 간 역사가 그러했기 때문이기도 하다. 북한이 오바마 행정부의 전략적 인내를 정면돌파해 자신들이 주장하는 미국의 先북핵비핵화 後대화와 협상 원칙에 변화를 주기 위해서는 핵무력 고도화 위협을 미국에게 명백하게 인식시켜 주는 것뿐이었다. 북한의 필사적인 생존전략 차원에서 보면 대미 강제적 위협인식 효과를 극대화하는 메커니즘이 가장 중요한 매개변수로 작용할 수밖에 없었다. 미국에 대한 자신들의 고도화 위협을 인정받지 못하면 계속 핵능력을 과소평가 및 무시당할 것이기 때문인 동시에 대미 위협인식 강제 효과가 극대화되면 핵억제력에 비례해 협상력도 극대화될 것이기 때문이다.

바꿔 말하면 북한이 미국의 북핵 고도화 위협인식을 극대화하기 위해 강제하려는 역강압의 메커니즘매개변수이 미국의 강압행동과 전략적 상호작용이 반복됨에 따라 어떤 인식의 변화정책적인 판단 결과로 고도화 이전과는 향상된 대미 협상력 강화라는 종속변수에 영향을 미쳐 미국의 인식행동과 의지에 변화를 초래할 가능성이 크다고 전제한다.

【그림 2-5】는 북미 간 강압-역강압의 경합 속에서 전략적 상호작용 결과를 예상할 수 있는 논리적 과정을 보여주고 있다.

【그림 2-5】 분석틀 2: 북-미 강압-역강압의 전략적 상호작용

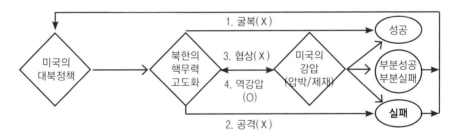

북한이 미국의 대북정책을 빌미로 핵무력 고도화 활동을 하면 미국이 이를 억제하기 위해 대응강압하고 북한이 미국의 강압과 경합을 반복하는 역강압으로 핵무력을 고도화하는 과정에서 북미 간의 전략적 상호작용이 일어난다.

이 과정에서 피강압국 북한은 굴복(1), 공격(2), 협상(3), 역강압(4)으로 다양하게 선택할 수 있음을 보여주고 있다. 김정은 정권의 북한은 핵무력 고도화 완성 이전에 미국오바마·트럼프 행정부의 강압에 결코 굴복(1)하거나 미국을 군사적으로 직접 공격(2)하지도 않았고, 협상(3)에 임하지도 않았으며, 오로지 역강압(4)으로만 대응하고 있음을 보여준다. 북미 간 상호 강압의 성패를 판단하는 것은 상당히 어려운 분석과정인 데 강압국이나 역강압국이 원하는 대로 상대국이 어떻게 행동했는지에 대한 결과에 초점을 맞춰 보면 강압의 성패를 가늠하기가 용이할 수 있을 것이다. 즉, 역강압국인 북한을 기준으로 할 경우 북한의 핵무력 고도화가 북한이 원하는 대로 이루어졌는지와 강압국인 미국이 북한의 핵무력 고도화를 억제했는지에 대한 종합평가가 성패를 결정하는 중요한 요인이 될 수 있을 것이다.

이상의 연구 분석틀 1, 2를 기초로 한 본 논문의 종합적인 연구의 분석틀은 【그림 2-6】에서 제시하는 바, 다음과 같이 설명할 수 있다.

첫째, 본 논문에서는 앞에서 이론적으로 검토한 김정은 정권의 핵무력 고도화 위협을 통한 '역강압전략' 논리를 강압이론에 기초해 강대국인 미국을 강압전략의 주체인 강압국으로, 약소국인 북한을 미국의 강압에 역강압으로 대응하는 피강압국으로 설정했다. 비록 강압이론이 강대국을 대상으로 발전되었지만, 바이먼과 왁스먼이 강조한 역강압의 중요성과 프리드먼이 강조한 피강압국의 선택에 따라 강압의 성패가 좌우된다는 점에 특별한 관심을 가지고 김정은 정권의 핵무력 고도화 과정에 나타난 경험적 현상을 북한에 적합한 강압이론의 보완을 통해 고찰 및 검증이 가능하다는 점을 보여주고자 했다.

둘째, 김정은 정권이 핵무력을 고도화하는 기간은 약 5년 정도라고 판단했다. 이 기간에 김정은 정권은 최고지도자의 모든 권위와 국가적 역량을 총동원하여 핵무력 고도화에 집중했다. 미국이 강압하면 북한은 초강경으로, 미국이 초강경으로 다시 강압하면 북한도 초초강경으로 다시 대응했다. 그런데 강압의 역동성으로 인해 강압-역강압의 전략적 상호작용이 반복되어 누가 언제 강압을 시작하고 역강압으로 대응했는지를 식별하거나 구분하는 것은 매우 어렵게 된다.

이러한 제한사항을 극복하고 경험적으로 관찰된 현상에 대한 일관성을 찾아내기 위해 북미 간 강압과 역강압의 상호과정을 북한이 고도화한 핵투발수단 총 8종^{기보유 3종/신규 5종}과 특성이 유사한 4개의 유형별로 사례화하여 【표 2-7】과 같이 대별하여 분석했다. 각 유형 ^{'사례'를 동의어로도 혼용}은 '북한의 행동→미국의 강압→북한의 역강압'^{이하 '북한의 행동→미국 강압과 북한의 역강압'} 순으로 '행동–대응^{강압}–역대응^{역강압}' 현상58)을 고찰한 후 역강압 결과를 분석한다.

【표 2-7】 북한의 역강압 사례 및 수단별 유형화

구 분		강압수단별 유형화
현존 핵투발수단	사례/유형#1	무수단미사일
	사례/유형#2	스커드 · 노동미사일
새로 개발한 핵투발수단	사례/유형#3	북극성계열(1형–SLBM, 2형–MRBM)
	사례/유형#4	화성계열(12형, 14형, 15형)

---

58) 김정은 정권의 핵무력 고도화 간 '북한의 행동'은 제일 먼저 3차 핵실험을 시작으로 '유형 #1'의 역강압전략이 시작된다. 이른바 북한이 핵무기를 소형화했다고 주장하면서부터 핵투발수단들이 본격적으로 고도화 돼 대미 핵투발수단 강제적 위협인식이 시작된 것이다. 이에 대응하는 미국의 강압은 '전략적 인내' 대북정책 기조 하 UN대북제재 결의, 안보리 규탄 언론성명, 미국의 독자제재, 전략핵자산 전개훈련 등이 주를 이뤘다. 트럼프 행정부 때는 보다 공세적인 최대 압박과 관여 대북정책으로 이어졌다. 그러나 북한은 이에 굴복하지 않고 단계별 핵투발수단 고도화를 강화해 북미 간 강압-역강압 양상은 반복됐다.

각 유형별 역강압 결과 분석은 역강압전략 구상의 기본적 분석틀을 그대로 적용해 역강압 수단^{유형별}, 역강압 메커니즘^{과정·작동원리}, 결과^{목표}별로 분석한다. 이러한 사례별 역강압전략 구상의 기본적 분석틀은 약소국인 김정은 정권이 강대국 미국을 상대로 자신들의 강점과 미국의 취약점을 어떻게 활용해 압박하였는지에 대해 역강압의 성공요건^{또는 '성립요건'으로도 혼용}을 이해하는 데 유용한 도구로 활용하고자 했다.

셋째, 북미 간 강압과 역강압의 전략적 상호작용과 메커니즘의 작동원리, 그리고 성공요인을 밝히는 데 중점을 두고자 했다. 즉, 김정은 정권이 피강압국 입장에서 강압국인 미국의 어떠한 취약점을 역강압의 압박점으로 설정하였으며, 설정된 압박점에 대해 어떠한 위협수단과 방법으로 역강압해 원하는 목표를 달성했는지를 밝히는 것이다. 특히 약소국 북한이 선정한 미국의 핵심적인 취약점이자 압박점이 미국의 사활적 이익인 미국 본토와 국민을 대상으로 하고, 주민들의 불만을 유도해 지역적 불안감을 조성하려는 메커니즘 작동에 집중되었으며^{일부지역인 괌이나 하와이에 국한될지라도}, 김정은 정권은 핵투발수단 고도화 위협으로 결국 미군 또는 정부 지도자들의 북핵고도화 위협인식에 변화를 주도록 역강압한 점에도 주목하고자 한다. 또한, 미국 행정부 고위관리와 미군 지도부 그리고 전문가들의 반응과 대응, 북한의 핵무력 고도화 위협에 대한 인식의 변화 여부도 일부 제한적일지라도 고찰하고자 했다.

넷째, 강압수단별 고도화의 실체적 위협 능력을 규명하는 데 중점을 두었다. 많은 북한 핵문제 관련 연구논문들은 북한의 실체적 핵능력에 기초한 핵전략 평가가 미흡하다. 김정은 정권처럼 핵미사일 능력을 많이 공개한 과거 사례는 찾아볼 수가 없었다. 따라서 유형별 사례분석을 통해 김정은 정권의 핵무력 고도화 수단의 실체적 능력을 규명하는 데에도 중점을 두고자 했다.

마지막으로, 핵무력 고도화 완성과 미국의 위협인식 극대화 결과가 북한이
달성하려 했던 전략적 목표와의 인과관계를 찾는 데도 분석의 중점을 뒀다.
미국과 북한이 강압국과 피강압국의 위치에서 강압과 역강압의 전략적 상호
작용을 통해 나타난 북한 핵무력의 실체적 위협과 미국의 위협인식 결과에 대
한 종합평가를 어떻게 논리적으로 연계하여 평가할 수 있을 것인가에도 중점
을 두고자 했다.

【그림 2-6】 분석틀 3: 종합분석틀

전략적 목표

대미 협상력 강화

⬆

고도화 정보 공개/과시로 대미 위협 인식 강제 역강압 메커니즘 작동

강압 메커니즘

· 미국의 사활적 이익(미국영토/국민 보호), 주한/주일 미군기지 직간접강압 위협
· 북태평양 실발사로 괌/하와이 주민 사회 불안감 조성, 위협의 신뢰도 향상
· 적시적 대응이 취약한 미 행정부 교체시기 IRBM/ICBM 시험발사 성공 과시
· 핵투발 수단별 고도화 위협 공개 → 미국의 위협 인식 강제 효과 극대화
· 연소시험 장면 공개 후 미사일 발사, 핵장치 공개 후 핵실험 등으로
  대형엔진 능력, 소형화 및 고위력 핵탄두 위협 과시 효과 극대화 등

⬆

미국의 취약점을 압박점으로 선정, '강제-억제-역강압'

역강압 수단

⬆

'핵투발수단' 고도화 위협	
사 례	유형 # 1 무수단
	유형 # 2 스커드/노동
	유형 # 3 SLBM, 북극성-2
	유형 # 4 IRBM, ICBM

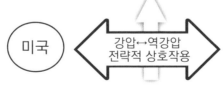

미국 ⬅ 강압↔역강압 전략적 상호작용 ➡ 북한

이론/가설

· 강압이론을 적용한 북한의 대미 핵투발수단 고도화 위협 사례 분석
· 가설('대미 핵무력 고도화와 위협 인식 강제로 핵협상력을 강화') 검증
  · '고도화'(독립변수)-'대미 위협 인식 강제 메커니즘'(매개변수)-'협상력 강화(종속변수)

2. 연구의 가설

본 연구는 앞에서 검토한 강압이론과 북한에 적합한 역강압전략 연구의 분석틀로부터 "김정은 정권의 북한은 자신들의 핵능력을 과소평가 및 무시하는 미국의 대북정책에 대항하여 미국 영토와 국민을 직접 위협할 수 있는 다종의 핵무기투발수단ICBM · IRBM · SLBM을 고도화하고 그 위협을 미국에게 강제적으로 인식시켜 대미 협상력을 강화하였다"라는 가설을 도출했다.

이러한 가설은 김정은 정권 초기의 핵무력 고도화 과정인 2012년부터 2018년 4월[59] 사이 발생한 북미 간 강압—역강압의 전략적 상호작용을 핵투발수단 유형별 사례로 분석함으로써 각 사례에서 나타난 유형별 역강압 수단의 실체적 위협, 다양한 역강압 메커니즘의 작동원리 및 결과, 그리고 전략적 목표달성 여부를 최종적으로 종합평가하여 검증하고자 했다.

---

59) 후술하지만 북한이 '경제핵무력건설 병진로선(2013.3)'에서 '경제총력집중 전략로선'으로의 전환을 선언한 당중앙위 전원회의 개최(2018.4.20.)까지를 연구범위로 설정하였다.

김황록 前 국방정보본부장! 김정은 정권의 실체적
핵·미사일 위협과 대미 역강압전략을 체계적으로 해부하다.

3장

김정은 정권의
핵무력 고도화 배경과
전개 과정

북한의 중거리탄도미사일 화성-12형의 괌 위협 실거리 사격 장면, 2017. 8. 29

3장 김정은 정권의
핵무력 고도화 배경과 전개과정

이 장에서는 김정은 정권의 북한이 핵무력 고도화를 결심한 핵심동인과 전개과정의 주요특징 그리고 핵무력 고도화의 전략적 목표를 달성하기 위한 대내외적 여건조성 과정에서 예상되는 미국의 강압에 대한 역강압전략의 필요성과 당위성 등을 살펴본다. 핵무력 고도화 기간인 약 5년 동안 고도화 계획이 어떻게 전개되었는지 알 수 있는 관련 경험적 현상들과 북한이 보여준 행동이나 주장 그리고 미국의 대응이나 반응과 당시 상황 등 주로 1차 자료에 근거해 주관성을 최소화하고 객관적으로 종합분석하고자 한다. 이는 김정은 정권이 김정일 시대보다 핵무력 고도화 관련자료를 더 많이 적극적으로 공개했기 때문이기도 하다.

1│ 김정은의 핵무력 고도화 핵심동인과 전략적 구상

김정은 정권의 핵무력 고도화 동기나 원인이하 동인은 김일성·김정일 시대의 북한 핵개발 동인과는 다른 시각에서 접근할 필요가 있다. 김일성과 김정일 시대 북한의 핵능력에 대한 미국의 위협인식은 상대적으로 낮았던[1] 반면 김정은 정권의 핵무력은 미 본토를 직접 공격할 수 있을 정도로 고도화되어 미국의 사활적 이익[2]을 치명적으로 위협하는 데 심각한 영향을 끼쳤기 때문이다.

---

1) 미국 정부는 2009년 5월 북한의 2차 핵실험 때까지만 해도 북한의 핵능력에 대해 심각한 우려를 표명하지는 않았다. 그 까닭은 북한의 핵능력이 우려할만한 수준은 아니란 평가 때문이다. 문순보, 「오바마 행정부의 대북정책: 북한의 위협에 대한 대응을 중심으로」(성남: 세종연구소, 2012), p. 33.

그렇다면 김정은 정권이 핵무력을 고도화시킬 수밖에 없었던 핵심적 동인은 무엇일까? 우선, 김정은이 당시 북한의 핵능력에 대해 무엇인가 부족한 부분이 있었다고 인식했을 것으로 판단했다. 그리고 핵능력이 부족했기 때문에 대미 협상력도 미흡하다고 인식했을 것으로 분석했다. 다음으로, 미국의 '전략적 인내' 대북정책은 북한의 부족한 핵능력에서 기인했다고 인식했을 것이라는데 유의했다. 즉 북한이 먼저 비핵화를 선언하지 않으면 대화와 협상을 하지 않겠다고 압박과 제재를 가하는 오바마 정부의 대북정책인 '전략적 인내'가 김정은이 북한의 핵능력을 과소평가하며 무시하고 있다고 인식했을 것으로 추론할 수 있었다. 김정은 정권 출범 전후 북한은 미국의 전략적 인내 대북정책에 대해 "봉쇄와 제재 그리고 고립압살책동인 적대시정책"이라고 강경하게 비난한 바 있다. 이는 김정은 정권이 '전략적 인내'를 북한의 체제 붕괴를 노리는 정책으로 인식하고 핵 포기보다는 고도화의 길을 선택했다는 주장으로 분석 및 평가할 수 있다.

따라서 핵무력 고도화의 핵심동인을 다음과 같이 두 가지로 구분해 고찰하고자 했다. 첫째, 김정은은 후계시절2009.1~부터 당시 북한의 핵능력이 미국을 상대하기에 부족했고 대미 협상력도 미흡할 수밖에 없었다고 인식했다. 둘째, 김정은은 오바마 1기 행정부의 '전략적 인내' 대북정책이 북한의 핵능력을 과소평가하고 무시한 결과에서 비롯되었다고 인식했다.

---

2) 미국 국가이익검토위원회(The Commission on America's National Interests)가 발간한 '미국의 국가이익(American's National Interests)'과 미국 백악관 '국가안보전략(National Security Strategy)'을 종합하면 미국의 4가지 국가이익(National Interests) 중 가장 상위에 있는 것이 사활적 이익으로 미국 영토(본토 및 도서) 또는 해외 주둔 미군에 대한 핵·생물학적 위협 및 화학무기 공격을 예방·억제·감소하는 것이다. 이것에 근거하면 김정은 정권의 북한이 미 본토타격능력을 완성한 것은 미국의 사활적 이익을 크게 침해한 것에 해당한다. 미국 백악관 홈페이지 참조. https://www.whitehouse.gov/wp-content/uploads/2017/12/NSS-Final-12-18-2017-0905.pdf; 미국 하버드대학 케네디스쿨 홈페이지 참조 https://www.belfercenter.org/sites/default/files/legacy/files/amernatinter.pdf(검색일: 2019년 8월 20일).

I. 김정은의 대미 핵억제력 및 협상력 부족 인식

김정은이 핵무력 고도화를 시작하기 이전 북한의 핵과 운반수단의 실체적 능력이 미국을 직접 위협하기에 부족하다고 인식했다면, 이는 김정은의 핵무력 고도화 구상에 가장 먼저 영향을 준 핵심동인[3]이었을 것이다. 그리고 이러한 핵심동인을 시작으로 핵무력 고도화의 전략적 의도와 목표가 설정되었을 것이며, 이를 효과적으로 달성하기 위한 계획과 전략이 수립되었을 것이다. 따라서 김정은 정권이 왜 핵무력을 고도화했는지에 대한 핵심동인을 찾게 되면 전략적 목표와 의도를 파악하는 데 수월해질 것으로 판단했다.

그렇다면 핵무력 고도화를 위해 김정은이 집권 초기 김정일 정권으로부터 물려받은 당시의 북한 핵과 운반수단의 실체적 능력을 과연 어느 정도 수준으로 인식하였을까? 사실 김정은은 2008년 8월 김정일 위원장의 뇌졸중 이후 불과 4개월 만인 2009년 1월에 후계자로 공식 지명되었으며, 그로부터 약 3개월 후인 4월과 5월에 대포동 2호인 이른바 장거리미사일 발사와 2차 핵실험을 후계자로서 경험하게 된다.[4] 당시 후계자로 내정된 김정은에게는

---

3) 북한전략정보서비스센터(이하 'NKSIS') 이윤걸 대표의 저서 「김정일의 유서와 김정은의 미래」에는 김정일의 유서 전문과 분석을 담았다. 김정일의 유서 전문내용 속 핵무력 관련 내용을 발췌해보면 "핵, 장거리미싸일, 생화학무기를 끊임없이 발전시키고 충분히 보유하는 것이 조선반도의 평화를 유지하는 길임을 명심하고 조금도 방심하지 말 것. (중략) 미국과의 심리적 대결에서 반드시 이겨야 한다. 합법적인 핵보유국으로 당당히 올라섬으로써 조선반도에서 미국의 영향력을 약화시켜야 하며, 국제제재를 풀어 경제발전을 위한 대외적 조건을 마련하여야 한다."라는 내용이 실려있다. "김정일유서전문(북한전략정보서비스센터제공)," 「유코리아뉴스」, 2012년 11월 23일; http://www.ukoreanews.com/news/articleView.html?idxno=657(검색일: 2019년 8월 14일); 한편, 이에 대한 신뢰도는 직접 확인이 불가하지만, 중앙일보는 2013년 1월 29일자 보도에서 정부가 입수했다고 강조했다. "김정일 유훈 44개항 첫 확인…핵·미사일·생화학무기 계속 발전시켜라," 「중앙일보」, 2013년 1월 29일; https://news.joins.com/article/10539397(검색일: 2019년 8월 14일).

4) 북한 조선중앙TV는 2012년 1월 8일 '백두산의 선군혁명 위업을 계승하시어' 라는 제목의 김정은 우상화 기록영화를 통해 "김 부위원장이 2009년 4월 5일 '광명성 2호 위성' (장거리 로케트) 발사 당일 김 위원장과 함께 '위성 관제 종합지휘소'를 찾았다"는 내용을 보도했다. "김정은, 2009년 北미사일 발사 현장 참관," 「YTN」, 2012년 1월 8일; https://news.naver.com/main/read.nhn?mode=LPOD&mid=tvh&oid=052&aid=0000389197(검색일: 2019년 8월 14일).

장거리미사일 발사와 핵실험이 가장 중요한 관심 사안이었을 것으로 추정된다. 북한에서 후계자의 영향력은 절대적5)이었기 때문에 김정은은 장거리미사일 발사와 핵실험을 전후로 당시의 북한 핵능력과 투발수단의 능력 그리고 선대에서 발생했던 1·2차 북핵 위기 및 6자회담 과정과 핵협상전략 등에 관해 상세한 보고를 받았을 것이다.

이러한 핵무력 현황을 보고받고 확인하는 과정에서 김정은은 당시 북한의 핵무력에 대해 부족하다고 인지한 만큼을 역으로 고도화시켜야 할 것이라고 구상했을 것이다. 사실 김정일 시대 북한의 핵무력 실체를 파악하는 데는 북한체제의 폐쇄적 특수성과 김정일 시대 특유의 모호성 유지 전략으로 인해 북한 스스로가 의도적으로 공개하지 않는 한 직접 확인하기가 제한되었다. 또한, 여타 핵개발 국가들도 세부 기술적 내용을 공개하지 않으려는 비밀 사안으로 의도적으로 공개하지 않는 한 직접 확인하기가 어려웠으므로 북한의 핵능력을 합리적으로 판단하기 위해서는 일정 부분 가정이 필요했다.

그런데 김정은 시대에는 핵무력 고도화 과정에서 상당 부분의 핵과 탄도미사일 능력을 분석할 수 있는 기술적 제원을 이례적으로 적극 공개했다. 이렇게 공개한 내용으로부터 김정은 정권의 핵무력 고도화 수준을 세부적으로 파악하기가 예전보다 비교적 쉬워진 것은 사실이다. 김정은 정권은 김정일 시대에 모호성을 유지해 온 것과는 비교할 수 없을 정도로 기술적 제원과 특성까지 상세하게 공개해 북한의 핵무력 고도화 수준을 평가하기가 매우 용이해졌다는 의미이다. 그래서 김정은 시대 핵무력 고도화 과정을 언급할 때 더 이상 북한이 폐쇄적이라서 정보가 부족하다고 관행적으로 답할 수 없는 상황이 되었다. 이미 공개한 고도화된 핵무력의 실체적 능력 변화에 대한 분석결과만을

---

5) "1980년대부터 김일성의 후계자로 국가사업을 전반적으로 지도하는 김정일의 지시는 김일성의 지시와 같이 막강한 영향력을 가지게 되었다. 북한 외무성은 김일성 지시는 친필교시로 그리고 김정일 지시는 친필지시로 무조건 집행되어야 한다." 최의철, 「북한의 인권부문 외교의 전개 방향」(서울: 통일연구원, 2003), p. 8.

가지고도 김정일 시대 모호했던 핵능력의 역추론이 가능할 정도다. 따라서 김정은 시대에 고도화된 북한 핵무력 평가결과를 몇 가지 전제와 경험적인 현상을 바탕으로 역산하여 김정은이 핵무력 고도화를 결심한 당시 김정일 시대 핵능력을 추론해 보고자 한다.

첫째, 김정은은 핵무력 고도화 구상 당시에 북한이 만들었다는 핵탄두가 보유 중인 탄도미사일에 장착해 사용할 정도로 소형화되어 있지 않았다는 사실을 인지했을 것이다. 이는 다음의 【표 3-1】에서 보는 바와 같이 북한의 당 기관지이자 관영매체인 『로동신문』에서 북한이 김정은 집권 2년 차인 2013년 2월 12일 3차 핵실험 당일부터 핵무기가 소형화되었다고 본격적으로 주장하며 선전하고 있기 때문이다. 그 이전 시기1993-2012년에는 핵무기를 '소형화' 했다고 스스로 주장한 보도내용은 확인한 결과 식별할 수 없었다.

【표 3-1】'핵 소형화 시인 주장'『로동신문』보도 전수조사(1993-2018)

구 분	1993 – 2012	2013	2014	2015	2016	2017	2018
보도 건수	0	57	1	3	69	30	1
주요 핵활동	1·2차 핵위기: 93·02 1·2차 핵실험: 06·09	3차 핵실험			4·5차 핵실험	6차 핵실험	

* 출처: 1993년부터 2018년까지 『로동신문』 전수조사 결과를 종합분석하여 저자가 작성.

특히 2013년 5월에는 『로동신문』을 통해 핵무기의 소형화·경량화·정밀화·다종화의 개념과 중요성을 이례적으로 강조하기도 했다.6) 2005년 2월 핵무기 제조능력을 보유했다고 선언했을 시기에도 '핵무기를 소형화했다' 라고 언급하거나 보유 중인 '투발수단과의 결합능력을 갖추었다' 라고 주장한

---

6) "핵무기의 소형화, 경량화, 다종화, 정밀화," 「로동신문」, 2013년 5월 21일.

적은 없었다. 또한, 김정은 시대에 보여준 2차례에 걸친 '핵무기병기화사업'은 김정일 시대에도 없었던 북한 역사상 최초의 사례다. 1·2차 핵실험 이후에도 북한이 보유하고 있는 탄도미사일에 장착 가능한 핵무기의 소형화를 달성했다고 표현하거나 주장한 북한 문헌을 찾아보기 어려웠다. 물론 2차 핵실험에서 보여준 핵폭발 위력은 1차 핵실험 시의 약 0.8kt보다 한층 증가한 3-4kt으로 분석됐지만, 이는 과거 히로시마와 나가사키에 투하된 핵무기의 위력에는 미치지 못하는 것으로써 실전에 사용하기에는 여전히 기술 수준이 미흡한 것으로 평가되었다.[7]

그런데 김정은 시대 들어와서 북한은 핵무기 소형화에 필수적인 핵실험을 무려 4회에 걸쳐 실시했으며, 핵실험 주기도 김정일 시대의 3년 간격에서 8개월 및 1년 주기로 대폭 단축했다. 각 핵실험 결과 핵폭발 위력은 점진적으로 강화되고 개선되었음을 보여주고 있다.[8] 북한은 4차 핵실험 시에 시험용 수소탄 위력실험을, 5차 핵실험 시에 핵탄두 폭발력 실험으로 표준화 및 규격화 달성은 물론 6차 핵실험 시에는 ICBM 장착용 수소탄 실험에 성공했다고 주장한다.[9] 핵실험은 주로 신형 핵탄두를 개발하거나 기존 핵탄두를 개량할 때 핵탄두의 신뢰성 및 안전성을 확인하기 위해 실시한다.[10] 이러한 몇 가지 사실들을 김정일 시대와 비교해 볼 때 김정은 정권 이전에는 소형화가 되어있지 않았다는 합리적 추론이 가능하다. 추정하건대, 그 당시 북한은 보유 중인 탄도미사일에 장착하여 실전에 운용할 정도로 소형화가 이루어지지 않은 상태인 조잡한 형태의 핵폭탄 서너 개 정도와 플루토늄 및 우라늄 핵물질을 계속 생산할 수 있는 시설 그리고 사기를 고취시켜 주면 잠재적 역량을 충분히 발휘할 수 있는 핵과학자들과 조직들을 보유하고 있다는 사실을 김정은이

---

7) 대한민국 국방부, 「대량살상무기 이해와 실제」(서울: 국방부, 2018), p. 63.

8) 북한 핵실험 위력 변화는 약 0.8kt(1차)→약 3-4kt(2차)→약 6-7kt(3차)→약 6kt(4차)→약 10kt(5차)→약 50kt(6차)이었다. 대한민국 국방부, 「대량살상무기 이해와 실제」, p. 63.

9) 「조선중앙통신」, 2016년 1월 6일(4차); 2016년 9월 9일(5차); 2017년 9월 3일(6차).

10) 대한민국 국방부, 「대량살상무기 이해와 실제」, p. 55.

인지하고 있었을 것이다.[11]

둘째, 핵무기 투발 핵심수단인 미국의 괌도와 본토를 직접 공격할 수 있는 중거리탄도미사일인 무수단미사일[12]이나 대륙간탄도미사일인 KN-08미사일[13][14]은 개발과정에서 시험발사를 하지 않고 작전운용 중이라는 사실을 인지했을 것으로 추정된다. 김정은은 북한의 체제생존을 위한 대미 핵투발수단으로써 가장 중요한 핵심 무기체계인 중거리 및 장거리탄도미사일이 시험발사도 거치지 않은 이른바 검증되지 않은 미사일들이었기 때문에 미국으로부터 자신들의 핵능력이 과소평가 및 무시를 받고 있으며, 동시에 대미 협상력

---

11) 1999년 방북한 파키스탄 핵과학자 압둘 카디르 칸(Abdul Qadeer Khan) 박사가 평양에서 두 시간 떨어진 지하 핵무기고를 방문했을 때 운반대 위에 놓여 있던 조잡한 형태의 핵무기 3개와 기폭장치를 봤다고 알려졌다. 우리 정보기관도 2002년 10월 국회정보위 보고에서 북한이 조잡한 형태의 핵무기 1-3개를 제조했을 가능성이 있다고 추정했다. 한편, 2006년 10월 31일부터 11월 4일까지 북한을 방문했던 시그프리드 헤커(Siegfried Hecker) 박사는 방북보고서에서 북한이 조잡한 핵폭발장치 몇 개를 생산했을 것으로 추정했으며, 미사일탑재 가능 여부는 알 수 없다고 밝혔다. 북한도 2005년 2월 10일 핵무기 보유를 선언 한 바 있다. 그러나 이 주장은 북한이 핵실험을 본격적으로 실시하기 이전의 검증되지 않은 시기였으며, 북한이 3차 핵실험 이후 소형화를 본격적으로 지속 주장하는 점을 고려시 핵실험 이전에 보유하고 있다고 주장하는 핵무기는 조잡한 형태의 검증되지 않은 핵무기로 미사일에 탑재해 무기화할 수 없는 일종의 보여주기식 협상용 핵무기로 평가했다.

12) 무수단(화성-10)미사일은 위협사거리 약 4,000km의 중거리탄도미사일(IRBM)로 북한은 2007년 4월 25일 창군 75주년 열병식에서 처음 공개했는데 시험발사 없이 작전 배치하여 운용해 왔다. 미국 전문가들은 무수단미사일이 구소련제 SLBM인 R-27을 개조한 것으로 2003년경부터 북한이 개발했다고 평가한 바 있다. 그런데 북한에게 미사일기술을 전수했을 것으로 보이는 러시아군 총참모부 대변인 뱌체슬라프 콘드라쇼프(Vacheslav Kondraschov) 중장은 2011년 5월 20일 "북한의 신형 무수단미사일은 충분히 검증된 실험이 이뤄지지 않았다"라며 군사적 가치를 낮게 평가했다. 국군 정보사령부, 「2017 북한연보」(안양: 정보사령부 공개정보단. 2018), pp. 343-344.

13) KN-08(화성-13)미사일은 위협사거리 약 9,000-12,000km의 이른바 대륙간탄도미사일(ICBM)로 북한은 2012년 4월 15일 김일성 100회 생일 기념 열병식에서 처음 공개했는데 시험발사한 적이 없는 미사일이었다. 2013년 미 태평양사령관 새뮤얼 라클리어(Samuel Locklear)는 미 국방부 청사에서 열린 브리핑에서 무수단미사일과 KN-08 등을 언급하면서 "북한이 진짜인 것처럼 보이는 여러 급의 미사일을 보여줬지만 우리는 이들 미사일의 능력을 입증하는 믿을만한 증거를 보지는 못했다"고 평가했다. 국군 정보사령부, 「2017 북한연보」, pp. 344-345.

도 약할 수밖에 없다고 판단했을 것이다. 이런 인식들이 김정은 정권의 핵무력 고도화 수준의 목표를 결정하는 핵심동인으로 작용했을 가능성이 크다. 세계의 중·장거리탄도미사일 보유국 중 이를 시험 발사하지 않고 전력화한 국가들은 알려진 바 없다. 호기심과 현장 확인정신이 강한 젊은 지도자 김정은은 이러한 문제점들을 인식하고 이에 대한 새로운 대안을 확실하게 마련할 것으로 결심했을 것이다.15)

실증을 위해 김정은 정권이 핵무력 고도화 과정에서 보여준 무수단미사일의 첫 시험발사 사례를 살펴보자. 김정은 정권은 2016년 4월부터 2017년 3월까지 약 1년 동안 9회의 무수단 미사일 시험발사를 실시했다. 9회 중 6회차2016.6.22 1회만 겨우 성공함으로써 성공률은 단지 11%에 불과했다. 이는 전략무기체계로서의 성능을 발휘할 수 있는 수준이 아니었다. 일반적·경험적으로 볼 때 9회를 시험발사했다면 최소 6회 이상은 성공해야만 무기체계로 신뢰할 수가 있다.16)

---

14) NBC방송은 2013년 8월 15일 지난달 27일 북한의 전승기념일 열병식에 나온 화성-13형 영상 분석 결과 많은 전문가가 가짜라고 판단했다며 미 싱크탱크의 마커스 실러(Markus Schiller) 분석관이 인터뷰에서 "(북한의 화성-13형은) 대사기극"이라고 주장했다고 보도했다. 그는 "단분리를 위한 역추진 로켓이 미사일 후미에 달려있다는 증거가 없고 해치와 소형 유도 노즐의 위치도 제각각"이라며 "이 미사일은 훈련용 시뮬레이터는 고사하고 조악한 가짜로 보인다"라며 표면의 미사일 번호만 바꿔 가짜를 열병식에 내놓은 것으로 추정했다. 제임스 오버그(James Oberg) NBC 군사담당 기자도 탄두 부근의 매끄럽지 못한 표면은 고속의 불규칙한 공기흐름을 만들어 미사일 표면을 달굴 수 있어 미사일이 원하는 고도와 방향으로 유도할 수 없다고 지적했다. "미 NBC방송 '北 ICBM 가짜일 가능성," 「노컷뉴스」, 2013년 8월 16일; http://m.nocutnews.co.kr/news/ noad1084920(검색일: 2019년 8월 14일).

15) 소위 〈은하/광명성 등〉 장거리미사일 발사는 무수단미사일과 KN-08미사일이 시험발사하지 않고 배치된 이른바 검증되지 않은 탄도미사일이었기 때문에 북한이 중·장거리탄도미사일 개발을 위한 기술확보 차원에서 집요하게 추진했다고 판단한다. 총 6차례에 걸친 북한의 장거리미사일 발사현황은 다음과 같다. 1차(백두산 1호) 1998년 8월(실패), 2차(은하 2호) 2006년 7월(실패), 3차(은하 2호) 2009년 4월(실패), 4차(은하 3호) 2012년 4월(실패), 5차(은하 3호) 2012년 12월(성공), 6차(광명성) 2016년 2월(성공).

16) 미국 등 선진국에서도 미사일 시험평가 통과 기준을 70-80% 수준으로 설정하는 경우가 많은 것으로 알려졌다. "하늘을 나는 어뢰 대잠 미사일," 「주간조선」, 2014년 6월 2일.

또 한 가지 중요한 사실로, 만약 2016년 무수단 시험발사가 9회 중 단 1회의 성공으로라도 실전운용 능력이 검증됐다고 북한 스스로가 판단했다면 그 다음엔 무수단 엔진과 기술로 만들었을 것으로 추정되는 KN-08미사일 시험발사로 이어졌어야 한다. 그러나 북한은 KN-08미사일을 시험 발사하지 않았다. 그뿐만 아니라 무수단 미사일 시험발사 이전인 2016년 4월 9일 "새형의 대륙간탄도미사일 대출력 발동기 지상분출시험"을 김정은이 현지지도 했다고 공개한 바 있다. 그리고 1년 뒤 2017년 3월 18일에는 소위 '3.18혁명'이라 부르는 "새형의 대출력 발동기 지상분출시험"에 성공했다고 공개한다. 이후 불과 2개월 뒤부터 약 6개월 동안 김정은 정권은 신형 IRBM인 화성-12형과 화성-12형의 2단형인 ICBM급 화성-14형 그리고 화성-12형이나 14형과는 완전히 다른 독자적 모델인 화성-15형 시험발사를 차례로 성공시킨다.[17] 김정일 시대의 무수단과 KN-08미사일이 실전운용이 불가한 과시용에 불과했다는 사실을 김정은 정권에서 방증해 주고 있음을 알 수 있다.

특히 북한은 2017년 화성-12형 시험발사 성공5월 14일 1주일 뒤인 5월 20일 노동신문을 통해 김정은이 "년대와 세기를 이어온 미제와의 대결을 끝장내고 최후승리의 통장훈[18]을 부를 핵공격수단, 전략무기개발사업을 직접 구상했으며, 로케트 연구부문에 표준화된 핵탄두뿐만 아니라 대형중량핵탄두도

---

17) 화성-12형: 1단형(백두산엔진 1개: 러시아 RD-250엔진으로 추력은 약 80tf), 화성-14형: 2단형(화성-12형 1단추진체를 기반으로 2단추진체 길이 및 추진제를 확장), 화성-15형: 2단형(1단추진체는 백두산 엔진 2개를 '클러스터링'해 가장 발전된 방식, 2단추진체는 추정 대형엔진 1개).「로동신문」, 2017년 5월 15일, 7월 5일, 11월 29일; 김열수, "김정은 정권의 생존전략 딜레마를 활용한 북핵 문제 해결 방안," 한국국가전략연구원-미국 브루킹스 연구소 공동 국제회의 (2018. 1. 17.). p. 377.

18) 북한의 「조선말대사전」에서는 "장기에서 궁이 아무데로도 빠질 수 없게 만드는 장훈, 즉 외통장"으로 정의하고 있으며, 우리식 표현으로는 '외통수'와 동일한 의미다. 사회과학출판사, 「조선말대사전 2권」(평양: 사회과학출판사, 1992), p. 734.

장착할 수 있는 중장거리탄도로케트를 빨리 개발할 데 대한 전투적 과업을 제시"했었다고 밝히면서 "기존개념으로는 거의 10년, 최소한 7-8년이 걸려야 할뿐 아니라 보통의 담력과 배짱으로는 엄두도 낼 수 없다는 새형의 대출력발동기 개발"로 "우리식으로 완전히 새롭게 설계한 중장거리전략탄도로케트 화성-12형 개발 성과 (중략) 또 하나의 완벽한 무기체계인 〈주체탄〉을 탄생하는 특대사변이 펼쳐졌다"라고 주장했다.19) 이는 무수단미사일과 KN-08미사일과는 연계성이 없는 새로운 엔진과 동체인 IRBM 및 ICBM을 개발해 온 것을 확실하게 실증할 수 있는 북한의 주장이다.

이러한 일련의 진행과정을 보면 시험발사 없이 작전배치한 무수단 미사일과 KN-08미사일에 대한 김정은의 신뢰도가 매우 낮았기 때문에 새로운 대출력 엔진과 동체에 대한 체계개발을 이미 수년 전부터 보안유지라는 명목으로 은밀히 진행해왔다는 점을 확연히 알 수 있다. 새로운 엔진개발을 포함한 미사일 체계개발은 북한같이 이미 상당한 수준의 단분리 기술과 클러스터링 기술20)을 확보한 상태를 감안하고, 새로운 IRBM과 ICBM을 완성하는 시점에서 스스로 주장하고 있는 기술적 치적 선전내용들, 즉 "(중략) 더 빨리 개발할 데 대한 사업제시(에 의거) … 기존개념의 10년 또는 7-8년 뿐만 아니라 … 새롭게 설계한 중장거리전략탄도로케트 화성-12형 개발 성과로 … 또 하나의 완벽한 무기체계인 〈주체탄〉을 탄생하는 특대사변이 펼쳐졌다2017.5"라는 주장과 "(중략) 국가핵무력 건설이라는 력사적 대업을 5년도 안되는 짧은 기간에 완벽하게 달성한 기적적 승리"라고 주장2018.4한 내용들을 종합하여 통상적인 무기체계개발 소요기간과 비교분석 시 약 5년또는 최소 4.5년 정도의

19) "동방의 핵강국은 불멸의 그 업적 전한다," 「로동신문」, 2017년 5월 20일.

20) 북한은 김정은 정권 들어 소위 인공위성이라고 주장하는 장거리미사일 발사에 성공(2012년 12월, 2016년 2월)하면서 미사일 3단 분리기술을 확보했다. 한편, '클러스터링' 기술이란 '다수의 엔진을 묶어 큰 추진력을 내는 방식'을 의미한다. 박지영, 「다종화하는 북한 핵과 미사일의 위협: 기술개발 측면의 분석」(서울: 아산정책연구원, 2017), p. 2.

기간이 소요되었을 것으로 추론이 가능하다.[21] 그것도 북한처럼 국가적 역량을 집중할 수 있는 국가는 가능한 일이었다.

따라서 북한은 무수단미사일과 KN-08미사일을 대체할 수 있는 새로운 중·장거리탄도미사일의 체계개발을 공식적으로는 최소한 2013년 3월 31일 병진노선 채택 전후에 시작했을 것으로 합리적 추론이 가능하다. 결국, 무수단미사일과 KN-08미사일은 실전운용이 불가한 미사일일 가능성이 큰 것으로 추정할 수 있다.

셋째, 김정은은 시험발사를 실시한 적이 없었던 무수단과 KN-08미사일을 핵무력 고도화 구상 초기 단계부터 새로운 중·장거리탄도미사일로 대체하려는 전략로켓사령부 방문 및 새로운 군종으로의 개편 관련 활동을 추진한 사실들이 확인되었다. 김정은은 김정일 사망 100일 추도기간2011.12.17.-2012.3.25.[22]임에도 불구하고 2012년 3월 3일 전략로케트사령부를 처음 방문하는데 조선중앙통신은 김정은의 현지지도 활동내용에 김일성과 김정일이 동부대를 현지지도한 시기까지 포함해서 보도한다.[23] 이러한 보도는 이례적인 현상, 즉 북한보도의 은유성을 식별할 수 있는 사례로 김정은이 당시의

---

21) 북한은 2018년 4월 20일 당중앙위 제7기 제3차 전원회의에서 김정은이 "국가핵무력건설이라는 력사적 대업을 5년도 안되는 짧은 기간에 완벽하게 달성한 기적적 승리"라고 주장했다. 이 때는 병진노선을 채택한 시점(2013.3)을 기준시 5년이 되는 시기다. 결국, 2017년 11월 핵무력 완성 선언 시까지를 목표달성 시기로 평가시 4.5년("5년도 채 안 되는")이 소요된 것으로 분석할 수 있다. "김정은, 병진로선의 위대한 승리를 긍지높이 선언하고 당의 새로운 전략적로선을 제시," 「조선중앙통신」, 2018년 4월 20일; 이러한 분석을 토대로 일반적인 무기체계개발 단계 '①탐색개발 3년, ②체계개발 5년(설계 2년, 제작 1년, 시험 2년), 총 8년 정도 소요'를 고려해 종합분석해보면, 이른바 "김정은 정권의 핵무력 고도화 5개년계획(2013.3-2018.4)"은 ①1단계 2013-2015(3년), 신형 백두산 엔진·동체 설계 및 은밀 제작, ②2단계 2016-2018.4, 엔진 시험 및 시험발사(공개) 순으로 추진한 것으로 평가할 수 있다.

22) 곽경희 외, "김정은, 김정일 서거 추모 100일 중앙추모대회 거행," 「조선중앙년감 2013」(평양: 조선중앙통신사, 2013), p. 859.

23) 북한은 이 부대를 김일성 주석이 1974년 8월에, 김정일 위원장이 2002년 3월에 각각 현지지도했다고 밝혔다. 「조선중앙통신」, 2012년 3월 3일.

핵투발수단 능력을 이해하고 고도화의 필요성을 구상하는 단계에서 해당부대를 방문하여 직접 확인하고 격려하기 위한 활동을 은유적24)으로 표현노출되지 않고 은밀하게 진행해야 할 사안이었기 때문에했을 것으로 추정된다. 해당 무기체계의 가장 정확한 운용능력과 실태를 파악하기 위해서 그 무기체계를 직접 지휘 및 감독하는 최상위급의 사령부를 방문하여 파악하는 것은 필수적이기 때문이다.

또 다른 실증자료로, 한 달이 조금 지난 2012년 4월 11일 제4차 당대표자회에서 김정은이 당 제1비서 및 당중앙군사위원장에 추대될 때 김락겸 당시 전략로케트사령관은 당중앙군사위원회 위원직에 처음으로 임명된다. 당시 15명의 당중앙군사위 위원은 2010년 김정일 시대 보선된 인물들이 대부분 유임되었지만 2012년 김정은 정권 출범 후 추가로 군사위원에 임명된 새로운 인사는 김락겸이 유일하다. 김락겸은 당시 계급도 군사위원 중 가장 낮은 소장한국군의 준장급에 해당이었다. 이러한 김정은의 전략로케트사령부 조기 방문 및 전략로케트사령관 김락겸의 군사중앙위원회 위원직 보선과 함께 4월 15일 열병식에서 KN-08미사일이 최초로 공개되는 등 김정은 정권은 보도매체를 통해 전략로케트군을 점차 선전하기 시작했다. 그 당시까지만 해도 무수단미사일과 KN-08미사일은 이른바 기만장비로 활용되고 있었다고 추정할 수 있다.

이듬해인 2013년 2월 12일 김정은 정권의 북한은 핵무력 고도화의 본격 시작을 알리는 3차 핵실험 이후, 3월 26일 최고사령관 명령으로 전략군과 야전포병부대에 1호전투근무태세를 하달하고 3월 29일 새벽 김정은이 직접 최고사령부에서 긴급 작전회의를 주재한 모습을 촬영한 사진을 대내외에 공개했다. 또한, 미국 본토와 하와이 그리고 괌 등을 타격하는 계획을 담은 '전략군 미 본토 타격계획'이라는 상황도를 노동신문에 게재하기도 했다.25) 핵과

---

24) 이종석, 「새로 쓴 현대북한의 이해」, pp. 40-46.

25) "김정은 최고사령관, 화력타격계획 비준," 「조선중앙통신」, 2013년 3월 29일.

미사일을 연계하는 전략을 나타내는 미 본토 타격계획 상황도 공개는 군사적 측면에서 볼 때 매우 이례적인 방법이었다.26) 김정은 시대의 다양한 위협각인 방법이 시작되는 시점이기도 했다.

이후 김정은은 핵무력 고도화 과정에서 전략군을 별도의 군종으로 새로이 창설27)하고 전략군절을 제정28)하는 등 일련의 절차들을 계획적으로 진행했다. 육군과 해군 그리고 공군항공 및 반항공사령부에 이어 전략군을 별도의 군종으로 창설한 것은 소련이나 중국처럼 소형화된 핵무기를 원하는 목표로 이동시킬 수 있는 핵투발수단들을 갖춘 체제를 모방한 것이다. 김정은은 전략적 중·장거리탄도미사일이라는 핵투발수단을 완성하고 지휘통제를 확립하려는 새로운 군종의 독립적 편제를 고도화 전개 로드맵에 포함하여 개편했던 것이다.

결국 김정은은 무수단과 KN-08을 대체하는 새로운 핵탄두장착 중·장거리탄도미사일을 완성하려는 계획을 핵무력 고도화를 구상한 초기 단계에서부터 준비한 것으로 분석된다. 핵무력 고도화 구상 때부터 김정은은 선대로부터 이어받은 미흡한 핵무력을 소형화하고 미국 본토까지 위협할 수 있는 새로운 중·장거리탄도미사일을 개발하여 완성하기까지 핵무력 고도화가 절실히 필요하다고 인식했을 것이다. 이러한 김정은의 인식은 김정은 정권의 핵무력 고도화 위협의 최종수단 설정에 결정적인 영향을 미쳤을 것이고, 고도화 위협의 최종수단은 미국의 사활적 이익인 미국 영토와 미국 국민을 직접 위협하는 핵탄두 투발수단인 새로운 대륙간탄도미사일ICBM을 완성하는 것으로

---

26) 일반적으로 북한군이나 한미연합군 등 군사작전계획은 상위등급의 군사비밀로 취급하는 것이 상식이다.

27) 북한의 전략로켓군은 2014년 3월 이전 전략군으로 개칭된 것으로 보인다. 장철운, "북한의 핵전력 운용 전략에 관한 연구," 통일부 정책연구과제(2016).

28) 북한은 "전략군절을 제정함에 대한 최고인민위원회의 상임위원회 정령 발표"에서 "전략군을 소형화, 정밀화된 핵타격수단들을 갖춘 강력한 군종으로 강화 발전시키었다"라고 주장한 바 있다. 「조선중앙통신」, 2016년 6월 25일.

설정했다고 평가할 수 있다.[29)]

　종합하면, 김정은 정권은 소형화되지 않은 핵무기와 시험발사도 하지 않은 무수단 및 KN-08미사일로는 미국을 직접 위협하거나 대등한 입장에서 협상의 우위에 설 수 없다는 사실을 인지하였을 것으로 판단된다.

2. 북핵 과소평가 및 무시하는 미국의 대북정책 영향

　미국 오바마 행정부의 대북정책은 '전략적 인내strategic patience'로 요약된다. 오바마 행정부 1기2009.1-2013.1는 물론 2기2013.1-2017.1 동안 '전략적 인내' 대북정책은 큰 변화 없이 지속 유지되었다. '전략적 인내'는 2009년 12월 스티븐 보스워스Stephen Bosworth 대북정책 특별대표가 클린턴Clinton 국무장관이 언급한 "지금은 전략적 인내의 시기"를 인용한 데서 유래한다. '전략적 인내'는 북한이 비핵화를 위한 진정성을 보일 때까지 협상하지 않고 제재와 외교적 노력을 병행한다는 의미로 해석된다.[30)]

---

29) 북한은 2013년 1월 24일 국방위원회 성명을 통해 "장거리로케트발사와 핵시험이 미국을 겨냥하게 된다는 것을 숨기지 않는다"는 점을 분명히 했다. 한편, 김정은 정권은 핵무력 고도화 과정 간 새로운 중장거리탄도미사일 시험발사 성공 시마다 북한 매체들이(『로동신문 · 조선중앙통신』) "당중앙의 전략적 구상에 따라", "핵무기병기화사업" 등의 용어를 사용하고 있는 것으로 보아, 핵무력 고도화 수단의 최종목표가 김정은의 전략적 구상에 따라 'ICBM과 핵탄두의 결합'에 있음을 암시하고 있다. 『조선중앙방송·평양방송』, 2013년 1월 24일; 『로동신문』, 2013년 1월 25일.

30) 오바마는 취임 전부터 북한과의 직접협상을 통해 적극적으로 문제를 해결하겠다고 공언했지만, 취임 직후 이루어진 북한의 장거리미사일 발사(2009.4)와 2차 핵실험(2009.5) 이후 대북제재 결의안을 주도하며 '전략적 인내'라는 소극적 정책으로 전환했다. 이인호, "미국 오바마 2기 행정부의 아 · 태전략 및 대북정책 전망," 『국방정책연구』, 제29권 3호(2013), p. 16; '전략적 인내'는 북한이 핵을 포기한다는 명시적 선언과 행동이 있기 전까지는 대화에 나서지 않겠다는 전략이다. (중략) 결국 先핵폐기 · 後대화를 전제조건으로 내세운 봉쇄정책으로 본질적으론 부시 행정부의 대북정책과 대동소이하다고 할 수 있다. 이상현, "미국 오바마 2기 행정부의 북핵정책 전망," 『KDI 북한경제리뷰』, 제15권 3호(2013), p. 7.

김정은은 오바마 1기 행정부 시기에 후계자로 활동했으며, 오바마 1기 말기인 2011년 12월 말 정권을 공식적으로 승계했다. 즉 오바마 1기 행정부 시기에 시행된 '전략적 인내' 대북정책을 후계자 시절에 경험했고, 오바마 2기 행정부가 종료될 때까지도 '전략적 인내' 대북정책을 겪게 된다.

그렇다면 김정은은 집권 초기 핵무력 고도화를 구상하는 과정에서 오바마 행정부당시는 1기 말기인 2012년의 대북정책인 '전략적 인내'를 어떻게 인식하고 있었을까? 이를 파악하기 위해서는 김정은 정권의 이전 시기, 즉 김정은이 후계자 시기부터 시작된 오바마 1기 행정부의 '전략적 인내' 대북정책에 대한 북한의 인식변화를 이해해야 한다.

우선 미국이 '전략적 인내'라는 용어를 사용하기 시작한 2009년 말부터 얼마 지나지 않은 2010년 2월에 북한은 조선신보를 통해 "미국은 현재 대조선 정책기조를 '전략적 인내'라고 설명하고 있는데, '인내'란 '아무것도 안 한다는 것이 아니라 조선에 다른 미래를 제공하기 위해 동맹국들과 긴밀히 협의하는 것'이라고 말했다"는 스타인버그Steinberg 미 국무 부장관의 언급을 인용하여 보도한다. '전략적 인내'에 대한 북한의 인식과 의도를 드러내 보인 주장이다.[31] 북한이 오바마 행정부 초기에는 미국의 대북정책 변화를 유도하면서 오바마 행정부와의 대화와 협상을 원하고 있음을 간접적으로 표출한 것이다.

그런데 천안함 피격2010.3.26 이후 북한은 자신들이 "정전협정을 평화협정으로 바꾸기 위한 회담을 시작할 것을 정전협정 당사국들에게 이미 제의2010.1.13"했는데 그 뒤부터 "조선에 급변사태가 임박했다는 정보와 최고수뇌부의 건강문제에 관한 낭설" 그리고 "불안정사태를 염두해 두어야 한다(월터 샤프Waller Sharp 남조선 주둔 미군사령관)는 말들이 터져 나오고 있다"라면서 "미국이 대화의 막 뒤에서는 딴장을 해보려 해도 간과하지 않을 것"이라

---

31) "비핵화 첫 공정은 미국과의 신뢰구축," 「조선신보」, 2010년 2월 2일.

는 입장으로 선회한다.32) 대화공세 이후 강경태도를 보이는 전형적인 북한의 술책이었다.

2010년은 북한이 천안함 피격3.26과 연평도 포격도발11.23을 감행하고 이에 대한 한미의 대응이 이루어진 해이다. 오바마 1기 행정부에서 전략적 인내는 천안함 피격과 연평도 포격도발을 계기로 중대한 시험대에 오르게 된다.33) 북한은 2010년 7월 동해와 11월 서해에서 미국 항공모함이 참가하는 대규모 합동군사연습34)과 2011년으로 이어지는 연례적인 키 리졸브 독수리 연습에 대해 "괴뢰호전광들의 북침전쟁연습책동을 단죄한다",35) "제재와 봉쇄로 고립, 압살해보려던 전략적 인내정책이 파산에 직면하고 있다",36) "미국이 '전략적 인내'라는 대 조선압박 로선을 추구하면서 '전략적 인내'니 '기다리는 전략'이니 하는 념불을 외우며 지연전술에 매달리는 제국주의 반동이 있기 때문에 침략의 아성을 송두리째 날려 보낼 우리의 자위적 핵 억제력과 무자비한 타격력은 기하급수적으로 증대될 것"이라고 주장하면서 천안함 피격 및 연평도 포격도발을 기점으로 오바마 행정부의 '전략적 인내' 대북정책에 대해 강경태도로 전환했다.37)

한편, 김정일 사망 직후인 2011년 12월 미국 의회조사국은 북한에 대한 '전략적 인내' 정책에 다음 4가지 요소를 포함한다고 밝혔다.

---

32) "조미핵대결, 오바마정권 '전략적인내심'의 함정,"「조선신보」, 2010년 4월 9일.

33) 문순보,「오바마 행정부의 대북정책」, p. 23.

34) 천안함 폭침 사건 이후 2010년 7월 25일부터 28일까지 미국 항공모함 죠지 워싱톤호(9만 7천톤급) 및 한반도에서 처음으로 임무를 수행하는 F-22(랩터) 4대가 동훈련에 참가했다. (중략) 11월 28부터 항모 조지워싱턴호와 함정들이 대거 동원되었다. 문순보,「오바마 행정부의 대북정책」, pp. 26-28.

35) "미국과 괴뢰호전광들의 북침전쟁연습책동을 단죄한다,"「조국통일연구원 백서」, 2011년 2월 9일.

36) "조선반도 긴장격화의 주범,"「우리민족끼리」, 2011년 3월 16일.

37) "(재방)조선을 알려면 똑똑히 보라,"「조선중앙방송」, 2011년 12월 2일;「로동신문」, 2010년 11월 13일.

(1) 미국과 한국은 북한이 비핵화와 관련해 되돌릴 수 없는 조치를 취하겠다는 약속을 하지 않는 한 지난 2008년 12월 이후 3년 가까이 중단되어 온 북핵 6자회담을 재개하지 않는다. (2) 중국이 북한에 대한 전략적 평가를 바꾸도록 서서히 유도한다. (3) 북한에 대한 제재를 계속한다. (4) 북한과의 중요한 다자간 대화나 미국과의 양자대화에 앞서 남북관계 개선이 선행돼야 한다.38)

미 의회조사국이 발표한 '전략적 인내' 정책의 대북 핵심 메시지는 '북한이 불가역적인 비핵화를 먼저 선언하지 않으면 대화나 협상은 없다'라는 것이다.

김정은은 과연 이 시기 미국의 대북정책에 대해 어떻게 인식하고 있었을까? 북한의 핵능력이 미국을 상대하기에 부족하다고 인지한 김정은이 북한 비핵화와 관련해 되돌릴 수 없는 조치를 하겠다는 약속을 할 수 있었을까? 북한의 핵무력이 고도화되지 않았고 협상력이 부족한 것을 김정은은 이미 알고 있었기 때문에 먼저 비핵화에 나서는 것은 북한에게 핵을 포기하라는 것으로 인식되었을 것이다. 핵 포기는 3대 세습정권을 시작한 김정은 정권의 종말을 의미하기도 했기 때문이다.

이후 김정은은 김정일 시대2011.7부터 진행해 온 3차 미북 고위급회담 2012.2.29에서 2.29북미합의가 이루어지지만, 4월 13일 이른바 장거리미사일 광명성 3호를 발사한다. 이 발사로 2.29합의는 깨지게 된다. 미국의 '전략적 인내' 대북정책에 대한 북한의 강경태도로의 인식 변화과정을 볼 때 2.29합의 파기행위는 사실상 예정된 수순이었다.

---

38) "CRS, 대북 '전략적 인내' 정책에 4가지 요소 포함," 「VOA」, 2011년 12월 28일; https://www.voakorea.com/a/article--1228-crs-us-korea-136307083/1345540.html(검색일: 2019년 9월 30일).

2.29합의는 북한의 '협상용' 입장에 토대를 두었기 때문에 북한의 '실질 정책'에 따른 4월 13일 이른바 장거리미사일 발사에 따라 '협상용'인 2.29 합의는 당연히 깨지게 된 것이다.[39] 즉 4.13장거리미사일 발사와 2.29북미 합의 파기는 김정은 정권이 북미 간 합의사항을 선대부터 내려오는 협상전략 일환의 형식적 산물로만 인식하고 있었음을 보여주는 동시에 선대와 차별화한 핵 무력 고도화로의 전략적 변화를 알리는 신호탄을 쏘아올린 사건이 되었다. 그리고 발사 당일 김정은 정권은 헌법을 수정해 핵보유국임을 법제화한다. 핵무력 고도화의 전략적 변화를 돌이킬 수 없도록 배수진을 친 것과 다름없는 조치였으며, 핵보유국임을 법적으로 영구화한 것이다. 핵무력 고도화로의 전략적 변화를 물리적으로 알렸을 뿐만 아니라 법적으로까지 대내외에 공개한 것이다. 그리고 2012년 7월 16일 북한은 노동신문을 통해서 오바마 1기 행정부의 '전략적 인내' 대북정책을 다음과 같이 종합평가했다.

"돌이켜보면 4년전 미국의 집권자로 등장한 오바마는 대화와 협상의 방법으로 조선반도 핵문제를 해결할 것처럼 너스레를 떨었다. (중략) 그러나 대화를 그 누구에게 베푸는 선사품처럼 광고한 미국의 현 집권자도 선행자들과 마찬가지로 우리 공화국에 대한 적대시정책에는 변함이 없었다. (중략) 최근 미국이 우리 공화국에 대한 고립 압살정책과 유화정책이 전혀 통하지 않고 실패만을 거듭하게 되자 무모하기도 힘을 행사하는 데로 나가고 있는 것은 그들의 '전략적 인내' 정책이 파탄되었다는 것을 드러내 보여준다. (중략) 우리는 미국의 더욱 노골화되는 핵위협으로부터 나라의 자주권과 민족의 안전을 수호하기 위하여 합법적으로 정정당당하게 핵무기를 만들었다. 미국의 적대시정책은 우리를 핵억제력을 갖추는 데로 떠밀었다."[40]

---

39) 2012년 북한과 미국 사이에 성사되었던 2.29합의는 북한의 '협상용' 입장에 토대를 두었다. 그리고 북한이 자신의 '실질정책'에 따라 4월 13일 장거리 로켓을 발사해 '협상용' 입장에 근거한 2.29 합의는 깨졌다. 박형중, "김정은 집권 이후 핵 정책 및 대남정책," Online Series, CO 14-10(2014년 8월 14일).

40) "미국의 대조선적대시정책은 파탄을 면치 못한다,"「로동신문」, 2012년 7월 16일.

결국 미국의 '전략적 인내' 대북정책은 김정은의 핵무력 고도화 구상에 영향을 준 또 하나의 핵심동인으로 작용했으며, 다음과 같이 위기와 기회 측면에서 김정은의 인식을 전략적으로 변화시켰다고 평가할 수 있다.

첫째, 미국의 전략적 인내 대북정책은 북핵 비핵화만을 먼저 요구하는 고립 압살 적대시 정책으로써 북한의 물리적 핵 억제력을 과소평가 내지는 무시하는 데로부터 기인했기 때문에 김정은은 비핵화 대신 미국을 직접 위협할 수 있는 핵무력의 고도화핵억제력 강화가 절실히 요구되는 위기 상황으로 인식했을 것이다.

둘째, 김정은은 선대로부터 물려받은 당시 핵무력의 실체적 능력으로 미국의 대북정책인 '전략적 인내'를 극복하기에는 협상력이 부족할 수 밖에 없다고 인식했을 것이며, 이에 따라 미국과의 대등한 관계에서의 핵협상력을 확보하기 위해서는 오히려 핵무력 고도화가 '전략적 인내' 대북정책을 극복할 수 있는 기회가 될 수 있다고 인식했을 것이다.

2| 핵무력 고도화 전개과정과 대내외적 여건조성

1. 고도화 전개과정 및 주요특징

김정은 정권의 핵 무력 고도화 전개과정은 대략적으로 핵무력 고도화 구상 및 명분확보기 → 본격 시작 및 여건 조성기 → 미국 영토 위협 핵무력 완성기 → 고도화된 핵무력 실전 배치기 등 【표 3-2】처럼 네 가지 시기로 구분해 설명할 수 있다.

【표 3-2】 김정은 정권의 핵무력 고도화 전개과정 및 주요특징

2012	**핵무력 고도화 구상 및 명분 확보기**
	· 광명성 3호 발사(2012.4월/12월)로 2.29파기 · 미국 빌미 고도화 명분화(외무성 비망록: 2012.8)
2013 – 2015	**핵무력 고도화 본격 시작 및 여건 조성기**
	· 3차 핵실험(2013.2): 원자탄 소형화, 다종화 · '경제 · 핵 병진로선'(2013.3)/ '핵보유국 법령'(2013.4) · 무수단 중거리미사일 사격 위협('13.3–5) · 핵물질 생산 지속('13.8 원자로 가동 재개) · 전략군 창설로 핵무력 지휘통제체계 구축 · 단/준중거리 미사일 미군기지 타격훈련 · SLBM 지상/수중 사출시험 　* 현존 전력 가상 핵투발 능력 과시와 새로운 IRBM · ICBM 　　엔진 · 동체 설계 · 제작 병행
2016 – 2017	**미본토 위협 핵무력 고도화 완성기**
	· 7차 당대회(2016.5), '정상국가화' 시도 · 4–6차 핵실험 및 탄두결합 IRBM · ICBM 완성 집중 　* 질적강화: 증폭분열탄~수소탄급+탄두장착 소형화 · SLBM(북극성-1형) 비행시험(성공/2016) · 신형 IRBM(화성12) 괌도 위협 실발사(2회/2017) · 신형 ICBM(화성14 · 15) 시험발사(성공/2017) 　* 미 본토 위협 핵무력 완성 선언(2017.11.29)
2018 ~	**고도화된 핵무력 실전배치 및 핵준비태세 향상기**
	· 고도화된 새로운 핵투발수단(북극성 및 화성계열 미사일) 　생산/실전배치 및 SLBM(북극성-3형) 전력화 지속 추진

　첫째, '핵무력 고도화 구상 및 명분 확보기'이다. 이 시기 김정은 정권은 장거리미사일소위 광명성 3호을 발사하면서 2.29합의를 깨고 미국의 핵위협과 적대시 정책을 빌미로 핵무력 고도화의 명분을 강화했다. 미국을 빌미로 핵무력을 고도화하겠다는 의지와 이유는 후술하겠지만 2012년 8월 31일 북한이 발표한 외무성 비망록에서 종합적으로 잘 설명하고 있다.

둘째, '핵무력 고도화 본격 시작 및 여건 조성기'이다. 이 시기 김정은 정권은 광명성 3호 발사에 대한 미국의 제재를 빌미로 3차 핵실험2013.2.12을 감행함으로써 핵무력 고도화가 본격적으로 전개되는 시기인데, 특히 3차 핵실험 이후 핵무기 소형화를 과시하며 당시의 현존 전력무수단, 노동, 스커드미사일 등의 핵타격능력 배양과 억제력 향상 그리고 새로운 핵투발체계인 SLBM 개발 등 제2격 능력 향상에 집중하는 시기이다. 또한 신형 IRBM 및 ICBM 시험발사를 위한 이전단계 성격의 체계개발엔진 및 동체제작 등도 병행하는 시기이다. 한편, 북한 내부적으로는 병진노선과 자위적 법령 채택, 영변 5MWe원자로 가동 재개, 전략군 창설 등 핵무력 고도화에 집중할 수 있는 여건을 조성하는 시기이기도 했다.

셋째, 김정은 정권의 '미 본토 위협 핵무력 고도화 완성기'로 김정은 정권의 핵무력 고도화 목표와 전략적 의도를 알 수 있는 기간이다. 이 시기 북한은 주기를 단축한 3차례의 핵실험으로 소형화와 증폭핵분열탄급 이상의 고위력 핵무기를 제조할 수 있는 핵기술을 확보하게 되며, 운반수단인 신형 IRBM화성-12형과 ICBM화성-14 · 15형 시험발사에 성공하면서 핵무력 완성을 선언한다. 특히 이 시기는 김정은 정권의 핵무력 고도화 과정의 핵심기간으로, 새로운 IRBM과 ICBM의 기술적 제원을 더욱 세부적인 내용까지 공개하는 전략을 택한다. 또한, 미국에게 고도화 위협을 강제로 인식시키고자 핵장치를 공개한 이후 핵실험을 감행한 데 이어 다양한 탄도미사일을 시험발사하고, 괌 포위사격 수사적 위협 연출과 실제 위협사격을 감행한 뒤 미국 본토를 위협하는 ICBM 시험발사에 성공하는 등 고도화 과정에서 대미 위협각인 강제효과를 극대화하는 다양한 메커니즘 작동에 집중했다.

마지막으로, '고도화된 핵무력을 실전배치 및 향상된 핵태세'를 유지하는 시기이다. 이 시기 김정은 정권은 고도화된 핵무력, 즉 미국에게 각인시킨 핵억제력에 대한 자신감을 바탕으로 대미 협상력을 강화하면서 핵태세를 향상시켰다.

이상과 같이 김정은 정권의 핵무력 고도화 과정을 완성 이후 핵태세를 향상시키는 시기까지를 포함하여 크게 4가지로 구분하여 설명할 수 있었는데, 각 시기별 구분은 북한이 핵무력을 고도화하는 과정에서 나타난 핵투발수단별 고도화 위협의 주요특징과 예상 개발 소요기간 등을 고려하여 이해하기 용이토록 주요 연도별로 개략적인 기준점을 설정하였음을 전제한다.

2. 대미 핵무력 고도화 명분을 정당화

김정은 정권이 시작되는 첫해인 2012년 북한은 핵무력을 고도화하기 위해 미국을 빌미로 고도화 도발의 명분을 확보하면서 본격적으로 정당화하기 시작했다. 북미 간 제3차 고위급회담 결과, 합의된 '2.29 합의'가 나온 지 얼마 지나지 않은 3월 16일 북한의 '조선우주공간기술위원회'가 "김일성 동지의 탄생 100돐을 맞으며 (중략) 실용위성을 쏘아 올리게 된다"라고 발표[41]한다. 그리고 4월 13일 김일성 탄생 100 돐 이틀 전에 장거리미사일^{광명성 3호}을 발사한다. 이로 인해 2 · 29 합의는 깨지게 된다. 2 · 29 합의를 깬 김정은 정권의 이른바 광명성 3호 실용위성발사는 김정은 정권이 핵무력 고도화의 명분을 쌓는 첫 신호탄이 되었다.

북한은 2.29 합의서 도출 회담과정에서 인공위성을 발사하겠다는 의사를 밝혔다고 주장하지만, 미국은 북한이 비공식적이지만 위성 발사를 중지한다고 말했다며 반박했다. 이러한 진위 공방은 북한의 핵정책에 있어 분수령적 사건이었다. 북한은 그 이후 비핵화라는 의제에서 이탈하려 했기 때문이다.[42]

김정은 정권의 4월 13일 장거리미사일 발사는 실패에 그쳤지만, 발사 당일 북한은 최고인민회의 제12기 제5차 회의에서 김정은을 국가의 '최고령도자'인 국방위원회 제1위원장으로 추대함과 동시에 사회주의헌법의 수정 보충을 통해 '김일성-김정일 헌법'을 만들고 전문에 김정일의 업적으로 '핵보유국'을

---

41) 「조선중앙통신」, 2012년 3월 16일.

42) 구갑우, "북한 핵 담론의 국제정치: 북한적 핵 개발의 이유와 김정은 정권의 핵 담론," 「동향과 전망」, 제99호(2017), pp. 93-94.

명문화했다. 2.29합의는 대화와 협상을 추구한다는 명분이었을 뿐이며 북한은 광명성 3호 발사와 함께 헌법에 핵보유국임을 명시하여 배수진을 치면서 김정은 정권의 핵무력 고도화 명분 쌓기를 대내외적으로 공식화하였다.

이어서 7월과 8월, 북한은 무려 다섯 차례나 되는 외무성 성명과 담화 그리고 비망록을 통해 북한 비핵화 문제 재검토와 핵억제력 강화를 결심했다고 주장한다. 2012년 7월 20일 북한 외무성은 대변인 성명을 통해 "미국의 구태의연한 대조선 적대시정책으로 인해 (중략) 조선반도 비핵화도 더욱 요원해지고 있다. (중략) 핵문제를 전면적으로 재검토하지 않을 수 없게 하고 있다"라고 주장했으며, 7월 25일 외무성 대변인 담화를 통해 "세계 최대의 핵보유국인 미국이 우리를 적대시하는 한 절대로 핵억제력을 먼저 내려놓을 수 없다"라고 밝혔다. 또한, 7월 31일 외무성 대변인 담화를 통해 "미국의 적대시정책에는 핵억제력 강화로 대처해 나가는 것이 우리의 확고부동한 선택이다"라고 주장했으며, 8월 20일 외무성 대변인 담화를 통해서는 "핵문제를 전면적으로 재검토하기로 한 우리의 결심이 천백번 옳았다"라고, 8월 31일은 외무성 비망록 형태로 "미국의 적대시 정책은 조선반도 핵문제 해결의 기본 장애" 제하 "핵문제를 전면적으로 재검토하지 않을 수 없게 된 동기와 배경 그리고 미국이 선택할 수 있는 두 가지 길"을 제시했다.

8월 31일 비망록에서 북한은 "위성을 쏴 올리는 운반로케트나 탄두를 나르는 미싸일이나 그 추진기술이 류사한 것은 사실"임을 인정하면서 위성발사가 미국까지 핵탄두를 운반하는 실험이 될 수도 있음을 시인하면서도, 미국이 다른 국가의 위성 발사를 미사일 발사로 해석하지 않는다는 점을 지적했다. 그러면서 미국이 선택할 수 있는 두 가지 길 중 하나는 미국의 대북 적대시 정책의 포기이고, 다른 하나는 미국이 적대시 정책을 지속하면 그에 대처하여 자신들의 핵능력을 강화하겠다는 것이었다. 만약 후자의 길로 가게 될 경우, "보검"으로까지 묘사한 핵무기의 보유가 "부득불 장기화"가 될 것이라고 주장했다. 핵 보유가 전술이 아니라 전략이라는 해석을 덧붙이기도 했다.[43]

---

43) 구갑우, "북한 핵 담론의 국제정치," pp. 94-95.

북한은 김정은 정권 초기 김정일 위원장이 성사시킨 것이나 다름없는 2.29 합의 파기 책임을 미국에게 전가함과 동시에 이른바 미국의 적대시 정책을 빌미로 핵문제의 전면적 재검토라는 김정은 정권의 핵무력 고도화 전략과 그 당위성을 외무성을 통해 정당화한 것이다. 결국, 이 시기 김정은 정권은 선대로부터 물려받은 당시의 핵능력을 고도화하여 그 위협을 미국에게 직접 인식시키고 미국이 위협을 인정해 대미 핵억제력과 협상력을 강화하려는 핵무력 고도화의 전략적 구상을 이미 수립 또는 수립 중이었던 것으로 추정할 수 있다.[44]

상기 5가지 외무성 주장들은 그 종합판이라 할 수 있는 8월 31일 '북한 외무성 비망록: 미국의 대조선 적대시 정책은 조선반도 핵문제 해결의 기본장애'에서 잘 나타나는데 세부내용은 다음과 같다.

① **핵문제 해결을 가로막고 있는 적대관념**
- 평화적 인공위성 광명성 3호 발사를 미국은 장거리미사일과 같은 기술이라 주장
- **위성 운반 로케트나 탄두 나르는 미사일 추진 기술이 유사한 것은 사실**
- 그러나 다른 나라 위성은 미사일 발사라고 시비하거나 제재한 적 없음. 우리를 적으로 보기 때문에 운반 로케트가 미사일로 보이는 것임.
- 지난 20년간 우리는 미국이 적대시 정책을 먼저 포기해야 핵문제 해결이 가능하다고 주장, 미국은 반대로 주장. 미국의 대조선 적대관념이 뿌리 뽑혀야 함.

② **미국의 대조선 적대시 정책의 뿌리**
- 전후 세대들은 조선반도 핵문제가 미국의 적대시 정책 때문에 발생했다는 사실을 잘 모르며, 미국이 핵문제 때문에 조선을 적대시 하는 것으로 잘못 알고 있음.

---

44) "김정은 2013년부터 단계적·동시적 조치 비핵화 플랜 있었다," 「한국일보」, 2018년 5월 22일; https://www.hankookilbo.com/News/Read/201805211784793844(검색일: 2019년 8월 16일).

· 조선반도에서 핵문제가 발생했기 때문에 미국이 우리를 적대시 한 것이
  아니라 세계 최대 핵보유국인 미국이 우리를 적대시하면서 핵위협을 가중했기
  때문에 불가피하게 핵을 보유하게 되었음.

③ 적대시 정책 포기는 핵문제 해결의 선결

· 지난 4월 평화적 위성발사 자주권 유린, 미 정보기관의 남조선 정보모략기관
  배후조종 위인들의 동상 파괴음모 등 대조선 적대도수가 계단식으로 고조
· 2012년 1월 5일 발표한 오바마의 새 국방전략도 연관됨. 2020년까지 해외주둔
  미군 전력 10%를 아태지역에 증원, 이 지역 무력을 총 해외주둔미군의 60%
  수준으로 증강 예견. 무력 증강은 흔히 적의 존재 또는 위협이라는 명분을
  필요로 함.
  이 지역의 미국의 적은 우리 공화국 밖에 없음. 미국은 앞으로 새로운 국방
  전략을 실현할 때까지 **상당기간 무력증강을 합리화하기 위한 빌미로 우리를
  적으로 남겨 둘려 할 것임.** 어느 한순간에 **우리 공화국을 무력침공하지
  않으리라는 담보가 없음.**
· 미국에게는 **두 가지 길이 있음. 하나는** 냉전사고방식을 대담하게 근본적으로
  바꾸고 시대착오적인 대조선 적대시 정책을 포기하여 조선반도의 평화와
  안전에 이바지, 자국 안전도 확보하는 길이다. **다른 하나는** 지금처럼 적대시
  정책을 계속 유지하고 그에 대처하여 우리의 핵무기고가 계속 확대 강화되는
  것이다.
· 우리 공화국은 **이미 당당한 핵보유국** … 미국이 우리를 원자탄으로 위협하던
  시대는 영원히 지나갔다. … 우리의 강경입장을 그 무슨 전술로 보는 것은 오산
  … 우리를 먹으려 하기 때문에 핵을 보유 … 자위적 핵억제력이야말로 조선
  반도 전쟁을 막고 평화와 안정 수호해주는 만능의 보검이다.
· 미국이 끝내 옳은 선택을 하지 못하는 경우 **우리의 핵보유는 부득불 장기화
  되지 않을 수 없게 될 것이며, 우리의 핵억제력은 미국이 상상도 할 수 없을
  정도로 현대화되고 확장될 것이다.** 주체 101(2012)년 8월 31일. 평양.45)
  (* 굵은 글씨체는 저자가 강조)

---

45) "조선민주주의인민공화국 외무성 비망록," 「조선중앙통신」, 2012년 8월 31일.

3. 핵보유국 법제화로 핵무력 고도화의 불가역화

김정은은 정권 초기 2012년 4월 11일 조선로동당 제4차 당대표자회에서 당제1비서, 당중앙군사위원회 위원장, 정치국 상무위원의 지위를 차지한 데 이어 4월 13일 최고인민회의 제12기 제5차 회의에서 국가최고령도자인 국방위원회 제1위원장으로 추대되자마자 사회주의 헌법을 개정했다. 개정 헌법 서문에서 북한은 2011년 12월 사망한 김정일의 업적을 열거하는 가운데 '핵보유국'이란 단어를 명기했다. 헌법 서문은 김정일이 "조국을 불패의 정치사상 강국, 핵보유국, 무적의 군사강국으로 전변시키시었다"라고 명시했다.[46] 북한은 2005년 2월 핵무기 보유를 선언한 이후 줄곧 자신이 핵보유국이라고 주장해 왔는데 이를 국가 최상위법인 헌법에 명문화한 것이다. 이것을 법률적 견지에서만 보면 앞으로 북한이 핵을 포기하기 위해서는 형식적으로나마 헌법 개정이 수반되어야 함을 의미한다.[47]

한편 2013년 2월 12일 3차 핵실험 이후, 3월 31일 김정은 노동당 제1비서 주재하 노동당 중앙위원회 전원회의를 개최하여 '경제건설과 핵무력건설을 병진시킬 데 대한 전략적로선^{이하 병진노선}'을 채택했다. 김정은은 병진노선이 "자위적 핵무력을 강화 발전시켜 나라의 방위력을 철벽으로 다지면서, 경제건설에 더 큰 힘을 넣어 사회주의 강성국가를 건설하기 위한 가장 혁명적 로선"이라고 주장했다.[48] 그리고 "핵보유를 법적으로 고착시키고 세계의 비핵화가 실현될 때까지 핵무력을 질량적으로 확대 강화할 것"이라고 하면서 "인민군대에서는 전쟁억제 전략과 전쟁수행 전략의 모든 면에서 핵무력의 중추적 역할을 높이고 핵무력의 전투준비태세를 완비해 나가야한다"고 강조했다. 또한 김정은은 "정밀화, 소형화된 핵무기들과 그 운반수단들을 더 많이

46) 법률출판사, "조선민주주의인민공화국 사회주의헌법 서문,"「조선민주주의인민공화국 법전(증보판)」(평양: 법률출판사, 2016), p. 6.

47) 박일, "공개정보를 통한 북한 핵정책 고찰,"「ASAN REPORT: 북핵 진단과 대응」(서울: 아산정책연구원, 2016), p. 37.

48) "조선 노동당 중앙위 2013년 3월 전원회의,"「조선중앙통신」, 2013년 3월 31일.

만들며 핵무기 기술을 끊임없이 발전시켜 보다 위력하고 발전된 핵무기들을 적극 개발하여야한다"고 지시했는데,49) 이 시기부터 당 차원에서 핵무력 고도화 기본계획이 이미 수립되어 불가역화 됐다고 평가된다.

병진노선의 후속조치에서도 북한 원자력총국은 2013년 4월 2일 "현존 핵시설들의 용도를 병진로선에 맞게 조절 변경할 것"이라면서 "우라늄 농축 공장을 비롯한 영변의 모든 핵시설들과 함께 2007년 10월 6자회담 합의에 따라 가동을 중지하고 무력화되었던 5MWe 흑연감속로를 재정비, 재가동 할 것"이라고 밝힌 바 있다.50)

병진노선에 연이어 북한은 2013년 4월 1일 최고인민회의 제12기 제7차 회의를 통해 '자위적 핵보유국의 지위를 더욱 공고히 할 데 대한 법령'을 채택했다.51) 핵보유국 지위 강화를 규정한 법령을 제정함에 따라 적어도 국내적으로는 핵지위를 더욱 고착화한 것이다.52)

한편, 김정은 정권은 헌법과 법령 개정을 통해 핵보유국 의지를 법제화한 데 이어 2013년 6월 19일 '유일사상체계 확립 10대 원칙'1974.4.14을 39년 만에 시대 변화에 맞게 수정 보완하여 북한 통치의 핵심 강령인 '유일적령도체계확립의 10대원칙'을 발표했다. 서문에 "핵무력을 중추로 하는 군사력과 튼튼한 자립경제를 갖추게 됐다"고 적시해 '유일적령도체계확립 10대 원칙이하 10대 원칙'을 명문화함으로써 핵보유에 대한 강한 의지를 대내외에

---

49) "조선 노동당 중앙위 3월 전원회의 보고,"「로동신문」, 2013년 4월 2일.

50) "조선원자력 총국 현존 핵시설들의 용도 조절 변경 언급,"「조선중앙통신」, 2013년 4월 2일; "조선민주주의인민공화국 원자력총국 대변인대답,"「로동신문」, 2013년 4월 3일.

51) 전성훈은 이 법령이 "북한 정권 최초의 공식적 핵정책으로서 북한판 핵태세 검토보고서로 간주 될 수 있다"고 평가했다. 전성훈, "김정은 정권의 경제·핵무력 병진노선과 4.1 핵보유 법령", Online Series, CO 13-11(2013년), p. 4.

52) "자위적 핵보유국의 지위를 더욱 공고히 할 데 대한 법 채택,"「조선중앙통신」, 2013년 4월 1일.

천명했다.[53]

또한, 2016년 5월에는 36년 만에 개최된 제7차 당대회를 통해 당규약을 개정하여 서문에 "자위적인 전쟁억제력을 더욱 강화"할 것과 "경제건설과 핵무력 건설의 병진로선을 틀어쥐고" 확고히 할 것을 명기했다.[54]

종합하면, 김정은 정권 들어 헌법, 당의 병진노선, 법률, 10대 원칙, 당규약 등 거의 모든 통치의 근간이 되는 규범에 '핵보유' 및 '핵무력 건설'을 공개적으로 명시했다.[55] 이는 김정은이 가지고 있는 모든 권위와 김정은 정권의 국가적 역량을 총동원에서 핵무력 고도화에 역량을 집중할 수 있도록 초법적인 제도적 장치로 배수진을 치는 계획적·의도적인 불가역화 조치였다고 판단된다.

4. 비타협적 역강압으로 핵무력 고도화 여건을 조성

가. 6자회담 무실화 및 북핵 비핵화 거부로 고도화에 전념

앞에서 검토한 바와 같이 김정은 정권은 집권 초기인 2012년부터 미국의 핵위협과 적대시 정책을 명분으로 미국과의 전면적 대결을 선언한다. 이후 2013년 3차 핵실험 단행을 시작으로 미국과 중국 등 6자회담 관련국의 노력에도 불구하고 '비핵화' 타협을 의도적으로 무시하면서 핵무력을 공세적으로

---

53) "동 문건은 헌법이나 당규약보다 실제적인 규범으로써 당정군 간부와 주민들의 김정은에 대한 무조건적인 충성을 강요하는 잣대라는 점에서 북한사회 전반의 생활에 막대한 영향을 미치는 중요한 문건이다." 곽길섭, "김정은 권력공고화 과정에 관한 연구: 제도·상징·정책을 중심으로," 건국대학교 대학원 박사학위논문(2019), pp. 100-102; "수령절대주의 체제하에서 당규약·헌법은 몰라도 살아갈 수 있지만, 유일사상체계 확립 10대 원칙을 모르고서는 정상적인 삶을 보장받을 수 없다." 현성일, "북한의 노동당 규약 개정과 3대 세습," 국가안보전략연구소 학술회의(2011.2.7).

54) 대한민국 통일부, "조선로동당규약 서문(2016.5. 제7차 당대회)," 「북한 제7차 당대회 자료집(북한 발표 원문)」(서울: 통일부, 2016), pp. 503, 505; 옥혜숙 외, 「조선중앙년감 2017」(평양: 조선중앙통신사, 2017), p. 281.

55) 정성윤 외, 「북한 핵 개발 고도화의 파급영향과 대응방향」(서울: 통일연구원, 2016), p. 210; 홍민, "김정은 정권의 핵무기 고도화의 정치경제," Online Series, CO 15-25(2015년 9월 21일), p. 3

고도화한다. 외형적으로는 장거리미사일 발사에 따른 미국 주도 UN제재에 반발하는 차원에서 3차 핵실험을 한 것으로 주장하지만 이미 핵보유국을 법제화하고 있었던 당시 북한의 전후 사정을 고려해 볼 때 김정은 정권은 실제로는 핵 불포기라는 큰 틀에서 일관되어 왔던 '불변의 핵정책' 속에서 미국을 빌미로 한 핵무력 고도화를 본격적으로 시작한 것이나 다름이 없었다.

2017년 말까지 핵무력 고도화 기간 내내 김정은 정권의 핵 담론은 자신들이 자위적 조치로써 핵무장을 할 수밖에 없게 된 동력을 미국의 핵위협과 대북 적대시 정책으로 정당화하고 있다. 그리고 2016년부터 2017년까지 핵무력 고도화 완성이 가시화되는 시기에 접어들면서 김정은 정권은 핵실험 중지와 한미합동군사훈련 중단 그리고 先평화체제 後비핵화 교환과 같은 미국이 받아들일 수 없는 교환의 방정식을 제시하면서56) 미국을 더욱 압박한다. 이는 고도화되어 가고 있는 핵무력에 대한 자신감으로부터 나오는 강제와 억제 그리고 강압의 개념을 포함하는 일종의 역강압전략이었다.

시기별로 주요 경과는 다음과 같이 요약할 수 있다. 2013년은 김정은 정권이 첫 핵실험인 3차 핵실험을 실시한 해이다. 북한의 3차 핵실험에 대한 중국의 반대와 미국이 주도하는 강력한 대북제재로 북한은 중국과 미국에 각각 특사파견 및 고위급 대화 제안으로 시간 끌기와 유화책을 전개했지만, 2013년 6월 7일부터 8일까지 개최된 미중 정상회담에서 미국과 중국은 북한을 핵국가로 인정하지 않았고, 한반도 비핵화를 추진한다는 원칙에 또다시 합의했다. 이에 따라 북한은 2013년 6월 16일 국방위원회 대변인 중대담화의 형태로 북미 고위급회담을 제안하면서 군사적 긴장 상태의 완화, 정전체제의 평화체제로의 전환, 핵 없는 세계의 건설 등을 의제로 제시했다.57) 핵군축과

---

56) 구갑우, "북한 핵 담론의 국제정치," p. 108.

57) 북한은 이 시기 3차 핵실험에 대한 중국 정부의 강력한 반발은 물론 중국 내 일반국민들의 불만확산 등으로 큰 부담을 느꼈을 것이다(최용해 특사 외교). 미국과 국제사회의 강력한 대북제재에 대한 자신들의 핵실험 정당성을 대변하는 유화공세를 펼침과 동시에 3차 핵실험 성공(다종화+소형화 완성 주장) 결과 강화된 핵억제력을 과시하려는 복합적 의도에서 국방위 대변인의 중대담화를 발표한 것으로 보인다.

평화체제를 연계한 의제 설정이었다.

미국의 반응은 북한이 유엔결의안 및 비핵화에 대한 국제의무를 준수해야 한다는 것이었다. 6월 중 북·중, 북·미, 한·미·일, 한·중 6자회담 수석대표 간의 회동이 있었지만 6자회담 재개를 위한 북한의 先조치를 둘러싼 갈등이 조정되지 않아 6자회담 재개를 자신했던 '신형대국' 중국의 노력에도 불구하고 결국 2013년도 6자회담은 재개되지 않았다. 북한은 10월 31일 미국이 대북 적대시 정책을 철회하지 않는 한 6자회담 재개에 먼저 나서지 않겠다고 외무성 대변인을 통해 밝혔다. 이후 6자회담 체제 기능은 복원되지 않았다.[58]

2014년 북한의 핵 담론은 미국 오바마 행정부의 미일, 한미 동맹의 강화를 통해 중국을 봉쇄하려는 아시아 재균형 정책과 "강압 외교, 징벌적 조치, 조건부 관여"[59]로 구성된 북한에 대한 전략적 인내 정책, 그리고 한미합동군사훈련에 대한 비난과 비판을 통해 재구성됐다. 북한은 4월 21일 외무성 대변인 담화를 통해 미국의 재균형 정책을 "이 지역에 힘을 집중하여 경쟁자들을 포위억제하고 저들의 정치군사적 우위를 유지하려는 정책"이라 주장했다. 미국이 재균형 정책과 한미합동군사훈련을 통해 자신들을 핵억제력 강화로 "떠밀고" 있다는 논리의 반복이었다.[60]

2015년 1월 10일 북한은 한미합동군사훈련의 중지와 핵실험 임시중지를 교환하자는 제안을 조선중앙통신을 통해 밝혔다. 그러나 미국은 북한의 제안을 거부했다. 한미합동군사훈련의 임시 중단과 핵실험 임시중지를 교환하는 방식의 합의가 무산되자, 북한은 다시 평화협정을 의제화했다. 2015년 10월 17일 북한 외무성은 한반도에 평화를 실현하는 방법으로 자신들의

---

58) 구갑우, "북한 핵 담론의 국제정치," pp. 97-98.

59) 이정철, "오바마 독트린과 미국의 대북정책 프레임: 지정학, 핵전략, 불량국가," 「한국정치연구」, 25권 1호(2016), pp. 221-245.

60) 구갑우, "북한 핵 담론의 국제정치," pp. 99-100.

핵 억제력을 강화하는 "랭전의 방법"과 "평화협정 체결"이란 두 가지 방법을 주장했다. 그러나 후자의 양자 및 다자 구도에서 비핵화를 선행하거나 비핵화와 평화협정을 동시에 협상했던 경험이 적절하지 않았다고 밝히며, 평화협정이 체결되고 미국의 대북 적대시 정책이 종료된 이후 비핵화의 길을 가겠다는 방안을 제시했다외무성 대변인 담화, 12월 2일. 즉, 6자회담 참여국들이 수용하지 않으려는 先평화협정 後비핵화의 구도였다.61) 김정은 정권은 2015년 하반기부터 핵 담론의 초점을 비핵화가 아닌 미국의 대북 적대시 정책 폐기 문제로 전환하기 위해 평화협정 체결 공세를 강화한 것이다.62)

2016년 7월 6일 북한은 정부대변인 성명을 통해 한반도 비핵화가 '북핵비핵화'가 아니라 '조선반도 전역의 비핵화'라는 주장을 담은 제안을 다시 내놓았다63). 결국, 김정은 정권은 정권 초기 비핵화 협상을 멀리하고 시간을 벌면서 핵무력을 고도화하던 중 핵무력 완성이 계획대로 진전되어 가는 확신을 한 시점부터 다시 先북핵비핵화가 아닌 先평화협정 後한반도비핵화라는 담론을 불러오기 시작했다.

2017년 김정은 정권은 화성−12형, 화성−14형 시험발사, ICBM 장착용 핵탄두폭발 실험 그리고 화성−15형인 ICBM 시험발사에 연속 성공하여 핵무력 완성을 선언한다. 그리고 2018년 고도화된 핵무력을 바탕으로 북한은 미북 정상회담6.12에서 "한반도에서 항구적이며 공고한 평화체제를 구축"하고, "한반도의 완전한 비핵화를 향하여 노력"할 것이라는 선언에 합의하여 비핵화 협상에 나선다.

---

61) 구갑우, "북한 핵 담론의 국제정치," pp. 100−102.

62) 박일, "공개정보를 통한 북한 핵정책 고찰," p. 53.

63) 구갑우, "북한 핵 담론의 국제정치," p. 104.

종합하면, 김정은 정권은 핵무력 고도화 과정에서 북핵 비핵화 구도를 무실화하면서 先평화협정·後한반도 비핵화론 제기로 주의를 전환시키며 핵무력 고도화에 전념할 수 있었고, 고도화된 핵억제력을 바탕으로 고도화의 전략적 목표달성 여건을 조성하여 대미 협상력을 향상시키게 되었다. 미국도 고도화된 북한의 핵능력을 인정하고 싶지는 않았겠지만, 북한의 고도화된 핵위협을 인식하게 된 셈이었다.

나. 역강압전략으로 고도화 완성과 대미 협상력을 강화

김정은 정권은 핵무력 고도화 과정에서 핵탄두와 투발수단을 결합하는 '핵무기의 병기화'라는 고도화 수단의 최종목표 달성은 물론 고도화된 핵무력을 완성하는 과정에서 그 위협의 실체를 미국에게 강제적으로 인식시켜 핵억제력과 협상력을 강화하기 위해 미국의 강압에 굴복하지 않고 역강압으로 지속 대응했다. 이러한 핵무력 고도화를 통한 '역강압전략'은 김정은 정권의 핵무력 고도화의 전략적 목표달성과 의도를 구현하는 데 기여한 핵심전략이었다.

오바마 2기 행정부 출범 한 달 뒤인 2013년 2월 김정은 정권의 3차 핵실험 감행은 오바마 행정부의 강력한 대북 강압전략을 초래했고, 북한은 이를 빌미로 역강압에 의한 미국의 강압을 정면으로 맞받아치게 된다4장 1절 유형#1에서 세부적으로 후술. 그런데 이 과정이 본격적으로 시작되기 직전인 2013년 1월 23일 북한은 조선신보를 통해 "재선에 성공한 오바마 대통령이 2기 취임식을 치른 직후에 조선의 자주권을 란폭하게 침해하는 유엔안보리 결의가 나왔는데, 조선은 미국의 적대시정책에는 말로써가 아니라 힘으로 맞서야 한다는 판단을 내렸다"는 보도를 통해서 이미 '역강압' 대응을 결심했다는 의도를 표출한 바 있다.

그러면서 "비핵화 종말에 관한 조선의 단호한 대응은 이미 예고되어 있었고, 미국의 가증되는 적대시정책 때문에 핵문제를 전면적으로 재검토하지 않을 수 없게 되어 외무성의 성명을 통해 공개적으로 표명한 것이 작년 7월이었으며, 8월 말에 발표된 외무성 비망록에서는 미국이 옳은 선택을 하지 못하는 경우 우리의 핵보유는 부득불 장기화되지 않을 수 없게 될 것이며 우리의 핵억제력은 미국이 상상도 할 수 없을 정도로 현대화되고 확장될 것이라고 경종을 울리고 있었다"라고 주장하면서 북한 외무성 공식발표 내용을 예로 들어 핵무력 고도화와 역강압 결심시기를 재차 강조하기도 했다.[64]

이 주장으로부터 김정은 정권은 사실상 2012년 4월 장거리미사일을 시작으로 2012년 7월과 8월 전후로 핵무력 고도화 구상을 실현하기 위한 계획들을 구체적으로 준비하면서 명분을 확보하는 과정이 진행 중이란 사실을 스스로 드러내 중첩적으로 설명하고 있음을 확인할 수 있다.

한편, 김정은 정권이 장거리미사일광명성 3호 2호기 재발사2012.12와 3차 핵실험2013.2을 실시하자 미국은 전략핵폭격기를 한반도에 전개군사적 무력시위를 통한 전형적 강압전략하고 훈련내용을 의도적으로 공개했다2013.3.18. 그러자 북한은 이를 두고 미국이 북한에게 이른바 '맞불전략'으로 전환했다고 주장했다. "미국의 '전략적 인내' 정책이 경제·군사적 포위망을 형성하고 자신들을 고립 및 질식시키기 위한 것이라면 '맞불전략'이란 실제적인 군사적 무력대응을 의미하는 것"이라고 규정한 것이다. 또한, 자신들은 "소형화·경량화·다종화된 정밀핵무기들이 발사명령만을 기다리고 있다"[65]고 역으로 위협하면서 미국의 '군사적 강압''맞불전략'을 빌미로 '역강압전략'을 더욱 강력하게 시행하고 있다는 사실을 강조하기도 했다.

이러한 북한의 주장은 제재와 압박 및 고립정책이라는 '전략적 인내' 대북정책에 더하여 미국의 '전략핵폭격기 무력시위'까지를 추가로 포함해 미국의 '전략적 인내' 대북정책을 확대해석함으로써 이를 빌미로 북한도 물리적으로 미국의 '전략적 인내'라는 대북 강압전략을 정면돌파하고자 했다는 의도를 표출하고 있음을 확인시켜 주고 있다.

---

64) "비핵화종말, 악습반복이 초래한 사태, 문제의 본질은 조선에 대한 미국의 적대시 정책,"「조선신보」, 2013년 1월 23일.

65) "파멸을 앞당기는 맞불전략,"「로동신문」, 2013년 4월 10일.

이러한 주장들 외에도 실제로 북한은 미국의 군사적 위협으로까지 확대해석한 '전략적 인내' 대북정책을 정면돌파하기 위해 이른바 김정은 정권의 대미 '역강압전략'을 2013년 3월 말부터 5월 초까지 시행에 옮겼다. 이를 김정은 정권의 첫 대미 '역강압전략'의 대표적 유형66)으로 평가하고자 했으며, 4장에서 사례별 유형#1로 상세하게 분석할 것이다. 북한은 2013년 3월부터 5월 사이 이러한 김정은 정권의 첫 역강압전략^{핵무력 사용 위협으로 미국의 강압을 역강압}에 성공한 직후 4월 29일자 조선신보를 통해 "미제 패배의 5단계 과정"이라는 제목으로 다음과 같이 다시 주장했다. 이로부터 이른바 김정은 정권의 대미 핵무력 고도화 강제적 위협인식 역강압전략과 관련된 몇 가지 중요한 특징들과 북한의 의도를 사후적으로 식별 및 분석할 수 있었다.

미제가 핵공격수단을 총동원하여 **협박**하면서 **가짜 《대화》**를 들고 나왔다. 하지만 **조만간에 그들이 굽어들어 올 것은 틀림없다. 미제가 처음에는 강경**으로 나오다가 **조선의 초강경**에 몰려 **대화마당에 끌려나온 것이 조미교섭의 력사**였다.

1. **클린톤정권**은 《특별사찰》 요구와 《외과수술식》 미싸일타격으로 협박했다. 조선은 준전시상태 선포와 《광명성》1호 발사로 맞섰다. 클린톤은 **조미공동 콤뮤니케를 조인하여 국교정상화**에 나섰다.

2. **부쉬정권**은 선임자의 약속을 저버려 조선을 《악의 축》으로 매도하고, 이라크 다음에는 조선을 치겠다고 기고만장했다. 조선은 미싸일 발사와 첫 핵시험을 단행했다.
   마침내 **부쉬**는 조선전쟁종결선언과 관계정상화를 다짐했다.

---

66) 제4장 1절에서 사례를 들어 후술하겠지만 2013년 3차 핵실험 이후 북한은 미국의 키 리졸브 연습 시 전략핵자산 전개훈련을 빌미로 전면전을 선언하고, 무수단 미사일을 전개해 발사 위협 태세를 유지함으로써 미국이 당시의 대북정책을 전환토록 하는 이른바 역강압전략을 구사한 결과 소기의 목적을 달성하게 된다. 북한은 2013년 미북 간 전면전 상황에서 "조선의 핵무력이 미국이 대화, 타협을 운운하며 흰기를 들게 만들었으며 (중략) 오만방자했던 미국을 무릎꿇린 배경"이라고 주장한 바 있다. "조미대결사에 대한 하나의 해석," 「우리민족끼리」, 2014년 3월 2일.

3. **오바마 정권** 역시 선임자의 약속을 무시했다. 조선의 붕괴를 망상하면서 **시간 끌기의《전략적 인내》에 매달렸다가 실패**했다. 다음에는 **초강경**으로 나섰다. 조선은 초초강경으로 맞섰다. 기세가 인 미제는《대화》를 들고 **눈치 보기에 나선 것**이다.

4. 리언 시걸이라는 평론가가 벌써 12년전 미국 신문《보스톤 글로브》에 이런 글을 썼다.《**미국의 력대 모든 행정부는 북과의 협상에서 거부, 분노, 흥정, 좌절, 수용의 5단계를 밟아왔다.** … 새 행정부도 그들(선임자들)처럼 길을 잘못 드는 것을 지켜보자니 괴롭다. 사태는 **이 사람이 예견한대로 되풀이** 돼 왔다.

5. 교활한 미제는 대화장에 끌려나오면서도 **지연전술**에 매달렸다. 그러나 그것도 더는 통하지 않게 됐다. **미본토를 직접 타격할 수 있는 핵 보유국을 상대로 하고 있다는 현실을 미제는 앞으로 뼈저리게 맛보게 될 것**이다.67)

(* 굵은 글씨체는 저자가 강조)

이러한 "미제 패배의 5단계 과정" 주장2013.4.29으로부터 김정은 정권이 핵무력 고도화 과정에서 미국의 강압에 굴복하지 않고 초강경으로 대응하려 했던 역강압전략의 주요특징을 다음과 같이 평가해 볼 수 있다.

첫째, 개요 부분에서 암시하고 있듯이 김정은 정권은 미국의 전략핵폭격기 전개훈련을 강압으로 인식하고 핵무력 고도화로 초강경역강압 대응하게 되면 미국이 북한의 핵무력 고도화를 억제하지 못하고 결국에는 협상에 나 올 수밖에 없다는 전략적 목표협상력 강화를 암시하고 있음을 알 수 있다.

---

67) "미제 패배의 5단계 과정,"「조선신보」, 2013년 4월 29일.

둘째, 미국이 북한의 핵개발 포기를 아무리 강압해도 북한의 초강경대응<small>역</small>강압에 미국은 결국 굽어들게 되어 '강제→억제⇒강압' 작동원리 북한이 원하는 대로 변화될 수밖에 없을 것<small>강압의 개념</small>이라며 강력한 역강압 대응 의지 표출과 고도화 간 역강압 메커니즘의 작동원리에 중점을 둘 것을 암시하고 있다. 3항에서 추가적으로 알 수 있듯이 오바마 행정부의 "전략적 인내 대북정책이 실패"하고 "초강경에 초초강경<small>'강압-역강압'의 전략적 상호작용</small>으로 맞서자 미제가 대화를 들고 눈치보기에 나선 것<small>'역강압'에 의한 미국의 행동변화</small>"이라는 의미는 2013년 3-5월 북한이 전면전 선언을 하고 미국과의 핵전쟁 위기를 조성했던 상황을 언급하는 것으로 김정은 정권이 오바마 정부의 전략적 인내 대북정책을 정면으로 돌파하는 '역강압전략'을 구사하고자 함을 보여주면서 스스로 사례까지를 제시하고 있음을 알 수 있다.

셋째, 5항에서 주장하고 있듯이 북한은 미 본토까지 직접 타격할 수 있는 ICBM을 핵무력 고도화의 최종수단으로 설정하고 있다는 점이며, "뼈저리게 맛보게 될 것"이란 말로 미 본토에 도달할 수 있는 ICBM 위협을 미국에게 필사적·강제적으로 각인시키겠다는 역강압 메커니즘의 작동원리를 이미 ICBM을 완성하기 수년 전에 표출하고 있었다는 점을 확인할 수 있다.

결과적으로 김정은 정권이 2017년 말 미 본토를 위협하는 ICBM 시험발사에 성공한 이후 핵무력 완성을 선언했는데, 여기서 중요한 사실 하나는 이미 2013년 4월에 이를 암시하는 주장들을 다출처에서 중첩 확인할 수 있다는 사실이 실증되고 있다는 점이다. 이 주장이 보도된 한 달 이전인 2013년 3월 말 김정은 정권이 "경제 및 핵무력 병진로선"을 채택했던 점을 감안해 볼 때 이미 이 시기에 핵무력 고도화 최종수단<small>미본토를 위협하는 ICBM 완성</small> 및 전략적 목표<small>협상력</small> 강화가 설정되었고, 주요 추진계획들이 세부적으로 수립되어 주도면밀하게 시행되고 있었음을 확연하게 알 수 있다.[68]

---

68) 북한 연구자들은 북한의 수많은 주장과 자료들의 행간에서 그들의 의도를 파악해 내려는 신념이 필요하다. 그리고 이종석의 주장처럼 북한 주장들의 '은유성과 이중성'에도 유념해야 한다. 이종석, 「새로 쓴 현대북한의 이해」, pp. 40-46.

김정은은 이렇게 집권 초기부터 핵무력 고도화와 예상되는 미국의 강압에 역강압으로 대응하겠다고 결심하고 초강대국인 미국을 역강압하기 위해 비록 약소국 일지라도 강대국 미국을 상대할 수 있는 '대미 핵무력 고도화 위협각인 메커니즘과 역강압전략'을 구상했을 것이다.

앞에서 논의한 바처럼 김정은은 오바마 정부의 북핵능력 과소평가와 무시 전략을 타파하기 위해 다양한 핵투발수단 고도화가 절실하게 필요했을 것으로 분석되었다. 여기서 다양한 핵투발수단이란 북한이 예상되는 미국의 강압을 역강압으로 위협할 수 있는 핵무기 투발수단이자 곧 실체적인 핵위협능력과 의도을 의미한다.

강압이론에 의하면 일반적으로 강제와 억제 개념을 포함하는 '강압역강압'의 성공요인은 상대를 위협threats할 수 있는 '능력'potency과 '신뢰성'credibility에 크게 의존한다.69) 여기서 '능력'은 북한에게 곧 핵무력 고도화 수단핵탄두 운반 가능한 스커드급 이상 탄도미사일에 핵탄두를 장착할 수 있는 능력을 의미하며, '신뢰성'은 이러한 '능력'을 미국에게 의도적·강제적으로 보여준 결과 미국이 북한의 역강압에 순응하지 않으면 실제 위협으로 나타날 것이라는 믿음을 인식시키려는 메커니즘에 좌우된다고 분석했다. 이것이 김정은 정권의 '대미 역강압전략 성패의 요건이자 작동원리'였다.

그렇다면 먼저, 역강압의 '능력' 면에서 미국을 위협할 수 있으려면 어떠한 실체적 핵투발 수단들이 필요한지 김정은은 당연히 심사숙고했을 것이다. 김정은이 미국으로부터 과소평가 및 무시당하고 있다고 인식했을 때 가장 우선순위가 높은 위협수단은 바로 앞에서 북한 스스로 주장한 바와 같이 미국 전역을 직접 타격할 수 있는 ICBM이었다. ICBM은 미국의 사활적 이익인 미 본토와 미국민을 직접 위협함으로써 미국의 행동과 의지를 변화시킬 수 있는 최종병기라는 것을 이미 깨닫고 있었기 때문이다.

---

69) Alexander L. George, "Strategies for preventive diplomacy and conflict resolution," Political Science and Politics, Vol. 33, No. 1(2000), p. 16.

그런데 북한이 ICBM을 완성하는 데에는 앞에서 북한의 주장들을 분석했 듯이 약 5년 정도 소요된 것으로 분석했다. 5년 기간 중 ICBM이라는 무기체계개발을 위해서는 최초 설계과정과 이를 기초로 엔진과 동체제작에 필요한 기간이 약 3년 정도가 소요된 것으로 분석되었다. 2016년부터 대출력 엔진시험을 시작하여 2017년에 IRBM과 ICBM시험발사를 성공시킨 2년을 제외하면, 3년2013-2015년이라는 준비 기간이 도출되기 때문이다.

김정은 정권은 이러한 3년이라는 ICBM 개발 준비기간에 미국의 군사적 위협강압을 우려하여 어쩔 수 없이 기확보 중인 현존하는 탄도미사일에 핵탄두 장착능력을 고도화하여 과시함으로써 새로운 중·장거리미사일 개발의 힘의 공백기간에 이를 활용하고자 했다. 이른바 ICBM완성 '강제→억제' ⇒ '직접강압' 전략 이전에 한국과 일본 그리고 주한·주일 미군기지에 대한 '제3국강압'인 '강제→억제' ⇒ '간접강압' 전략을 우선 구상한 것이다. 군사·전략적 시각에서 보면 적에게 치명적인 위협을 줄 수 있는 핵심무기체계를 개발하는 과정에서 상대미국의 예상 행동에 대한 이러한 사전 예측과 대응준비는 기본이다.

두 번째로 김정은의 관심 순위가 높은 또 하나의 위협수단은 SLBM이다. SLBM은 ICBM보다 은밀성과 생존성이 매우 뛰어나 최후병기이자 게임 체인저Game Changer: 판도를 바꿀 수단로 불리는 3대 핵전력 중의 하나이다.

북한의 핵무력 기지는 정보력과 타격력에서 비교할 수 없을 정도로 우세한 미국의 1차, 2차 공격으로부터 위협을 받고 있다. 하지만 SLBM 만큼은 고도의 은밀성으로 인해 미국도 북한의 잠수함을 수중에서 찾는 것은 쉬운 일이 아니다. 김정은에게는 가장 호기심을 유발시키는 핵전력임이 틀림없었을 것이다. 이제 새로운 플랫폼SLBM장착용 잠수함 건조가 완성단계로 진행 중인 만큼 현실적 위협이 가까운 시기로 다가오고 있다.[70] 김정은 정권에게는 ICBM에 이어 미 본토를 기습 및 보복타격할 수 있는 제2의 핵전력이 중·장기적인 협상카드로 더 필요했던 것이다.

세 번째로 김정은이 관심을 가지고 있는 위협수단으로는, 미국의 감시망을 회피하여 기습발사가 용이한 고체추진제 탄도미사일이다. 액체추진제 탄도미사일은 연료인 추진제와 산화제 주입에 평균 30분 전후의 발사준비 노출시간 때문에 생존성이 매우 취약함에 따라 미국의 선제타격에도 역시 취약하다. 그래서 생존성 보장 강화 목적으로 미국의 제1격으로부터 살아남아 제2격으로 보복할 수 있는 수단까지를 보유함으로써 미국의 행동과 의지를 지속적으로 변화시킬 수 있는 고체추진제 타격수단이 필요했던 것이다. 특히 주한·주일 미군 기지를 타격대상으로 하는 것은 미본토를 타격대상으로 하는 것 보다 위협하기가 훨씬 용이하다. 이른바 북한과 근접한 인질국인 한국과 일본의 미군 기지에 대한 기습타격 능력과 보복능력이 김정은에게는 ICBM을 완성하기 이전에 급선무였을 것이기 때문이기도 하다.

다음으로 이러한 위협수단에 대한 능력만으로는 역강압을 성공시킬 수 없다. 이러한 위협의 능력과 실행하겠다는 의지와 의도를 상대가 인식하고 인정하도록 주입하지 못하면 이 또한 역강압에 실패할 확률이 높아진다. 미국이 인정하지 않으면 핵무력 고도화도 무용지물이 되는 것이며 이에 따라 미국이 계속 북한을 과소평가하고 무시할 것이기 때문이다. 따라서 강압의 두 번째 성공요인인 '신뢰도'를 높이기 위한 촉진 및 매개변수로 위협을 상대에게 전달하는 역강압의 메커니즘이 가장 중요하다고 북한은 판단한 것으로 분석된다.

---

70) 북한 관영매체들은 2019년 7월 23일 "김 위원장이 새로 건조한 잠수함을 돌아봤다"며 관련 사진 3장을 공개했다. 「조선중앙통신」, 2019년 7월 23일; 국방부는 북한이 2019년 7월 23일 사진으로 공개한 신형 잠수함이 "SLBM 발사관 3개 정도를 탑재할 수 있는 것으로 분석하고 있다"고 31일 국회 정보위원장 이혜훈 의원의 브리핑을 통해 전했다. "북신형 잠수함, SLBM 3개 탑재 가능," 「세계일보」, 2019년 7월 31일; https://www.segye.com/newsView/20190731512301(검색일: 2019년 8월 24일).

김정은 정권의 핵무력 고도화 과정에서 가장 특징적인 위협의 작동원리는 위협을 적극 공개하여 미국에게 의도적·강제적으로 인식시키는 다양한 메커니즘과 이들의 조합 및 극대화 과정이라고 말할 수 있다. 이를 가능하게 할 수 있는 방법과 전략이 바로 대미 핵무력 고도화의 강제적 위협인식 메커니즘이었다. 선대에서 보여주지 못했던 다양한 핵무력 고도화 수단과 위협을 각인시킬 수 있는 메커니즘은 김정은 정권의 핵무력 고도화 역강압전략의 핵심 중의 핵심이었다.

3| 소결론

본 장에서는 먼저 본 연구의 첫 번째 질문인 김정은 정권이 왜 핵무력을 고도화했는가에 대한 답을 검증했다. 김정은의 핵무력 고도화 핵심동인을 두 가지로 분석했다. 첫 번째 핵심동인으로 김정은은 선대 북한의 핵능력이 미국 본토를 직접 공격할 수 없는 수준으로 인식했기 때문이었고, 두 번째 핵심동인은 그로 인해 미국이 북한 스스로가 핵무력을 비핵화하겠다고 결심하여 행동에 나서지 않으면 대화와 협상에 임하지 않겠다는 '전략적 인내' 대북정책을 들고나와 북한의 핵능력을 과소평가 및 무시함에 따라 핵무력 고도화를 결심하게 되었다고 실증적인 검증을 했다.

물론 이상에서 논의한 두 가지 핵무력 고도화 동인 이외에도 김정은 정권의 핵무력 고도화 동인은 다양한 관점에서 논의가 가능하다. 내부적인 요인으로 권력을 세습한 김정은이 정권과 체제를 공고히 하는 국내 정치적 목적이나, 외부적인 요인 특히 미국의 핵공격 위협에 대비하기 위한 대외 안보목적으로 핵무력 고도화를 선택했다는 관점 등 다양한 동기들을 복합적으로 분석할 수 있으나 본 연구에서는 서론에서 이미 김정은 정권의 핵무력 고도화 동인과 선대 북한의 핵개발 동인과는 차별화하여 고도화의 의미를 정의했기 때문에 본 연구목적 달성에 충실하고자 기타 동인에 대한 배경적인 논의는 제외하고자 했음을 재차 강조하고자 한다.

다음으로 연구의 두 번째 질문인 예상되는 미국의 강압에 어떻게 극복하고자 했는가?에 대한 답을 찾기 위해, 김정은이 이러한 핵심동인을 배경으로 핵무력 고도화를 위한 전략적 구상을 하였는데, 북한은 핵무력 고도화 위협의 최종수단으로 미국본토를 직접 공격할 수 있는 ICBM 완성을 목표로 설정 직접강압 핵투발수단 고도화하여 새로운 엔진 및 동체 설계와 제작단계를 거쳐 고도화 완성기인 2016-2017년에 집중적으로 완성했다고 분석했다. 이에 따라 북한의 핵무력 고도화 계획은 2013년 3월 병진노선 채택을 시작으로 하는 이른바 '핵무력 고도화 5개년 계획'을 이미 사전에 수립하여 주도면밀하게 시행한 것으로 분석했다.

고도화 5개년 기간 중 2013-2015년은 ICBM 위협을 완성하기 이전 시기로 미국의 강압에 우선 대응할 수 있도록 북한이 당시 가장 신뢰하는 기보유 탄도미사일의 핵무장 과시를 통해 유사시 미국의 강압에 대한 북한의 미 본토 위협 능력 부재 공백기를 대체했다고 분석했다. 강압이론에 의하면 제3국인 한국과 일본에 주둔하고 있는 미군기지를 인질로 간접강압 능력을 고도화하여 ICBM이 완성되기 전에 대미 위협수단으로 활용할 필요성을 인지했다는 의미다.

또한 SLBM 비행시험과 고체추진제 탄도미사일 고도화로 생존성과 은밀성 및 기습타격과 제2격 능력을 향상시키고자 했는데, SLBM은 ICBM에 이어 향후 가까운 시기에 최후병기라는 위협으로 다가오고 있다고 분석했다. 김정은은 미국을 변화시키는 데 필요한 최후병기까지도 잠재적 위협수단에 포함해 고도화하는 등 대미 고도화 위협수단 완성에 대한 중·장기적 목표까지를 명확하게 설정했다고 분석했다.

한편, 김정은 정권은 이러한 핵투발수단 고도화를 성공적으로 완성하기 위한 여건보장 대책으로 첫째, 미국의 대북 적대시 정책과 핵공격 위협을 빌미로 고도화의 정당성과 명분을 대내외적으로 확보하고자 했으며, 둘째, 핵무력 고도화를 되돌릴 수 없도록 법적·제도적인 장치로 배수진을 설정해 내부 결속을 도모하며 북한의 전 역량을 결집시켰고, 셋째, 6자회담 무실화와 미국 및 중국 등 비핵화와 관련된 대화와 협상을 중단하고 先평화협정 後한반도비핵화 의제 제기로 주의를 다른 곳으로 전환시켜 비핵화 의제를 회피하려는 비타협적 자세로 중단없는 고도화 여건조성에 집중하였다고 분석했다.

마지막으로 김정은 정권은 미국이 북한을 과소평가 및 무시하고 있어 고도화 위협의 실체적 능력을 공개하면서 의도적으로 그 위협을 미국이 인식토록 하는 데에도 중점을 두었다고 평가했다. 그리고 이러한 메커니즘을 이른바 김정은 정권의 '대미 핵무력 고도화 강제적 위협인식 메커니즘'으로 규정하면서 강압이론역강압전략에 의한 역강압수단과 강제적 위협인식 역강압의 메커니즘, 그리고 성공요인이나 요건에 본 연구가 주목하고자 하는 배경도 여러 차례 강조하였다. 특히 미 본토를 직접 공격할 수 있는 ICBM의 위협을 강제적으로 인식시키려는 역강압의 메커니즘은 핵무력 고도화의 전략적 목표달성에 기폭제 역할을 했다.

미국은 애써 태연한 채 체면을 유지하려 했지만, 사후 결과적으로 나타난 현상으로만 볼 때 북한의 대미 핵무력 고도화 역강압전략 앞에서 사실상 속수무책이나 다름없었다. 약소국이자 빈곤한 국가인 북한이 강대국인 미국의 취약점과 제약사항을 효과적으로 이용하고 자신들의 강점을 최대한 활용하면서 미 본토에 직접 도달할 수 있는 핵투발수단의 위협범위를 확대함으로써 미국이 북한 핵무력 고도화의 실체적 위협을 암묵적으로나마 인정하게 되어 대미 협상력을 강화하려는 전략적 목표를 정치·군사적으로 달성한 셈이 되었다.

이제 다음 두 개의 장에서 북한의 핵무력 고도화 과정에서 나타난 핵투발수단 유형별 실제사례를 북미 간 '역강압 수단-역강압 메커니즘-결과(목표)'라는 역강압전략의 분석틀에 의해 실증하고자 하며, 역강압전략의 주요 특징과 핵무력 고도화의 전략적 목표 및 의도 그리고 그 달성여부를 종합적으로 분석하고자 한다.

김황록 前 국방정보본부장! 김정은 정권의 실체적
핵·미사일 위협과 대미 역강압전략을 체계적으로 해부하다.

4장

현존 핵투발수단 고도화 위협
'역강압전략'
사례 분석

북한의 준중거리탄도미사일(MRBM) 스커드-ER의 발사 장면, 2017. 3. 6

4장 현존 핵투발수단 고도화 위협 '역강압전략' 사례분석

핵무력 고도화 전개과정에서 김정은 정권의 대미 강제적 고도화 위협인식 역강압전략은 【표 4-1】에서 보는 바와 같이 크게 네 가지 사례^{이하 '유형'으로 혼용}로 구분할 수 있다. 이 장에서는 북한이 기보유 중인 탄도미사일 고도화로 역강압한 두 가지 사례^{유형#1, #2}를 먼저 살펴보고자 한다. 각각의 유형별 메커니즘은 상이하면서도 간접강압 수단에서 직접강압 수단 중심으로 점차 변화하는 양상임을 알 수 있다.

【표 4-1】 핵투발수단 고도화 사례 · 유형별 메커니즘의 진화

구 분		역강압 수단	역강압 메커니즘의 변화양상
현존핵투발수단	유형#1	무수단(IRBM) 장사정포	괌, 태평양 작전지역 미군 대상, 전면전 불사 의지 표출, 기만전술, 강제→억제⇒직 · 간접강압력/기만 강화
	유형#2	스커드(SRBM), 노동(MRBM)	정확도 향상, 내륙 실발사 능력, 한미연합 연습 빌미, 주한 · 주일 미군기지 대상 강제→억제⇒간접강압력 강화
신규핵투발수단	유형#3	북극성-1형(SLBM), 북극성-2형(MRBM)	수중 은밀성 · 생존성과 잠재적 보복능력 과시, 고체추진제미사일 완성, 강제→억제⇒잠재적 직접강압(보복)/간접 강압력(기습타격) 강화
	유형#4	화성-12형(IRBM), 화성-14형 · 15형(ICBM)	미국의 사활적 이익(본토 · 괌 · 하와이) 위협 엔진-핵장치공개-핵실험-괌포위사격-ICBM 성공, 강제→억제⇒미본토 직접강압력 강화

유형#1은 강압수단인 중거리 탄도미사일 무수단미사일[2기]과 전선지역 장사정포를 실제로 전개한다. 괌 및 태평양 전구 내 훈련 중인 미군을 타격목표로 전면전 불사를 위협하면서 임의지역에서 기습발사 상태 유지 하에 기만전술을 구사하는 양상으로 이른바 미국의 핵공격 위협[강압]에 역강압으로 대응했다. 이러한 무수단 발사위협 활동은 북한의 3차 핵실험[2013.2] 이후 미국의 본격적인 강압에 대한 역강압 일환으로 시작했다고 분석했다. 기간은 【그림 4-1】에서와 같이 2013년 1월부터 5월까지다.

유형#2는 강압수단인 단거리 탄도미사일 스커드와 노동미사일을 임의지역에 전개해 주한·주일미군 기지를 가상목표로 정밀타격할 수 있는 능력을 과시함으로써 미국의 대규모 한미연합군사연습[강압]에 대응해 역강압을 전개했다. 기간은 【그림 4-1】에서와 같이 2014년 2월부터 2017년 5월까지다.

【그림 4-1】 김정은 정권의 핵무력 고도화 추진일정표

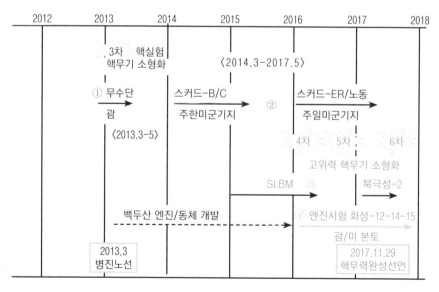

* 출처: 북한 및 국내외 공개정보를 종합 분석하여 저자가 작성.

1| 무수단 미사일 고도화 위협 _{2013.1-5}

2013년 1월부터 5월은 북한의 대포동 2호 장거리미사일 발사_{2012.12.12}에 대한 UN안보리 대북제재 결의 2087호_{2013.1.22}, 북한의 전면대결전 선언_{1.23 외무성 성명}, 3차 핵실험_{2.12}, 한미연합군사연습인 키 리졸브·독수리 연습_{3.1-4.30}, 북한의 정전협정 백지화 및 남북불가침 관련 합의 무효화_{3.5}, 3차 핵실험에 대한 UN안보리 대북제재 결의 2094호_{3.8}, 미국의 핵전략자산 한반도 전개훈련_{3월}, 북한의 전시상황 진입 선언_{3.29}과 '경제건설과 핵무력건설의 병진로선' 채택_{3.31} 및 핵보유국 법제화_{4.1}, 무수단 이동식발사대 TEL 동해안 전개 발사 위협_{4-5월}, 북한의 영변핵시설 재정비 및 재가동 선언 _{4.2}, 미군의 미사일방어 한계로 인한 키 리졸브 독수리연습 작전계획인 "The Playbook" 시행 중단_{4월 초}, 한미 양국의 대북 대화제의_{4.11}, 한미연합군사연습 종료_{4.30} 등 북미 간의 '행동-대응_{강압}-역대응_{역강압}'의 위기 고조 상황이 지속된 시기이다.[1]

특히 이 시기에 북한은 장거리미사일_{광명성 3호} 발사에 대한 UN안보리 대북제재 결의에 반발하며 이를 명분으로 3차 핵실험을 감행한다. 다시 3차 핵실험에 대한 UN안보리의 대북제재 결의와 이어지는 한미연합군사연습 기간에 실시된 미국의 전략핵자산 전개훈련을 빌미로 북한은 전시 직전의 위기상황을 조성한다. 그리고 북한은 무수단 미사일을 동해안 일대로 전개해 발사위협을 가함으로써 미국에게 자신들의 핵투발수단 사용위협을 강제적으로 인식시켜 억제효과를 극대화하여 미국이 다르게 행동하도록 강제→억제⇒역강압 했다.

---

1) 백학순, 「제2기 오바마정부 시기의 북미관계 2013-2014: '핵무기 사용 위협'과 관계의 파탄」(성남: 세종연구소, 2014), pp. 12-13.

1. 북미상황: 북한의 행동-미국의 강압 및 북한의 역강압

가. 북한의 행동: 3차 핵실험으로 핵능력 고도화 본격 시작

김정은 정권에서 첫 핵실험인 3차 핵실험부터 북한의 핵능력이 현저하게 고도화되기 시작했다. 2013년 2월 12일 북한은 3차 핵실험 직후 조선중앙통신을 통해 "핵시험은 우리 공화국의 합법적인 평화적 위성발사 권리를 란폭하게 침해한 미국의 극악무도한 적대행위에 대처하여 나라의 안전과 자주권을 수호하기 위한 실제적 대응조치 일환으로 진행"한다고 보도하면서 "이전과는 달리 폭발력이 크면서도 소형화, 경량화된 원자탄을 사용하여 높은 수준에서 안전하고 완벽하게 진행하였고, 원자탄의 작용특성들과 폭발위력 등 측정결과들이 설계값과 일치하며 다종화된 핵억제력의 우수한 성능이 물리적으로 과시되었다"[2]고 주장했다.

외무성도 당일 대변인 담화 형태로 "핵시험을 제일 많이 하고 위성발사도 제일 많이 한 미국이 유독 우리만 핵시험도 위성발사도 하면 안된다는 유엔안전보장이사회 결의를 조작해낸 것이야말로 국제법의 위반이며 이중기준의 극치"라며 "이번 핵시험은 우리가 최대한의 자제력을 발휘한 1차적인 대응조치"이고 "미국이 끝까지 적대적으로 나오면서 정세를 복잡하게 만든다면 보다 강도 높은 2차, 3차 대응으로 연속조치들을 취해 나가지 않을 수 없게 될 것"[3]이라고 주장했다. 이는 북한이 3차 핵실험의 원인을 미국에게 책임 전가하면서 핵무력 고도화를 위한 핵실험을 정당화하고 추가적인 핵실험에 대한 명분까지 확보하려는 의도 표출이었다.

---

2) "3차 지하핵시험 성공한데 대하여,"「조선중앙통신」, 2013년 2월 12일.

3) "조선 외무성 대변인 담화, 3차 핵시험은 미국의 대조선 적대행위에 대한 단호한 자위적 조치,"「조선중앙통신」, 2013년 2월 12일.

북한은 3차 핵실험을 통해 플루토늄탄에 이어 우라늄탄이라는 원자탄까지를 다종화하고 소형화하는 상당한 수준으로 기술적 진전을 이룬 것으로 평가되었다. 과거 1, 2차 핵실험 때보다 【표 4-2】에서 보는 바와 같이 폭발력이 향상되었다는 사실도 이러한 평가를 입증하고 있다.

【표 4-2】 1 · 2 · 3차 북한 핵실험 비교 현황

구 분	김정일 시대		김정은 시대
	1차	2차	3차
시 기	'06.10.9.	'09.5.25.	'13.2.12.
지진강도	3.9–4.1mb	4.5–4.8mb	4.9–5.2mb
폭발력	0.8–1kt	2.2–5kt	6–10kt
북한 발표	지하핵시험의 성공적 진행	폭발력/조종기술 향상 → 핵무기 위력향상	원자탄 소형화 경량화 → 핵억제력 다종화
평가	플루토늄 분열핵폭탄	플루토늄 분열핵폭탄	원자탄 (플루토늄탄 · 우라늄탄)
	단순 폭발	위력 개선	소형화, 경량화
	낮은 효율성		우라늄탄 (추정)

* 출처: 대한민국 국방부, 「국방백서」(서울: 국방부, 2012 · 2014 · 2016 · 2018)를 포함한 공개정보를 참조하여 저자가 작성(굵은체: 김정일 · 김정은 시대 차이점 강조).

나. 미국의 강압과 북한의 역강압

UN안보리는 북한의 3차 핵실험 이후 한미연합군사연습인 '키 리졸브 · 폴 이글' KR/FE 연습4)을 진행 중이던 2013년 3월 8일 대북제재 결의 2094호를 만장일치로 채택했다. 당일 미국은 북한의 핵위협에 대한 '확장억제extended deterrence' (핵우산 제공) 일환으로 괌 앤더슨 공군기지로부터 B-52 전략폭격기를 한국 상공으로 출격시켰다5). 그리고 3월 18일 미국은 이 사실을 의도적으로 공개했다. 북한의 3차 핵실험에 대한 미국의 강압이 공개적으로 시작되었음을 의미했다.

3월 9일 북한 외무성은 UN안보리 대북 제재결의를 전면 배격하는 대변인 성명을 통해 "지난 8년간 유엔안전보장이사회가 미국의 사촉 하에 반공화국 제재결의를 다섯 차례나 조작해냈지만, 저들이 바라던 것과는 정 상반되게 우리의 핵억제력을 질량적으로 확대 강화시키는 결과만을 가져왔다"고 지적하고 "우리는 지난날과 마찬가지로 미국의 대조선 적대시정책의 산물인 이번 반공화국 제재결의를 준렬히 규탄하며 전면 배격한다"라며 "이제 세계는 미국이 유엔안전보장이사회를 도용하여 반공화국 제재결의를 조작해낸 대가로 우리의 핵보유국 지위와 위성발사국 지위가 어떻게 영구화되는가를 똑똑히 보게 될 것"이라고 수사적 위협을 했다.6)

한편, 키 리졸브 연습기간3.11-21중 미국의 B-52와 핵잠수함이 한반도에 전개한 것을 알게 된 북한은 이를 빌미로 3월 21일 최고사령부 대변인 대답 형태로 미국의 조치에 대해 "미제의 전략폭격기 B-52가 이륙하는 괌도의 앤더슨 공군기지도, 핵동력잠수함들이 발진하는 일본 본토와 오끼나와의 해군 기지들도 우리 정밀타격수단들의 타격권 안에 있다는 것을 잊지 말아야 한다"며, "그에 상응한 군사적 행동으로 넘어가게 될 것이고, 핵으로 위협하면 그 보다 더 강한 핵공격으로 맞설 것"이라면서7) 직접적인 대응을 암시했다.

---

4) Key Resolve & Foal Eagle의 약어이고, 2013년 KR/FE연습에 대한 미 태평양사령부의 작전명은 "The Playbook"이었으며, 키 리졸브 연습은 3월 11일부터 3월 21일, 폴 이글연습("독수리연습"이라고도 부름)은 3월 1일부터 4월 30일까지 계획돼 있었다.

5) 백학순, 「제2기 오바마정부 시기의 북미관계」, p. 25.

6) "조선외무성 반공화국 제재결의 전면배격," 「조선중앙통신」, 2013년 3월 9일.

3월 20일에 '키 리졸브' 연습 참여를 위해 미 공격형 핵잠수함 샤이엔호가 부산에 입항했고, 3월 28일에 미 본토에서 B-2 스프릿 스텔스 폭격기 2대가 날아와 군산 앞 해상 소재 직도사격장에서 불활성 폭탄 투하훈련을 한 뒤 미국으로 복귀했다. 또한 3월 31일에는 스텔스 기능을 가진 미 공군 F-22 랩터 전투기 2대가 독수리훈련에 참가하기 위해 오키나와 카네다 공군기지로부터 오산 공군기지에 도착했다.[8]

이에 대해 북한은 2013년 3월 26일 북한군 최고사령부 성명을 통해 "지금이 시각부터 미국 본토와 하와이, 괌도를 비롯한 태평양 작전구안의 미군 침략기지 대상물을 타격할 전략로케트군 부대들과 모든 야전포병군 집단들을 1호 전투근무태세에 진입시킨다."라고 선언했다.[9] 또한 3월 29일 김정은이 직접 "전략로케트군 화력타격 임무수행 관련 작전회의"를 긴급 소집하고 "미제의 스텔스전략폭격기 B-2A가 남조선 지역 상공에 날아든 것은 단순히 우리의 강경입장에 대응한 무력시위가 아니라 조선반도에서 기어이 핵전쟁을 일으키겠다는 최후통첩"으로 간주해 "미제가 핵으로 우리를 위협공갈하는 시대를 영원히 끝장내야 하며 … 미제의 핵공갈에는 무자비한 핵공격으로 … 침략전쟁에는 정의의 전면전쟁"으로 대답해야 한다며, "전략로케트들이 임의의 시각에 미국 본토와 하와이, 괌도를 비롯한 태평양 작전전구 안의 미제 침략군 기지들, 남조선 주둔 미군 기지들을 타격할 수 있게 사격대기상태에 들어갈 것"을 김정은이 지시 및 승인했다고 보도했다.[10] 그리고 이례적으로 최고사령부 집무실 내 미군기지 타격계획 상황도를 【그림 4-2】와 같이

---

7) "조선인민군 최고사령부 대변인 조선중앙통신사 기자의 질문에 대한 대답," 「조선중앙통신」, 2013년 3월 21일.

8) 백학순, 「제2기 오바마정부 시기의 북미관계」, pp. 30-31.

9) "조선인민군 최고사령부 성명," 「조선중앙통신」, 2013년 3월 26일.

10) "조선인민군 최고사령부 성명," 「조선중앙통신」, 2013년 3월

11) "조선인민군 최고사령관 김정은동지의 조선인민군 전략로케트군 화력타격임무수행과 관련한 작전회의를 긴급소집, 화력타격계획을 최종검토, 비준," 「로동신문」, 2013년 3월 29일; "첫 공개된 김정은 집무실, 벽면 문구보니…," 「중앙일보」, 2013년 3월 29일; https://news.joins.com/article/11083153(검색일: 2019년 2월 16일).

노동신문에 공개했다.[11] 이른바 김정은식 대미 강제적 위협인식 역강압 메커니즘 일환의 언론플레이가 시작된 것이다.

【그림 4-2】김정은 전략로켓사령부 현장지도 공개 사진

* 출처: 「로동신문」, 2013년 3월 29일

이러한 긴장조성과 함께 북한군이 4월 초 괌을 위협하는 사거리를 가진 무수단 미사일 2기TEL+동체를 열차에 적재해 동해안으로 이동시키는 활동이 식별되었다. 김정은이 태평양상의 괌도와 미군 기지를 타격하라고 지시한 이후 처음으로 식별된 물리적 타격수단은 IRBM인 무수단미사일이었다. 이에 따라 한미 군 당국은 24시간 감시체제를 가동했다.[12] 물론 북한은 무수단미사일 이동 사실을 전개 당시부터 철수 시까지 대내외용 보도매체에 직접 공개하지는 않았다. 단지 미국 CNN방송 등 일부 언론에 유출되어 알려졌을 뿐이다.

북한은 무수단미사일을 이동식발사차량TEL에 적재한 채로 동해안의 불상 지역에 있는 격납고와 여러 은폐지역을 옮겨가면서 발사대기 상태에 들어갔다. 발사 대기활동 간 무수단미사일은 여러 차례 위치를 기만하면서 은밀성과 생존성을 유지하고 지속적으로 발사 위협을 가한 것으로 알려졌다. 이에 따라

---

12) "北 미사일 2기 동해쪽 이동…이지스함 동해 배치," 「KBS NEWS」, 2013년 4월 6일; http://news.kbs.co.kr/news/view.do?ncd=2638872(검색일: 2019년 2월 16일).

무수단미사일의 발사 위치와 발사 시간을 예측할 수 없는 상황은 지속되었다. 북한의 무수단 발사 위협활동은 4월 말까지 약 한 달 정도 유지되었다.[13]

국내언론들은 이러한 이동식발사차량TEL에 실린 무수단미사일의 전개와 발사 위협태세 및 기만활동으로 미국이 상당한 피로감을 느꼈을 것[14]이라고 단순 보도하는 데 그쳤지만, 미 태평양사령부PACOM와 미국 전문가들은 다음과 같이 구체적인 분석을 내놓았다. 첫째, 미태평양사령부PACOM는 한반도와 그 수역에 기배치된 현존하는 미사일 방어 능력으로는 (그 당시) 무수단미사일 발사위협에 대해 충분하게 방어를 할 수 없었고, 이제는 더 큰 미사일방어 능력이 필요한 것으로 평가했다. 구체적으로 고정식 발사대에서 발사하는 경우보다 더 넓은 지역에 대해 미사일방어를 해야 하는 상황에 부닥친 것이었다고 분석했다. 둘째, 무엇보다도 김정일보다 '예측하기 어려운' 새로운 지도자를 가진 북한이 미국이 의도했던 것보다 더 위협을 느껴 일이 잘못될 수 있다는 우려가 컸다는 분석이 나왔다. 다시 말해, 만일 미국이 현재 북한으로 하여금 미국의 의도를 오해 · 오판misperception하는 방향으로 몰아가고 있다면, 북한은 실제 오판할 수 있다는 것이다. 따라서 '오판' 가능성을 낮추고 한반도 전쟁위기의 통제가 불가능하지 않도록 해야 한다고 분석했다.[15]

이러한 우려와 관련하여 존 볼튼John Bolton 전 UN대사는 "북한의 언술과 위협이 그들 자신의 정상적인 작전계획을 넘어서고 있다"라면서 "이는 피아간에 오판이 발생할 수 있는 환경"이라고 우려를 표명했다. 북한이 이 시점에서

---

13) 북한은 무수단미사일을 철수한 뒤 5월 16일 「로동신문」 론평을 통해 무수단미사일의 위협활동에 대해 "털어놓고 말하여 자행화된 이동미싸일들의 기동을 포착하려고 애쓰는 것은 솔밭에서 바늘찾는 격이다"라고 자평하며, 무수단미사일을 찾지 못하도록 은폐 및 기만한 사실을 밝혔다. "무모한 핵공갈을 절대로 용납할 수 없다," 「로동신문」, 2013년 5월 16일.

14) 北, 미사일 '은닉 · 전개' 반복…"피로감 극대화," 「세계일보」, 2013년 4월 11일; http://m.segye.com/view/20130411003457(검색일: 2019년 2월 16일).

15) Fortuna's Corner, "From The PACOM Playbook To PACOMs Plan B(MD)," Information Dissemination, 4 April 2013; https://fortunascorner.com/2013/04/04/from-the-pacom-playbook-to-pacoms-plan-bmd/(검색일: 2019년 8월 1일).

미국(본토)에 위협이 될 능력은 없지만, 한일 양국, 그리고 한일 양국과 괌에 있는 미군들에게는 "확실하게 우려할 만한 가치가 있는 상황"이라는 것이다.[16]

셋째, 미국은 4월 7일_{현지시각 4월 6일}, 4월 9일로 예정되었던 대륙간 탄도미사일ICBM '미니트맨 3'의 발사실험을 5월까지 연기한다고 발표했다.[17] 이는 발사시험이 북한을 과도하게 자극함으로써 이 시험 발사로부터 생겨나는 오해나 오판을 피하기 위해서였다.[18]

한편, 미국은 무수단미사일 발사에 대비해 '미사일방어' 능력이 있는 이지스Aegis함들과 레이더함을 배치하기 시작했으며, 괌에 고고도방위체계THAAD: Terminal High-Altitude Area Defense System를 수 주일 내 배치하기로 했고, 일본 북부지방에 있는 미사와Misawa 미 공군기지에 무인정찰기 글로벌 호크Global Hawk를 2013년 6월과 9월 사이에 배치하기로 했다.[19] 그리고 일부 아시아 임무를 마치고 샌디에고 모항으로 귀환 중이었던 유도탄 탑재 구축함 데카투어호가 4월 1일 회항하여 서태평양_{일본 동쪽} 해상에서 대기하라는

16) Washington Free Beacon Staff, "Bolton: North Korean Rhetoric 'Beyond Their Normal Playbook'," The Washington Free Beacon, April 4, 2013; http://freebeacon.com/national-security/ bolton-north-korean-rhetoric-beyond-their-normal-playbook/(검색일: 2019년 8월 3일).

17) 원래는 발사시험이 미국 캘리포니아주 반덴버그 공군기지에서 기계획되어 있었지만 연기했다. 미 국방부 고위관리는 북한의 30대 지도자인 젊은 김정은이 동해안에 중거리탄도미사일(무수단) 2기를 이동시킨 상황에서 발사시험 연기는 "논리적이며, 신중하고, 책임있는 행동조치"라고 언급했다. Phil Stewatt, "U.S. delays missile test to avoid stoking North Korea tensions," Reuters, 6 April 2013; http://www.reuters.com/article/2013/04/07/us-korea·north-usa-missile-idUSBRE93600720130407(검색일: 2019년 8월 2일).

18) "North Korea tension prompts US missile test delay," BBC, 7 April 2013; http://www.bbc.com/news/world-asia-22056387(검색일: 2019년 8월 3일).

19) "US Reinforcing Pacific Defense to Counter North Korean Threats," Defense Update, 6 April 2013; http://defense-update.com/ 20130406_us-reinforcing-pacific-defenses-to-counter-north-korean-threats.html(검색일: 2019년 8월 4일)

명령을 내리기도 했다.[20] 미국이 북한의 무수단 중거리미사일 발사 위협을 인식하게 되자 회항 명령을 내린 것이다.

결국, 4월 초순을 기점으로 핵무기 사용 위협 등 힘의 과시를 중시했던 2013년 미 태평양사령부의 '키 리졸브·폴 이글' 연습 작전계획은 완전히 중지되었다. 4월 11일 한미 양국의 대화제의로 이른바 북미 간 핵전쟁 위기 는 일단락되면서 북한은 4월 30일 '1호 전투근무태세'를 해제하고 무수단 미사일은 5월 6일 소속 기지로 철수한 것으로 알려졌다.[21]

2. 북한의 역강압전략 분석

2013년 초 김정은 정권의 3차 핵실험, 이에 대한 미국의 강압, 미국의 강 압에 대한 북한의 역강압 대응으로 미국은 북한의 핵무력 고도화를 강압하고 자 했던 태평양사의 '키 리졸브·폴 이글 연습 작전계획The Playbook'을 완 전히 중지하였고, 결국 4월 11일 한미 양국의 북한에 대한 대화제의로 일단 락되었다.

그렇다면 북한은 과연 미국의 강압에 어떻게 역강압으로 대응하여 미국의 행동 변화를 끌어냈을까? 북한이 강대국인 미국과의 국력 차이에서는 비교가 되지 못할 정도로 약소국임에도 불구하고 어떻게 세계 초강대국인 미국을 상 대로 역강압에 성공하였을까? 다음 【그림 4-3】에서와 같이 ①동원된 역강압 수단, ②사용된 역강압의 메커니즘, ③원하는 역강압의 결과목표라는 세 가지 요소를 중심으로 분석하고자 한다.

---

20) Kevin Baron, "What is Foal Eagle?," Foreign Policy, 3 April 2013; http://e-ring. foreignpolicy.com/posts/2013/04/03/what_is_foal_eagle(검색일: 2019년 8월 5일).

21) 김흥수, "북, 무수단 미사일 2기 철수," 「SBS」, 2013년 5월 7일; https://news.sbs.co.kr/ news /endPage.do?news_id=N1001773062&plink=OLDURL(검색일: 2019년 2월 26일).

【그림 4-3】 무수단미사일 고도화 위협 역강압전약(유형#1)

역강압 수단
1. 무수단 미사일 (2발)
2. 장사정포

역강압 메커니즘
'강제→억제⇒강압' 메커니즘, 사회동요, 괌 주민 불안감 조성, 기만전술
압박점: 괌, 미함정, 미군기지 등
확전우세: 전면전 불사 의지
위협과정:
미국의 핵전략자산 전개 빌미로 김정은 1호전투근무태세 선포, 전략군 현지지도와 미본토 타격 계획/작전상황도 공개, 미군/정부 지도부에 위협/의지 전달로 강제적 위협인식 효과 극대화

역강압 결과(목표)
〈결과〉 이지스/레이더함 추가 배치, 복귀 함정 회항 조치, 괌 사드 배치/본토 MD보강 계획 발표, 미니트맨 발사 연기, 북한 1호전투근무태세 해제(4월말)/무수단 철수(5월초) 등 강제-억제-강압개념 적용 설명 가능
〈목표〉 미국의 대북 훈련중단/대화 제안(4.11)으로 * '직접/간접강압 및 기만전술' 목표 달성

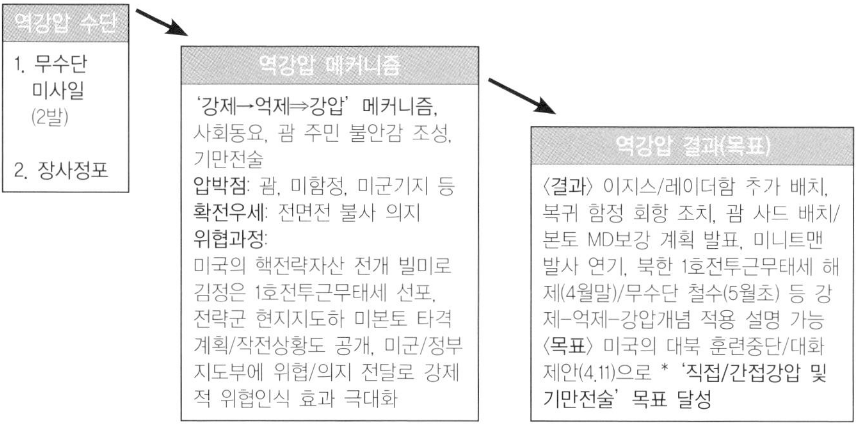

가. 역강압 수단

북한의 3차 핵실험에 대한 대응 일환으로 핵전략자산 전개훈련을 시작한 미국의 강압에도 북한은 굴복이나 순응하지 않았다. 전선지역에서는 장사정포인 대미 간접강압 수단을 전개하고, 종심지역에서는 IRBM인 무수단미사일을 대미 직접강압 수단으로 동원하여 동해안 일대로 이동 배치 후 기습사격 위협을 가하는 초강경 역강압전략을 전개했다. 3장에서 이미 언급한 바와 같이 무수단미사일은 북한이 시험발사 없이 2007년도에 작전배치한 중거리탄도미사일^{위협사거리 약4000km}로 괌이 위협 사거리 내 위치하기 때문에 미국은 북한의 무수단미사일이 미국령인 괌을 직접 위협할 수 있는 IRBM으로 인지하고 있었다.

따라서 역강압수단의 능력 면에서 볼 때 괌은 물론이고 괌으로부터 주일 및 주한미군기지 사이의 태평양 해상에 전개해 훈련하는 미군의 함정과 병력들에게도 그 당시에는 충분히 위협적이었다.[22]

---

22) 물론 그 당시 ICBM급으로 알려진 KN-08도 김정은 정권 들어 2012년 4월 15일 열병식에서 처음으로 공개돼 미국은 KN-08미사일도 무수단미사일과 마찬가지로 시험발사를 하지 않았지만, 잠재적 위협수단으로 포함해 추적 및 관리하고 있었다.

나. 역강압 메커니즘

역강압의 메커니즘은 상대^{미국}의 인식에 변화를 주려고 고도화 위협을 과시하는 과정이며, 위협할 수 있는 역강압수단을 통해 달성하고자 하는 목표를 잇는 중간고리 역할을 한다. 이러한 메커니즘의 작동 여부로부터 역강압이 왜, 그리고 어떻게 효력을 발휘하여 성공할 수 있는지 여부를 쉽게 파악할 수 있도록[23] 다음 몇 가지로 세분화하여 분석했다.

첫째, 북한은 김정은이 전략로케트사령부를 직접 방문하여 전쟁 진입을 선언하고, 미 본토 타격계획 상황도가 위치한 벙커시설 내에서 타격계획을 승인했다고 주장하면서 관영매체인 노동신문에 이례적으로 관련사진을 공개했다. 언론 공개를 통한 과시로 대미 강제적 위협인식 메커니즘을 작동시켜 위협의 효과를 극대화함으로써 미국에게 위협인식을 강요하고자 의도한 것으로 분석했다.

둘째, IRBM인 무수단미사일을 동해안 일대에 배치해 발사 위협을 가한 것은 한국이나 일본 내 위치한 미군기지를 타격 대상으로 한 것^{간접강압}이 아니라 미국령인 괌도를 직접 겨냥한 의도로 볼 수 있다. 김정은 정권이 3차 핵실험 이후 핵무기 소형화에 대한 높아진 자신감으로 무수단 미사일을 미국령에 직접 발사할 수 있다는 능력과 의지를 미국에 전달하여 핵투발 위협을 인식시키고자 했다고 분석했다.

셋째, 북한은 미국의 사활적 이익인 영토와 미국민에 대한 미국의 취약점을 잘 파악하고 있었고 이러한 취약점을 압박점으로 한 자신들의 위협과 발사를 할 수 있다는 결사항전 의지, 그리고 오판에 의한 발사 가능성까지를 미군 수뇌부 및 정부관리에게 의도적으로 주입하려 했다. 그 결과 미국이 그들의 사활적 이익인 영토와 국민에 대한 피해를 심각하게 우려하도록 압박하여 강제적으로 위협을 인식시키는 역강압 메커니즘이 효과적으로 작동되는 데 결정적인 요인이 되었다고 분석했다.

---

23) 바이먼 · 왁스먼, 이옥연 역, 「강압의 역학」, p. 69.

넷째, 미사일 이동식발사차량TEL: Transporter Erector Launcher의 장점을 극대화하여 미국 정찰자산으로부터 탐지가 쉽지 않도록 적절한 노출과 신속한 은폐 활동으로 기습발사 위협효과를 극대화하는 기만전술을 구사했다. 또한 적시에 감시 및 타격이 어렵다는 무수단미사일 이동발사차량의 생존성에 대한 자신감도 보여주면서 미 정보당국과 오바마 정부에게 언제라도 미국령 괌을 대상으로 직접 무수단미사일을 기습 발사할지 모른다는 심리적 불안감과 피로감을 극대화하려는 역강압 메커니즘도 작동된 것으로 분석했다.

다. 역강압 결과(목표)

북한의 역강압전략 유형 #1의 고도화 과시와 역강압 메커니즘의 작동 결과는 미국의 행동방식과 의지 그리고 결심을 변화시키려는 '강제와 억제' 및 '역강압'의 개념을 충족시키는 수준으로 다양하게 나타났는데, 주요 결과와 달성하고자 했던 목표로 구분하여 다음과 같이 평가할 수 있다.

먼저 주요 결과로써, 첫째 미국은 당시 무수단미사일 발사위협에 대비하기 위해 이지스함과 레이더함을 실제로 추가 배치하였고, 괌에는 샤드를 배치하는 계획 보강과 미본토 방어를 위해 알래스카에 요격미사일을 추가로 배치하는 계획을 발표하였다. 또한 괌에서의 미사일방어 시스템은 물론 북한에서 미본토 지역을 위협하는 해상에서의 감시체계를 보강하는 후속조치도 취하였다.

이러한 미국의 행동변화들은 북한이 취한 역강압전략의 "강제→억제⇒강압"의 개념, 즉 미국으로 하여금 원하지 않았던 함정과 요격미사일의 추가배치 행동을 하도록 북한이 강제한 결과로 나타났고, 이를 통해 미국이 북한의 무수단미사일 위협을 제거하려는 군사적 대응을 시작하지 못하도록 억제효과를 동시에 이루어 미국이 다르게 행동하도록 유도하는 역강압의 메커니즘이 작동한 결과였다고 평가할 수 있다.

둘째, 당시 미국은 훈련을 마치고 모항으로 돌아가는 구축함까지 회항시켜 방어체계를 강화하는 조처를 취했고, 계획된 미니트맨 시험발사를 연기하는 등 이른바 상대방이 이미 진행 중이던 행동이나 수립한 계획을 거꾸로 전환하거나 변경하는 등 역강압전략에서의 "강제" 개념을 적용하여 설명이 가능하다.

셋째, 당시 볼턴 전 UN대사도 언급했듯이 오판이 발생할 수 있는 환경이라고 우려를 표명하면서도 미 본토는 아니더라도 무수단미사일 사거리권에 있는 괌과 한국 그리고 일본에 주둔하고 있는 미군기지는 확실한 위협을 느꼈다는 점을 외부에 노출한 점은 북한의 수사적 위협과 전쟁불사 의지 표출, 그리고 물리적 위협수단인 무수단미사일 전개 하의 기습발사 위협이 미군 수뇌부는 물론 미국 정부관리들에게 인식되었음을 의미한다. 무수단미사일 2발의 발사위협과 강제적 위협인식 메커니즘만으로도 "강제→억제⇒역강압" 논리가 동시에 작동되어 미국에게 북한의 역강압 위협을 인식시킨 결과로 나타났다고 평가할 수 있다.

북한의 역강압에 의한 이상의 결과들이 미국에 의해 진행되면서 유형#1 사례에서 북한이 달성하고자 했던 역강압의 주요목표는 두 가지 미국의 행동변화로 나타났다. 첫째, 2013년 4월 말까지 계획된 '키 리졸브·폴 이글' 연습 작전계획을 미국이 완전히 중지4월 초순토록 함으로써 미태평양사령부가 핵무기 사용 위협 등 힘의 과시를 통해 북한의 핵무력 고도화를 억제하려 했던 군사적 강압확장억제 훈련은 중단되었다. 이에 따라 북한의 1차적 목표가 달성되었다고 평가할 수 있다. 둘째, 훈련중단에 이어 미국이 대화를 제안4.11해 온 점 역시 미 정부 차원의 정책 변화강제→억제⇒강압 논리가 작동에 따른 결과로 핵전쟁 위기 국면으로 치달았던 미북 간 강압과 역강압의 전략적 상호작용이 일단락되었다. 이는 북한의 역강압전략이 미국 정부와 군 지휘부의 대북 강압정책핵전략자산을 포함한 북핵고도화 확장억제정책 일환의 군사훈련계획의 변화를 견인한 결과로 미국이 대화를 제안했다고 분석할 수 있다. 이런 점에서 북한이 주장했던 미국의 핵공격위협과 적대시 정책 철회라는 고도화 유형#1의 목표를 달성했다고 평가할 수 있으며, 이는 실제로 나타난 경험적 사실로 검증이 가능했다는 점을 보여주는 사례였다.

한편, 유형 #1의 사례에서 나타난 김정은 정권의 역강압전략 성공요인으로는 첫째, 미국 영토인 괌을 직접 위협할 수 있는 역강압 수단의 가상 핵투발 위협을 과시능력↑했다는 점과 둘째, 이러한 위협을 미국에게 인식시키는 메커니즘의 성공적 작동신뢰도↑이었다. 즉, 미국의 사활적 이익을 치명적인 압박점으로 선정하고 '전쟁도 불사확전우세'하겠다는 결사항전의 의지 표출로 위협을 사용하겠다는 신뢰도를 극대화함으로써 대미 강제적 위협인식 메커니즘 '강제→억제⇒역강압'을 효과적으로 작동시킨 결과에 기인했다고 분석했다.

단 한 차례도 시험발사를 하지 않았던 2발의 무수단미사일 발사위협의 역강압은 초강대국 미국이 보유한 첨단 전략핵폭격기나 핵잠수함보다 비용 대비 훨씬 높은 효용성을 극명하게 보여주었다. 그래서 마침내 총체적 국력의 합에서 약소국인 김정은 정권의 북한이 세계 유일강대국인 미국에게 핵투발 수단이라는 물리적 위협을 통해 성공한 대미 역강압전략의 첫 성공사례가 되었다. 또한 핵무기 사용 위협의 말과 행동으로 초강대국 미국과 대결하여 성공을 이끌어 낸 김정은 정권의 첫 사례이기도 하다. 이 사례에 대해 미국은 결코 인정하고 싶지 않았을 것이다.

결국 김정은 정권의 북한은 2013년 3차 핵실험에 대한 미국의 강압을 기보유 무수단미사일을 핵투발수단으로 고도화했다고 과시하면서 이른바 대미 핵무력 고도화 위협유형#1을 계기로 "미국이 전략적 인내에 깊은 좌절감을 맛보도록"[24] 역강압으로 강경대응하여 소기의 목표를 달성했다. 그리고 결과적으로는 미국의 '전략적 인내' 대북정책이 북한의 핵무력 고도화를 억제하지 못했고, 김정은 정권의 북한이 오바마 2기 행정부 4년 동안 핵무력 고도화에 큰 방해 없이 집중할 수 있는 주춧돌을 제공한 셈이 되었다.[25]

---

24) 백학순, 「제2기 오바마정부 시기의 북미관계」, p. 191.

25) 정성윤, 「김정은 정권의 핵전략과 대외·대남 전략」, p. 95.

2| 스커드 · 노동미사일 고도화 위협 2014.2-2017.5

I. 북미상황: 북한의 행동-미국의 강압 및 북한의 역강압

가. 북한의 행동: 스커드 · 노동미사일 발사

2013년 3차 핵실험과 북미 간의 핵전쟁 소동 국면 3-5월 이후 북미관계는 잠시 소강상태를 보이는듯하다가 2014년 들어 김정은이 전략군 예하 탄도미사일부대 현장지도를 통해 스커드 및 노동미사일의 실전 타격능력을 공개 및 과시하면서 다시 북미 간 강압-역강압 활동이 전개되었다. 김정은은 이미 보유하고 있는 중 · 단거리탄도미사일의 핵투발 능력과 유도성능 개선 등의 정확도 향상을 위한 고도화에 치중하면서 그 과정을 본격적으로 공개하고 위협 의지를 표출하기 시작했다. 이 시기는 김정은 정권이 신형 북극성계열 SLBM 과 화성계열 IRBM · ICBM 엔진 및 동체를 은밀하게 설계 및 제작 중인 시기이기도 했다.

스커드 및 노동미사일은 김정은 정권이 핵무력을 고도화하기 이전의 선대 시기부터 정상적인 무기체계 개발과정을 거쳐 실전능력은 물론 해외에도 수출할 정도로 신뢰할 수 있는 가장 대표적인 탄도미사일이다. 북한은 1960년 대 중반부터 미사일 개발 프로그램에 인력과 자원을 투입해 왔다. 1976년 이집트로부터 스커드-B를 도입하여 역설계를 통해 스커드 미사일 자체 생산에 성공했고, 이를 개량 B/C: 사거리 300/500km하여 1988년에 작전배치를 완료했다. 1990년대에는 스커드 개량형인 사거리 약 1,000km인 스커드-ER 과 사거리 1,300km인 노동미사일을 개발하여 작전배치를 완료했다. 스커드-B/C는 한반도를, 스커드-ER 및 노동미사일은 일본 전역을 위협하는 북한의 탄도미사일이다. 한국에는 주한미군이, 일본에는 주일미군과 UN사 후방기지가 있다. 북한에게는 주요 타격목표들이다. 이러한 스커드와 노동미사일을 기반으로 북한은 1998-2016년에 6차례의 대포동 1 · 2호 장거리미사일을 이른바 위성이라고 주장하면서 발사했다. 대포동미사일 1단체는 노동미사일 엔진을 클러스터링했고, 2단체는 스커드미사일을 활용한 것으로 알려져 있다. 그리고 대포동미사일 발사로 축적된 단분리 기술 등으로 김정은 시대인

2017년 말 북한의 미사일 개발 시작 이래 약 40여 년 만에 ICBM 개발에 성공한다. 결국 스커드와 노동미사일은 북한 미사일의 개발과 독자적 미사일 제조 기술능력 축적의 원천이었다.

그런데 북한이 1, 2차 핵실험 전후나 위기조성 시마다 주기적으로 실제 발사훈련을 했던 스커드와 노동미사일은 탄두의 크기나 무게 면에서 소형화한 핵탄두를 장착하여 운용하기에 가장 용이한 미사일이다. 본 연구에서는 김정은 정권의 북한이 3차 핵실험 이후 핵탄두를 소형화했다고 빈번하게 주장하는 이유 중의 하나가 기보유 중인 스커드와 노동미사일에 핵탄두를 가장 먼저 장착하여 핵무력 고도화를 압박할 것으로 예상되는 미국의 강압을 간접적으로 억제할 수 있는 수단으로 활용했을 것으로 분석했다.

【표 4-3】은 핵무력 고도화간 스커드급 이상 탄도미사일 발사사례이다. 2014년부터 김정은 정권의 집권 1, 2년 차 대비 발사 횟수가 현저하게 증가했음을 알 수 있다.

【표 4-3】 핵무력 고도화간 스커드급 이상 탄도미사일 발사 현황

구 분	집권 1~2년차		집권 3~6년차			
	2012년	2013년	2014년	2015년	2016년	2017년
광명성	2발				1발	
무수단					8발	1발
스커드			11발	2발	6발(ER)	5발(ER)
노 동			2발		2발	
북극성				4발(SLBM)	4발(SLBM)	3발(지상형)
화 성						5발(12형) 2발(14형) 1발(15형)
총 계	2발	–	13발	6발	21발	17발

* 출처: 대한민국 국방부, 「국방백서」(서울: 국방부, 2012 · 2014 · 2016 · 2018)등 각종 공개자료를 참고하여 저자가 작성.

나. 미국의 강압과 북한의 역강압

앞서 언급한 바와 같이 김정은 정권 들어 2013년 병진노선 채택 이후 2015년까지의 기간은 새로운 중 · 장거리 탄도미사일인 화성-12형과 화성-14 · 15형의 '무기체계 개발과정'에서 신형 백두산 엔진, 동체 등을 설계하고 제작하는 단계^{시험발사 이전단계}를 병행해서 추진하는 기간이었다. 김정은 정권은 집권 초기인 2012년 4월과 12월 대포동 2호^{광명성 3호}를 발사한 사실 외에 스커드급 이상의 탄도미사일 발사는 2013년 말까지 단 한 차례도 없었다.

그런데 2014년 한 해 동안 북한은 총 18차례에 걸쳐 약 100여 발 이상의 각종 방사포, 단거리 및 준중거리 탄도미사일을 발사했다. 이중 스커드 및 노동미사일은 다음 【표 4-4】에서와 같이 총 7차례, 최소 13발을 발사했다.

【표 4-4】 2014년 스커드 및 노동미사일 발사현황

일시	장소	미사일	발수	거리 (km)	탄착	비고
2.27.05:42	강원 깃대령	스커드-B	4	200	동해	
3.3.06:19	강원 원산	스커드-C	2	500	동해	
3.26.02:35	평북 숙천	노동	2	650	동해	최초 내륙발사
6.29.04:50	강원 원산	스커드계열	2	500	동해	
7.9.04:00	황남 평산	스커드계열	2	500	동해	김정은 참관
7.13.01:20	황남 개성	스커드계열	2	500	동해	
7.26.09:40	황남 용연	스커드계열	1	500	동해	

* 출처: 대한민국 국방부, 「국방백서」(서울: 국방부, 2012 · 2014 · 2016 · 2018)등 각종 공개자료를 참고하여 저자가 작성.

2014년부터 김정은 정권은 기보유 중인 단거리 탄도미사일인 스커드미사일과 준중거리 탄도미사일인 노동미사일을 실전상황과 부합하게 실거리, 내륙의 임의지역, 임의시간에 가상 핵탄두장착 하 타격훈련을 실시했으며, 6월과 7월은 김정은이 직접 현장지도를 했다. 스커드 6회[11발] 중 4회[7발]에 걸쳐 김정은이 직접 해당 부대를 방문해 준비보고를 받고 발사명령을 하달하는 방법으로 진행되었으며, 주요 타격목표는 주한·주일미군 기지를 겨냥한 것이라고 북한 스스로 주장했다. 이 기간 동안 사격의 특징은 이동발사대TEL에서 임의장소, 임의시간대에 실전적으로 발사한 것이며 일련의 과정이 한미 감시자산에 의해 식별되었다. 특히 북한은 스커드 및 노동미사일 시험발사나 훈련발사 역사상 최초로 내륙지역을 관통하여 동해상으로 실제 타격목표에 근접하는 실거리 사격을 실시하기 시작했다.[26]

2014년 2월 27일 북한이 강원도 깃대령에서 동해상으로 스커드미사일 4발을 발사한다. 이에 대해 스티브 워런Steve Warren 미국 국방부 대변인은 27일 정례브리핑에서 "북한은 단거리 스커드미사일을 시험발사하는 것이 허용돼 있다"라고 언급했다. "북한이 이날 발사한 단거리미사일 시험발사를 상당히 자주 봐왔다"라고 밝힌 것이다. 그는 "북한이 도발적인 행동을 자제하도록 항상 촉구해 왔다"라고도 말했다.[27]

3월 3일 북한은 다시 스커드미사일 2발을 원산일대에서 동해상으로 발사한다. 이에 대해 3월 3일현지시각 젠 사키Jen Psaki 미국 국무부 대변인은 북한의 스커드 미사일 발사를 UN결의 위반으로 규정하고 북한에게 도발적 행동을 자제하라고 촉구했다. UN결의가 북한에게 탄도미사일 계획을 완전하고

---

26) 북한은 1980년대 중반부터 스커드미사일을 발사해 왔고, 1990년대 초반부터는 노동미사일을 발사해 왔지만 내륙지역을 관통하는 발사사례는 확인된 바 없다. 모두 동해안 일대에서 발사했다. 그러나 김정은 정권 들어 2014년부터 최초로 작전배치한 지역에서 가까운 임의의 진지를 점령하여 불시에 발사함으로써 실전능력 숙달과 자신감을 배양하고 대외적(대미·대남·대일)으로는 위협(능력과 의도)을 과시하고자 하였다.

27) "미 국방부, 북한 단거리 미사일 발사, 허용된 것," 「VOA」, 2014년 2월 28일; https://www.voakorea.com/a/1860713.html(2019년 5월 18일).

검증가능하며 돌이킬 수 없는 방법으로 폐기할 것을 요구한다는 것도 거듭 상기했다. 이어 북한이 이날 스커드 미사일 2발을 발사했다는 사실을 확인하며 이례적으로 발사지점과 궤도까지 설명했다. 지난 2월 27일 북한이 단거리 탄도미사일 4발을 발사한 직후 나왔던 국무부 입장보다 한층 강경해진 반응이었다. 사키 대변인은 북한의 행동과 의도, 그리고 한반도 상황을 계속 예의주시하고 있다며 북한이 긴장을 악화시키는 도발적 행동을 자제할 것을 촉구했다. 또한, 북한이 주변국과의 관계 개선을 위한 조치에 나서야 한다며 도발적 행동을 자제할 책임은 북한에 있다고 주장했다.[28]

한편, 미 국방부 관계자도 3월 4일 북한이 3일(한국 시간) 단거리탄도미사일 2기를 발사한 것은 UN안전보장이사회의 대북 결의를 위반한 것이라고 말했다. 그는 북한의 미사일 발사는 UN안보리 결의 1718호와 1874호, 2094호를 모두 위반한 것이라고 강조했다. 미 국방부는 지난 주 북한이 단거리 미사일 4기를 발사한 것 역시 스커드미사일을 포함한 모든 탄도미사일 발사를 금지한 UN안보리 결의를 위반한 것이라고 밝혔다. 미 국방부의 스티브 워런 대변인은 앞서 북한의 스커드 미사일 발사는 허용된 것이라고 언급한 하루 뒤 UN안보리 결의위반이라고 정정했다. 미 국방부 관리는 4일 성명에서 북한은 긴장을 조성하는 도발 행동을 자제하고 국제 의무와 결의를 준수해야 한다고 말했다. 이 관리는 미 국방부는 한반도의 상황을 예의주시하고 있다며 북한은 이웃나라와의 관계 개선에 나서야 한다고 강조했다. 또한 북한이 4일 발사한 단거리 발사체에 대해서는 UN안보리 결의위반이 아니라고 하면서도 북한 당국이 역내 긴장을 고조시키는 행동을 자제해야 한다고 말했다.[29]

이러한 미국의 대응에 대해 북한은 3월 5일 조선중앙통신을 통해 발표한 '전략군 대변인 담화'에서 2월 21일부터 3월 4일에 로케트발사 훈련을 진행

---

28) "미 국무부 '북한 미사일 발사, 유엔 결의 위반'," 「VOA」, 2014년 3월 4일; https:// www. voakorea.com/a/1863355.html(검색일: 2019년 5월 18일).

29) "미국 '북한 단거리미사일 발사도 유엔 결의 위반'," 「VOA」, 2014년 3월 5일; https:// www.「VOA」korea.com/a/1864082.html(검색일: 2019년 5월 18일).

했다[30]며, "우리 혁명무력의 모든 군사행동은 예외 없이 우리의 영공, 영해, 영토를 위주로 하여 나라와 인민의 안전을 지키고 지역의 평화를 수호하기 위하여 진행하는 정의의 자위적 행동이다"라고 주장하는 등 북한은 최근 잇달아 벌인 단거리 미사일 등의 발사 훈련이 '자위적 행동'이라며 '도발'이 아니라고 역대응했다. 담화는 이번 훈련이 "일찍이 있어본 적이 없는 최상 수준의 명중확률을 과시했다"라며 "지역의 평화와 안전은 물론 국제항해 질서와 생태 환경에 사소한 영향도 줌이 없이 순조롭게 진행됐다"고도 주장했다. 또한, 미국이 이번 훈련을 '도발'이자 UN안전보장이사회 결의위반이라며 비판한 데 대해서는 "당치않은 궤변"이라고 일축한 뒤 "미국과 그 추종세력들은 우리의 로켓 발사를 구실로 긴장을 격화시키는 어리석은 행위에 더 이상 매달리지 말아야한다"라고 경고했다.

그리고 한미군사훈련인 '키 리졸브'와 '독수리' 연습이야말로 '도발'이라며 "미국과 그 추종세력들은 우리에게 걸어오는 무모한 도발이 도수를 넘게 되면 우리 방어형 로켓들의 훈련 발사가 순식간에 가장 위력한 공격형 로켓 발사의 보복으로 이어진다는 것을 명심해야 한다"고 위협했다. 이어 "미국과 그 추종세력들은 우리의 로켓 발사훈련을 계기로 우리 핵문제까지 집요하게 걸고드는 어리석은 궤변을 늘어놓지 말아야 한다"며 "우리에 대한 적대시정책이 계속되는 한 핵억제력을 강화하기 위한 우리 군대와 인민의 투쟁은 더욱 힘 있게 벌어지게 될 것"이라고 덧붙였다. 한편 북한이 '전략군'을 내세워 담화를 발표한 것은 이번이 처음이다. 전략군은 북한의 탄도미사일을 지휘통제하는 전략로켓군이 확대 개편된 부대로 추정된다.[31]

한편, 3월 26일 북한은 노동미사일 2발을 평북 숙천일대에서 동해상으로 발사한다. 북한의 단거리탄도미사일 역사상 내륙지역에서의 최초 발사이다.

---

30) 북한은 2월 21일 300밀리 방사포 1발을, 3월 4일에는 4발을 각각 원산 일대에서 동해상으로 발사했다.

31) "전략군 대변인 담화, 로켓발사는 자위적 행동…도발 아니다," 「조선중앙통신」, 2014년 3월 5일.

미국 정부는 당일 북한의 노동미사일 발사를 심각한 도발로 규정하고 이번 발사가 UN안보리 결의위반이라면서 대응 방안을 찾고 있다고 밝혔다. 미국무부는 북한이 현지시간 26일 새벽 노동미사일 2발을 발사한 데 대해 즉각 우려 입장을 밝혔다. 마리 하프Marie Harf 국무부 부대변인은 북한이 지난달 27일과 이달 3일 스커드 미사일에 이어 26일 (준)중거리 탄도미사일인 노동미사일을 발사한 것이 걱정스럽고 도발적인 상황 악화라면서, 미국 정부는 이를 매우 심각하게 여기고 있다고 강조했다. 특히 이날 발사한 노동미사일 2발이 북한 영토를 지나 동해상에 영향을 주었다는 사실이 미 정부의 정보분석 결과라고 덧붙였다. 게다가 북한이 미사일 시험발사를 경고하는 어떤 해상통지도 하지 않은 것으로 보인다고 비난했다. 하프 부대변인은 탄도미사일 기술을 이용한 발사가 UN안보리 결의 1718호와 1874호, 그리고 2094호에 어긋난다는 사실도 분명히 했다. 또 1718호와 1874호는 북한이 탄도미사일 계획과 관련된 활동을 전면 중단하고 미사일 발사를 유예하도록 요구하고 있다고 강조했다. 그뿐만 아니라 1874호와 2094호는 북한에 탄도미사일 기술을 이용한 어떤 발사도 허용하지 않는 점을 상기시켰다. 하프 부대변인은 북한의 최근 도발에 적절히 대응하고, 북한 핵과 탄도미사일 계획이 국제안보에 가하는 위협에 대처하기 위해 UN안보리 이사국들을 포함한 동맹, 우방국 등과 긴밀히 공조하고 있다고 밝히면서, 현재 한반도 상황을 예의주시하고 있다며 북한에 추가 위협을 자제할 것을 촉구했다.[32]

3월 27일현지시간 UN안보리는 북한의 잇따른 미사일 발사에 대해 "심각한 우려를 표명하며 규탄한다"라고 '구두 언론성명'을 발표했다. 안보리는 "향후 유엔 안보리 이사국들은 북한 미사일 발사 문제에 대해 적절한 대응책을 논의할 예정"이라고 밝혔다.[33]

32) "미 국무부 '북 노동미사일 발사, 유엔 결의 위반'," 「VOA」, 2014년 3월 26일; https://www.voakorea.com/a/1879318.html(검색일: 2019년 5월 19일).

33) "유엔 안보리, 北 미사일 발사 규탄," 「파이낸셜투데이」, 2014년 3월 28일; https://sisaftoday.blog.me/50191740041(검색일: 2019년 5월 19일).

미국의 반응과 UN안보리 구두 언론성명 대응에 대해 북한은 3월 30일 외무성 성명을 통해 UN안보리가 자신의 미사일 발사훈련을 부당하게 규탄하는 도발행위를 감행했다며, 키 리졸브 및 독수리 훈련에 대응한 "우리군대의 자위적인 로케트발사훈련을 그 무슨 결의위반, 국제평화와 안전에 대한 위협으로 몰아 규탄하고 적절한 조치를 또 취하려는 것은 절대로 용납할 수 없다"라고 역대응했다. 또한, "미국이 유엔안보리를 도용하여 우리를 고립압살하려는 책동에 매달리는 한 우리도 정당방위할 권리가 있으며 … (미국이) 각종 핵타격수단들을 총동원하여 핵전쟁연습을 끊임없이 벌이는 한 우리의 훈련에도 보다 다종화된 핵억제력을 각이한 중장거리 목표들에 대하여 각이한 타격력으로 활용하기 위한 여러 가지 형태의 훈련들이 다 포함될 것이며 … 미국이 이것을 또다시 도발로 걸고드는 경우 상상도 하기 힘든 다음 단계조치들도 준비되어 있다"면서 "핵억제력을 더욱 강화하기 위한 새로운 형태의 핵시험도 배제되지 않을 것이며 … 그 책임은 전적으로 미국이 지게 될 것"이라고 위협했다.[34]

이후 북한은 6월 29일, 7월 9일, 7월 13일, 7월 26일 김정은 참관 하에 스커드미사일을 발사한다. 그리고 모두 공개한다. 매우 이례적인 사실이다. 김정은의 의지와 고도화 위협을 목표가 되는 상대에게 전달하고자 분명한 메시지를 보여주려 함을 알 수 있다. 김정은이 직접 참관하여 진행한 두 가지 주요 공개사례를 살펴보면 다음과 같다. 북한은 다음 【그림 4-4】와 같이 2014년 7월 10일 언론매체 보도를 통해 김정은이 "전략군 서부전선타격부대들의 실전능력을 판정검열하기 위하여 불의적인 기동과 화력타격을 배합하여 진행"했고 최고사령관인 김정은이 "현지에서 전략군 참모부가 작성한 발사계획, 설정된 비행궤도와 목표수역 봉쇄정형 등을 료해하고, 전술로케트 발사명령을 하달"했으며, "실전을 방불케하는…(중략)전술로케트들의 명중성과 전투적 위력이 남김없이 과시되었으며, 긴급정황발생시 서부전선타격부대들의 전투행동질서와 화력임무가 정확히 규정되고 각이한 목표에 따르는 사격방법이

---

34) "조선 외무성 성명, 유엔안보리가 미국 요구에 따라 정당한 로케트발사훈련 걸고드는 것 관련," 「조선중앙통신」, 2014년 3월 30일.

완성되게 되었다"[35]라며 김정은이 새벽에 불시에 방문하여 임의지역에서 실전능력을 점검한 사실을 공개했다.

【그림 4-4】김정은의 전략군 서부전선타격부대 현장참관 공개사진

 * 출처: 「조선중앙통신」, 2014년 7월 10일.

이는 미국이 적시에 정찰감시하고 대응하는 데 어렵도록 신속성과 정확성을 향상시키고 동시에 위협효과를 극대화하려는 의도로 평가된다. 한편, 7월 17일^{현지시간} UN안보리는 비공개회의를 열어 최근 북한의 단거리 미사일 발사가 안보리 결의 위반이라며 규탄하는 언론발표문을 채택했다. 또한 UN안보리는 북한의 최근 세 차례 단거리 탄도미사일 발사가 안보리 결의 1781호와 1874호 그리고 2094호 위반으로 규탄한다고 밝혔다. 북한에 대해서도 관련 안보리 결의들을 완전히 준수하라고 촉구했다.[36]

북한은 7월 26일【그림 4-5】와 같이 김정은이 참관한 가운데 스커드미사일 1발을 다시 발사했고, 그다음 날인 7월 27일 노동신문을 통해서 "61년전 승리의 7.27을 미제의 최후멸망을 선고할 새 세기 승리의 … 전승절을 하루 앞두고 진행된 발사훈련에는 남조선주둔 미제침략군기지 타격임무를 맡고 있는 전략군 화력타격부대가 참가"했다고 발표했다.[37]

---

35) "조선인민군 최고사령관 김정은동지께서 조선인민군 전략군 서부전선타격부대들의 전술로케트발사훈련을 지도하시였다," 「조선중앙통신」, 2014년 7월 10일.

36) "유엔 안보리, 북 단거리 미사일 발사 규탄 언론발표문 채택," 「YTN 뉴스」, 2014년 7월 18일; https://www.ytn.co.kr/_ln/0104_201407180503438870(검색일: 2019년 5월 19일).

【그림 4-5】 김정은의 전략군 (주한미군) 화력타격부대 참관 활동 1

* 출처:「조선중앙통신」, 2014년 7월 27일.

김정은이 "남조선주둔 미제침략군 기지들의 현 배치상태와 그를 타격소멸할 수 있게 가상하여 세운 발사계획을 본 다음 … 지도했다"라면서 "지난 세기 50년대부터 지금까지 백악관주인들은 계속 교체되였지만 미국의 악랄한 대조선 적대시정책은 조금도 변하지 않았다고 언급하면서 … 력사적으로 된 매를 맞고 녹아가기만 한 것이 미제의 수치스러운 전통이였고, 비대한 힘을 믿고 설쳐대는 미국을 … 통쾌하게 족쳐대기만 한 것이 우리의 자랑스런 전통이였다 … 이 법칙적인 두 전통은 앞으로도 영원히 흐르게 될 것이라고 언명"했다고 보도했다. 김정은의 대미 역사인식과 미국을 대상으로 한 발사훈련의 목적 그리고 이른바 미국의 대조선 적대시정책을 빌미로 한 강경대응 의지를 대내외에 전달하려는 의도로 평가된다.

2015년 들어 북한은 스커드 및 노동미사일 중 스커드 계열 미사일을 3월 2일에 한 차례 발사훈련_{남포/2발→동해/490km}을 했고38), 김정은은 1월부터 핵투발 3축 체계 중의 하나인 SLBM 개발 및 비행시험 현장지도에 집중했다.

---

37) "조선인민군 최고사령관 김정은동지께서 조선인민군 전략군의 로케트발사훈련을 또다시 지도하시였다,"「조선중앙통신」, 2014년 7월 27일.

38) "北 김정은 집권 이후 중·단거리 발사체 발사 일지,"「연합뉴스」, 2016년 3월 10일; https://www.yna.co.kr/view/AKR20160310038300014(검색일: 2019년 5월 13일).

이후 2016년 4차 핵실험1.6과 5차 핵실험9.9 그리고 무수단미사일 첫 시험발사 기간4월-10월을 전후로 스커드 및 노동미사일을 아래【표 4-5】에서와 같이 각각 3월과 7월 그리고 9월에 실전처럼 발사한다. 또한, 2017년에는 화성-12형 시험발사 이전과 화성-14형 시험발사 이전에 김정은 직접 참관 하에 스커드 및 노동계열의 미사일 실제 발사훈련을 실시했다. 이러한 스커드 및 노동미사일의 실발사 시기는 2016년과 2017년 새로운 핵투발수단인 SLBM, IRBM, ICBM 시험발사를 전후로 한 공백 기간에 미국의 강압에 대비한 실발사 훈련인 것으로 평가된다. 특히 김정은 직접 참관 하에 실시함으로써 정확도가 향상된 고도화 능력과 위협효과를 극대화하고자 한 것으로 판단했다.

【표 4-5】 2016-2017년 스커드 및 노동계열 실발사 훈련 사례

구 분		장소	미사일	발수	거리 (km)	탄착	비고
2 0 1 6 년	3.10.	황북 황주	스커드계열	2	500	동해	김정은 참관
	3.18	평북 숙천	노동계열	1	800	동해	
	4.15 ~ 6.22	강원 원산	무수단	6	5회 실패		김정은 참관
					400	동해	
	7.19	황북 황주	노동	2	500 ~ 600	동해	
			스커드-ER	1			
	8. 3	황북 은율	노동계열	2	1,000	동해	
	9. 5	황북 황주	노동계열	3	1,000	동해	김정은 참관
	10.15	평북 구성	무수단	2	실패		
2 0 1 7 년	3. 6	평북 동창리	스커드-ER	4	1,000	동해	김정은 참관
	5.14	평북 구성	화성-12형	1	787	동해	
	5.29	강원 원산	스커드-ER	1	450	동해	
	7. 4	평북 구성	화성-14형	1	933	동해	
	7.28	자강 무평리	화성-14형	1	998	동해	

* 출처: 대한민국 국방부,「국방백서」(서울: 국방부, 2012 · 2014 · 2016 · 2018)등
  각종 공개자료를 참고하여 저자가 작성.

2016-2017년 스커드 및 노동미사일 발사훈련 간 김정은이 직접 현지에 참관하여 발사하고 공개한 다섯 개의 주요사례 특징은 다음과 같다.

첫째, 2016년 3월 11일 북한은 노동신문을 통해 김정은이 "핵전쟁발발국 면이 조성되고 있는 엄혹한 정세 속에서 강위력한 핵억제수단들을 장비하고 있는 전략군의 실전능력을 판정하기 위한 기동을 배합한 탄도로케트발사훈련을 참관"했다며, "최고사령부로부터 불의의 기동명령에 따라 발사구역으로 신속한 기동을 진행 … 해외침략무력이 투입되는 적지역의 항구들을 타격하는 것으로 가상하여 목표지역의 설정된 고도에서 핵전투부를 폭발시키는 사격방법으로 진행 … 전략군 서부전선타격부대들의 전투적 위력이 남김없이 과시 … 앞으로 핵무기 연구부문과 로케트연구부문의 협동을 더욱 강화하여 핵타격능력을 부단히 발전 … 새로 연구제작한 핵탄두의 위혁판정을 위한 핵폭발시험과 핵공격 능력을 높이기 위한 필요한 시험들을 계속 … 핵무기연구부문에서 핵탄두 취급질서를 엄격히 세우고 … 핵공격체계 가동의 신속성과 안전성을 확고히 보장 … 전략적 핵무력에 대한 유일적 령군체계를 더욱 철저히 세울 것을 강조 … 전략군의 모든 핵타격 수단들을 항시적인 발사대기 상태를 갖출 것을 명령"했다고 보도했다.

【그림 4-6】과 같이 이뤄진 미사일 발사는 스커드 및 노동미사일 부대를 대상으로 미군 증원기지인 항구를 목표로 핵무기에 의한 가상 타격훈련을 점검한 것이다. 결과적으로 2017년 5월부터 시험발사하는 새로운 IRBM과 ICBM 개발 완성 이전에 기보유한 스커드와 노동미사일에 핵탄두 장착을 가상하여 정확도를 향상시키는 훈련을 김정은이 직접 참관 하에 실시한 것이었음을 방증하고 있다.

【그림 4-6】 김정은 전략군 서부전선타격부대 현장참관 공개사진 2

* 출처: 「조선중앙통신」, 2016년 3월 11일.

둘째, 2016년 7월 20일 북한은【그림 4-7】과 같이 조선중앙통신을 통해 김정은이 "이른 새벽에 발사훈련장에 … 남조선주둔 미제침략군기지들을 타격할 임무를 맡고 있는 전략군 화성포병부대들이 참가 … 미제의 핵전쟁장비들이 투입되는 남조선작전지대안의 항구, 비행장들을 선제타격하는 것으로 모의하여 사거리를 제한하고 진행 … 목표지역의 설정된 고도에서 탄도로케트에 장착한 핵탄두폭발조종장치의 동작특성을 다시 한번 검열하였다"라고 주장했다. 3월에 이어 다시 한번 핵탄두 기폭장치 작동상태를 검열했음을 암시하면서 핵탄두 장착 스커드 및 노동미사일 등 다종 다수의 미사일을 동시에 발사하는 새로운 실전적 훈련방법의 위협적인 특징을 보여주고 있다. 2014년과 2015년에 이어 2016년에도 주기적으로 김정은이 전략군 부대들을 방문하여 가상 핵타격 능력을 확인했다. 스커드 및 노동계열의 단거리 및 준중거리 탄도미사일 핵투발 고도화 능력을 작전임무부대별 및 투발수단별 그리고 복합적 방법으로 동시에 투발수단 타격능력을 점검 및 과시하고 있음을 알 수 있다.[39]

---

39) "경애하는 김정은동지께서 조선인민군 전략군 화성포병부대들의 탄도로케트발사훈련을 지도하시였다," 「조선중앙통신」, 2016년 7월 20일.

* 출처: 「조선중앙통신」, 2016년 7월 20일.

셋째, 북한은 2016년 9월 5일 김정은이 참관한 가운데【그림 4-8】처럼 정확도를 향상한 노동미사일 3발을 발사했다. 시기적으로 5차 핵실험 4일 전이다. 북한은 9월 6일 조선중앙통신을 통해 "유사시 태평양작전지대안의 미제침략군기지들을 타격할 임무를 맡고 있는 전략군 화성포병부대들이 참가한 훈련 … 현지지도 … 실전배비한 성능개량된 탄도로케트의 비행안전성과 유도명중성을 비롯한 신뢰성을 재검열하고 화성포병부대들의 실전능력을 판정 검열하기 위해 진행 … 훈련에서는 화성포병부대의 로케트운영능력과 탄도로케드들의 전투적성능이 완벽한 것으로 평가되었다"며, "김정은의 현명한 영도하에 임의의 시각에 임의의 장소에서 적들에게 선제타격을 가할 수 있는 강력한 군종으로 강화발전된 전략군 화성포병부대들의 군사적 위력이 만천하에 과시 … 핵무력강화의 기적적성과를 계속 확대 … 강조하였다"고 주장했다. 이로 볼 때 노동미사일의 유도능력도 보강하여 향상된 정확성을 갖춘 기존보다 고도화된 탄도미사일로 주일미군 증원기지에 여러 발을 동시에 집중사격할 수 있는 위협능력을 과시한 것으로 평가된다.[40)]

---

40) "경애하는 김정은동지께서 조선인민군 전략군 화성포병부대들의 탄도로케트발사훈련을 지도하시었다," 「조선중앙통신」, 2016년 9월 6일.

* 출처: 「조선중앙통신」, 2016년 9월 6일.

넷째, 북한은 2017년 3월 6일【그림 4-9】와 같이 스커드-ER 미사일 4발을 최대사거리로 동시에 발사한다. 북한은 3월 7일 매체를 통해서 김정은이 "날이 밝지 않는 이른 새벽에 … 우리 공화국을 선제타격하게 위한 합동군사연습을 강행하여 … 핵전쟁접경에로 몰아가고 있는 전쟁미치광이들을 탄도로케트 집중타격으로 … 유사시 일본주둔 미제침략기지들을 타격할 임무를 맡고 있는 전략군 화성포병부대들이 참가 … 핵전투부취급질서와 신속한 작전수행능력을 판정검열하기 위해 진행"했다며, "김정은이 이제는 화력타격조직과 지휘를 능숙하게 정말 잘한다고, 화력타격의 신속성과 일치성이 보장 … 우리의 탄도로케트들이 얼마나 고도로 정밀한지 동시 발사된 4발의 탄도로케트들이 마치 항공교예비행대가 편대비행을 하듯 한 모양새로 날아간다"라고 언급하고 전략군 전체 장병들은 "공화국의 자주권이 행사되는 령역에 단 한점의 불꽃이라도 날린다면 핵탄두를 만장약한 무적의 화성포로 침략과 도발의 본거지들을 생존불가능하게 초토화 … 결사의 각오"를 다졌다고 보도했다.41)

41) "경애하는 김정은동지께서 조선인민군 전략군 화성포병부대들의 탄도로케트발사훈련을 지도하시였다," 「조선중앙통신」, 2017년 3월 7일.

【그림 4-9】김정은 전략군 서부전선타격부대 현장참관 공개사진 5

* 출처: 「조선중앙통신」, 2017년 3월 7일.

다섯째, 북한은 2017년 5월 29일 아래【그림 4-10】에서 보이는 바와 같이 스커드계열 미사일 1발을 발사한다. 북한은 다음날인 5월 30일 조선중앙통신을 통해서 김정은이 정밀조종유도체계를 도입한 탄도로케트시험발사를 지도했다고 보도했다. 『로동신문』은 "정밀조종유도체계를 도입한 탄도로케트를 새로 개발하고 시험발사를 성과적으로 진행하는 혁혁한 위훈을 창조"했다며, "김정은이 지난해에 적함선을 비롯한 해상과 지상의 임의의 바늘귀같은 개별적 목표들을 정밀타격할 수 있는 우리식 탄도로케트를 개발할데 대한 여러차례 방향과 방도도 가르쳐주며 … 국방과학연구부문의 과학자, 기술자 들이 과학기술결사전을 벌려 1년이라는 짧은 기간에 새로운 정밀조종유도체계를 도입한 우리식의 주체무기를 탄생시키는 성과를 이룩"했다고 강조했다. 또한, "종전의 화성계열 로케트보다 발사전 준비공정이 고도로 자동화되여 발사시간을 훨씬 단축 … 초정밀타격할 수 있는 새형의 정밀유도탄도로케트 기술적 지표 확증하며 새롭게 설계제작한 무한궤도식자행발사대의 운영믿음성 검증 목적 … 중등사거리를 비행하여 예정목표점을 7m의 편차로 정확이 명중 … 능동비행구간에서 조종날개가 비행안정성 … 중간비행구간에서 소형열분사발동기에 의한 속도교정 및 자세안정화 정확성이 확증 … 마치 명사수가 저격수보총으로 목표를 맞히는 것만 같다 … 우리가 짜놓은 시간표와 로정표대로 다계단, 련발적 위력을 똑똑히 보여주어야 한다"라고 김정은이 언급한 내용을 소개하기도 했다.[42]

---

42) "경애하는 김정은동지께서 조선인민군 전략군 화성포병부대들의 탄도로케트발사훈련을 지도하시였다," 「조선중앙통신」, 2017년 5월 29일.

【그림 4-10】 김정은 전략군 서부전선타격부대 현장참관 공개사진 6

* 출처: 「조선중앙통신」, 2017년 5월 29일.

종합해보면, 스커드 및 노동미사일 발사훈련은 크게 세 가지 측면에서 고도화의 특징을 보여준다. 첫째, 성능개선을 통한 정확성을 높였다는 점이다. 특히 2017년 5월 29일 스커드-ER 개량형은 전방날개카나드/cannard: 비행체의 주 날개 앞쪽에 위치한 보조수평날개: fore-plane와 소형열분사발동기를 부착해 정밀조종유도체계 기술 적용으로 지대지탄도미사일을 지대함 표적미 함정이나 항모 등용으로까지 사용할 수 있는 정밀타격능력을 과시했다. 둘째, 향상된 정확도를 기반으로 2종 이상의 혼합형 일제사격2-4발 방식의 집중사격 방법으로 목표에 대한 타격효과를 확대할 수 있는 위협능력을 과시하고자 했다. 마지막으로, 3차 핵실험 이후 1년이 경과 된 시점부터 소형화가 용이한 핵탄두 탑재 단거리탄도미사일로 주한 및 주일미군기지 타격능력을 공개함으로써 고도화된 간접강압 능력을 과시하였다는 점이다.

2. 북한의 역강압전략 분석

2013년부터 2015년은 김정은 정권이 핵·경제 병진노선을 선언하고 핵무력 고도화를 본격적으로 추진하는 기간이었다. 이 기간에 다음【표 4-6】과 같이 크게 세 가지 핵무력 고도화 트랙이 가동되고 있었다. 첫 번째 트랙은 새로운 중·장거리탄도미사일 체계개발 단계로 대출력의 백두산 엔진과 중·장거리탄도미사일 동체를 설계 및 제작하고은밀성 유지, 이어서 2단계로 엔진시험과 시험발사하는 단계공개전략이다. 두 번째 트랙은 SLBM과 고체추진 북극성-2형 개발이며, 세 번째 트랙은 기보유 중인 스커드와 노동미사일을 소형화한 핵탄두와 결합해 정확도를 향상시키는 고도화를 병행해서 추진하는 것이었다.

【표 4-6】핵무력 고도화 프로그램 '세 가지 트랙'

구 분	2012년	2013년	2014년	2015년	2016년	2017년
	3차 핵실험			4·5차 핵실험		6차 핵실험
트랙 #1	스커드/노동미사일(성능/정확도 개선, 실발사 훈련)					
트랙 #2	SLBM 사출시험-비행시험, 고체추진 북극성-2형 완성					
트랙 #3	신형 IRBM/ICBM 엔진·동체 설계/제작(은밀) 엔진시험/시험발사(공개)					

스커드와 노동미사일 고도화는 새로운 SLBM과 IRBM 그리고 ICBM 개발 이후 예상되는 미국의 강압제재와 압박, 강화된 한미연합연습 등 군사·경제·외교적 강압에 역대응하면서 핵심무기체계에 대한 자체 개발여건을 조성하기 위해 간접강압에 의한 억제임무를 우선 부여했다.

아울러 【그림 4-11】에서 보는 바와 같이 정확도가 향상된 스커드·노동미사일 고도화 능력 공개 및 과시로 주한·주일미군 기지에 대한 간접강압 위협을 강제적으로 인식시키려 의도했다.

【그림 4-11】 스커드 · 노동미사일 고도화 위협인식 역강압전략(유형#2)

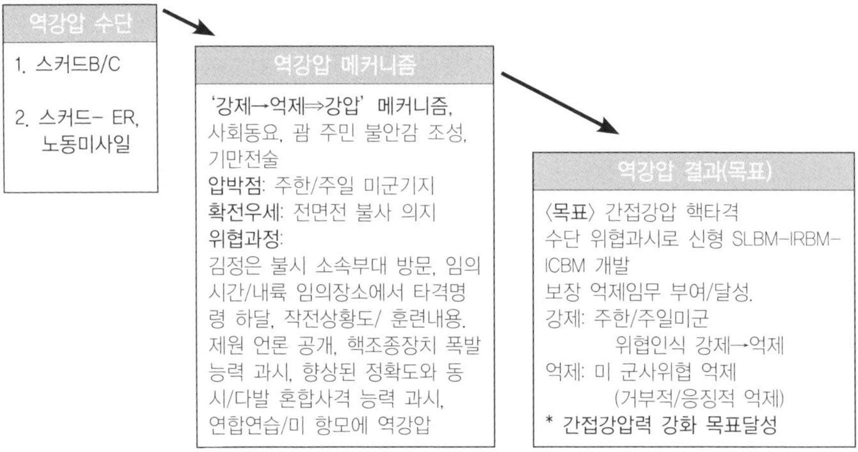

역강압 수단

1. 스커드B/C

2. 스커드– ER,
   노동미사일

역강압 메커니즘

'강제→억제⇒강압' 메커니즘,
사회동요, 괌 주민 불안감 조성,
기만전술
압박점: 주한/주일 미군기지
확전우세: 전면전 불사 의지
위협과정:
김정은 불시 소속부대 방문, 임의
시간/내륙 임의장소에서 타격명
령 하달, 작전상황도/ 훈련내용.
제원 언론 공개, 핵조종장치 폭발
능력 과시, 향상된 정확도와 동
시/다발 혼합사격 능력 과시,
연합연습/미 항모에 역강압

역강압 결과(목표)

⟨목표⟩ 간접강압 핵타격
수단 위협과시로 신형 SLBM–IRBM–
ICBM 개발
보장 억제임무 부여/달성.
강제: 주한/주일미군
      위협인식 강제→억제
억제: 미 군사위협 억제
      (거부적/응징적 억제)
* 간접강압력 강화 목표달성

가. 역강압 수단

스커드–B/C는 위협사거리가 300/500km로써 1988년에 실전 배치되었다. 김정은 시대에 최초 발사는 2014년 2월이었으며, 2009년 이후 5년 만에 발사했다. 한국의 전 지역에 대한 위협이 가능하며, 주요표적은 주한미군 기지나 양륙항만^{항구 · 비행장} 시설이며, DMZ로부터 가장 가깝게 배치되어 있다.

스커드–ER 위협사거리는 약 1,000km, 노동미사일 위협사거리는 1,300km로써 1990년대 중반에 실전 배치되었다. 일본 전 지역 위협이 가능하며, 주일미군 기지, UN사후방기지[7개43] 위협이 가능하다.

2014년부터 2017년 5월 신형 IRBM 및 ICBM시험발사 이전까지 김정은 정권은 이미 보유 중인 스커드와 노동미사일을 세 가지 측면에서 고도화했다.

---

43) 주일미군 기지인 UN사 후방기지는 모두 7곳으로, 본토에 요코스카 · 사세보 해군기지, 요코다 공군기지, 자마 육군기지 등 4곳이 있고, 오키나와에는 가데나 공군기지와 화이트비치 해군기지, 후텐마 해병대 기지 등 3곳이 있다. "한반도 유사시 美 전력 2시간 내 DMZ 전개 가능," 「국민일보」, 2017년 12월 6일; http://news.kmib.co.kr/article/view.asp?arcid=0923861808(검색일: 2019년 8월 20일).

첫째, 소형화된 핵탄두 장착 능력이다. 2013년 2월 3차 핵실험 이후 1년이 경과된 2014년부터 북한이 단거리탄도미사일인 노동 및 스커드 미사일에 핵무기 소형화가 이루어졌을 것이란 평가가 나오기 시작했다. 커티스 스캐퍼로티Curtis Scaparrotti 당시 한미연합사령관은 2014년 10월 24일현지시간 미국방부 기자회견을 통해서 "아직 실험을 통해 검증하지는 못했지만, 북한이 핵탄두를 소형화하고 이를 미사일에 탑재할 수 있는 능력을 갖춘 것으로 추정된다"고 언급한 바 있다.[44] 이와 관련해 미국의 핵군축 싱크탱크인 과학국제안보연구소ISIS 데이비드 올브라이트David Albright 소장은 2013년 2월 보고서에서 "북한이 자체 개발한 중거리 노동미사일에 소형 핵탄두를 탑재할 수 있는 능력을 이미 확보하고 있다"라고 주장한 바 있다. 기술적 측면에서 스커드 및 노동미사일은 탑재 가능한 탄두중량이나 탄두의 크기 면에서 초보적인 핵무기 소형화가 IRBM 및 ICBM 보다 용이한 것으로 알려져 있다.[45] 북한은 소형화를 이룬 핵무기를 자신들이 신뢰하고 있는 스커드와 노동미사일에 우선 결합하여 탑재할 수 있는 능력을 갖추려 했을 것으로 분석되었다.

둘째, 정밀도 등 성능개선으로 정확도를 향상시켰다. 특히 앞에서 설명한 바처럼 2017년 5월 29일 발사한 스커드-ER 개량형은 전방날개카나드와 소형열분사발동기를 부착하여 정밀유도조종체계 기술을 적용함으로써 지대지는 물론 미국의 항모 등 지대함용으로도 사용 가능한 정밀타격능력7m편차을 과시한 것으로 평가되었다.

44) "스캐퍼로티 주한 미 사령관 "북한 핵탄두 소형화 능력 갖춰"," 「연합뉴스」, 2014년 10월 25일; https://www.yna.co.kr/view/AKR20141025005000071(검색일: 2019년 8월 20일).

45) 스커드미사일 탄두중량은 약 700-1,000kg, 노동미사일 탄두중량은 약 700kg으로 IRBM이나 ICBM 탄두중량 약 500kg 이하보다 핵무기 소형화가 용이한 것으로 알려져 있다. 이춘근 박사는 "북한이 중단거리인 노동미사일에 소형화된 핵탄두를 개발할 수 있다"라고 분석한 바 있다. 이춘근, "북한의 핵탄두 소형화, 현대화 기술개발 경로와 수준," 「북한연구학회 춘계학술발표 논문집(2015)」, p. 180.

셋째, 고도화된 정확도를 바탕으로 실전 사격훈련을 강화함으로써 목표타격 능력을 향상시켰으며, 특히 스커드와 노동미사일 다수를 동시다발적으로 발사하는 집중사격 능력도 향상시킨 것으로 평가되었다.

이러한 스커드 및 노동미사일을 고도화하는 과정에서 김정은 정권은 자신들의 로켓발사훈련이 키 리졸브·독수리 연습 때문이라며 적대시 정책이 계속되는 한 핵억제력 강화는 계속될 것이라고 최초의 전략군 담화2014.3.5를 통하여 명분을 확보하고, 새로운 SLBM과 신형 백두산엔진무수단 및 KN-08을 대체하는 설계 및 미사일 동체를 제작하는 이른바 순조로운 중·장거리탄도미사일 체계개발을 위한 여건조성에도 효과적으로 활용했다.

나. 역강압 메커니즘

김정은 정권이 스커드 및 노동미사일 고도화 위협을 미국에 인식시키려는 역강압의 메커니즘강제→억제⇒강압 작동원리은 다음과 같이 네 가지로 세분화하여 평가할 수 있다.

우선, 주한·주일미군 기지를 목표로 압박점을 선정했다는 점에서 간접강압제3국 강압의 메커니즘을 작동시키려 했다. 북한은 스커드와 노동미사일 타격목표인 주한 및 주일미군 기지와 항모 등을 핵무기로 정확하게 타격할 수 있다는 능력과 의지를 미국에게 전달하고 그 위협을 강제적으로 인식시키고자 했다. 미 본토 타격능력IRBM·ICBM을 완성하기 이전에는 주한 및 주일미군 기지를 볼모로 타격할 수 있다는 핵무력 투발수단의 고도화된 능력을 과시하여 아직 완성되지 않은 새로운 핵투발수단북극성·화성계열 고도화 과정에서 예상할 수 있는 미국의 군사적 위협인 예방전쟁이나 선제타격 등을 차단하기 위한 보복적·거부적 억제효과가 확실하게 작동되는 데 중점을 두고자 했다.

둘째, 김정은 정권은 스커드 및 노동미사일 고도화 관련 활동에 대한 현지지도 활동을 공개함으로써 본격적으로 핵무력 고도화 강제적 위협인식 메커니즘의 작동효과를 극대화하기 시작했다. 김정은은 2014년부터 핵무력 현지지도 활동을 활발하게 전개하면서 직접 참관한 시험발사 내용의 공개를 대폭 늘렸다.[46] 2014년 6월 김정은이 전략군 예하 스커드 및 노동미사일 부대를 직접 방문해 발사와 관련된 주요 사진과 세부제원, 그리고 수사적 위협 내용을 본격적으로 공개하기 시작했다. 핵투발 능력을 갖춘 스커드와 노동미사일의 위협을 관영매체에 직접 공개함으로써 한미의 정보분석관들과 군 지휘부에 인식시키고자 했다. 언론에 공개되는 북한이 발사한 탄도미사일의 세부제원과 사격방법, 특징 그리고 위협적 언술 내용 등은 그것들을 공개하지 않을 경우보다 훨씬 위협에 대한 강제적 인식이 용이하다는 상대의 취약점을 이용하고자 한 것이다. 특히 향상된 정확성과 동시 또는 시간차이를 두고 발사하는 전술적 교란 사격방법에 대한 시각적인 장면을 모두 사진으로 직접 보여줌으로써 고도화된 위협에 대한 대미 강제적 인식 효과를 극대화시키고자 했다.

셋째, 이동식발사차량TEL을 이용한 임의장소와 임의시간대에 실전같은 발사능력을 보여주기 시작했다. 2014-2017년 스커드와 노동미사일은 총 15회 발사했다. 장소는 과거와는 달리 모두 내륙의 임의지역에서 불시에 발사했다. 언제 어디서라도 불시에 발사할 수 있다는 향상된 기습발사 능력을 보여주고자 했다. 김일성·김정일 시대 북한의 스커드 및 노동미사일 발사는 모두 동해안 일대에서 안전을 고려하여 동해상을 목표로 이루어졌다. 그러나 김정은 시대 스커드와 노동미사일 발사는 내륙에서 동해상으로 실전과 같이 실거리 발사훈련을 실시한 것이 중요한 특징으로 기록되었다.

마지막으로, 북한은 이러한 정확도와 신뢰도가 높은 스커드와 노동미사일을 주로 한미연합연습 훈련기간, 또는 새로운 SLBM이나 IRBM 및 ICBM 등을 시험발사 하기 전후의 공백 기간에 발사함으로써 전략탄도미사일 고도화에 대한 미국의 관심과 주의를 희석시키려는 메커니즘까지 작동시키고자 했다.

---

46) 홍민, "북한의 핵·미사일 관련 주요 활동 분석," KINU Insight 2017 No. 1, p. 26.

다. 역강압 결과(목표)

김정은 정권이 스커드와 노동미사일 능력을 위협수단으로 활용하는 과정에서 능력을 고도화하고 그 위협을 적극적으로 공개하여 무엇을 얻고자 했을까? 다시 말해 스커드 및 노동미사일의 고도화 위협을 공개하여 미국주한미군·주일미군 지도부 및 분석관에게 위협을 강제적으로 인식시키려 한 이유는 무엇이었을까? 이 질문에 대해 객관적으로 나타난 사실을 평가하기는 제한된다. 그러나 분명한 것은 북한이 인식시키고자 한 표적대상이 주한 및 주일미군 기지를 목표로 한 가상 핵타격 훈련이었다는 주장에 유념하고자 했다. 그렇다면 북한이 보여준 스커드 및 노동미사일 고도화 능력과 위협을 강제적으로 인식시키고자 한 목표는 위협을 공개하는 메커니즘을 통해 상대방인 미국에게 어떻게 인식되었을까?

3차 핵실험 이후 1년이 지난 2014년부터 북한의 스커드 및 노동미사일 발사는 급격하게 증가했지만, 미국은 외형적으로는 미온적인 반응을 보였다. 앞에서 설명했듯이 2014년 3월 노동미사일 발사 이후부터 미국은 UN의 탄도미사일 발사 금지 결의에 위반된다고 언급만 하다가 점차 자제를 촉구하고 규탄하는 정도의 대응을 하게 된다. 핵실험이나 중장거리 탄도미사일 발사의 경우와는 달리 저강도의 대응에 머물렀을 뿐이었다.

그러나 미국은 개발과정에 있는 신규 탄도미사일을 발사하는 경우와는 다르게 비록 미 본토를 직접 위협할 수 없는 탄도미사일일지라도 북한이 최초부터 개발하여 보유하고 있는 검증된 스커드와 노동미사일의 추정되는 핵투발 고도화 능력이 주한미군과 주일미군을 볼모인질로 한 향상된 억제력을 보여주고 있다고 판단했을 것이다. 한국과 일본은 물론 그곳에 주둔하고 있는 미군들과 가족들까지를 고려할 경우 대북 군사적 옵션 사용에는 많은 제약이 따른다는 것을 미국도 인지하고 있음은 물론 북한도 알고 있었기 때문이다.

핵탄두 장착이 가장 용이한 북한의 현존하는 미사일, 향상된 정확도와 가장 많은 실전발사 능력을 갖추고 있는 미사일, 항모 대응능력, 감시가 어려운 수십 대의 TEL과 수백 발의 탄을 보유한 탄도미사일, 가장 신뢰도 높은 확실한 제3국 간접강압 수단, 그것도 장거리 방사포 등과 혼합하여 동시 발사 시에는 한미연합군의 요격능력 저하 등으로 대미 보복적·거부적 억제력을 모두 가지고 있는 스커드와 노동미사일의 고도화 위협을 통하여 북한은 영리하게도 새로운 IRBM·ICBM·SLBM 고도화와 역강압전략 성공 여건을 조성하고자 했다.

3| 소결론

이 장에서는 사례연구 분석으로 유형#1 무수단미사일과 유형#2 스커드 및 노동미사일 고도화 위협을 역강압전략의 분석틀로 고찰하였다. 분석결과 유형#1 무수단미사일의 가상핵탄두 발사위협 사례는 다음과 같은 중요한 함의를 가지고 있다.

첫째, 김정은 정권 들어 대미 핵무력 고도화 강제적 위협인식 역강압전략의 첫 성공사례를 기록했다. 앞에서 규정한 바와 같이 김정은 정권의 북한에 적용 가능한 강압이론의 '강제→억제⇒강압'의 개념과 메커니즘이 북한의 상황과 조건에 대부분 적용이 가능한 사례였다. 특히 역강압의 성패를 결정짓는 요인인 '압박점' 미국령 괌을 직접위협과 전쟁 불사의지 표출1호전투근무태세 발령 및 무수단 전개 등에 따른 '확전우세'를 모두 적용할 수 있었다고 분석했다. 이러한 김정은 정권의 첫 대미 역강압전략의 성공 결과로 미국은 북한에게 대화 제의를 하게되면서 무수단미사일 전개 상황 등 북미 간의 핵위기 고조상황은 일단락되었다.

둘째, 북한이 시험발사도 해 본 적 없었던 단 2기의 무수단미사일 기만전술[47]로 미국의 강압을 물리쳤다는 점은 약소국 북한이 강대국 미국을 상대할 수 있다는 사실을 보여준 사례가 되었다. 북한은 최소한의 비용과 노력으로

---

47) 기만활동이란 "자신의 의도, 배치, 능력 등을 상대에게 오판하도록 하여 자신의 의도대로 상대를 유인하거나 상대의 기도를 사전에 포기하게 하는 계획적인 활동"이라 정의할 수 있다.

미국에게 상당 수준의 손실과 체면치레를 강요한 셈이었다. 더욱이 사후 결과적으로도 확인되었지만, 무수단미사일은 2016년 첫 시험발사 과정에서도 9회 중 8회나 실패함에 따라 무기체계로서의 실전적 가치가 없는 것으로 판명된 바 있다. 이러한 단 2발의 무수단미사일의 기만작전 성공은 북한의 핵투발수단의 실체적 위협분석의 어려움과 실체적 위협 파악의 중요성에 대해 한미군 당국에게 교훈을 던져주기도 했다.[48]

셋째, 무수단미사일 발사위협 결과 괌 주민들에 대한 불안감 조성 역강압 메커니즘은 미군 및 정부지도자들에게 북한을 강압하는 데 있어 많은 제약점을 안겨줌으로써 적시적인 대북 강압정책을 제한했다고 분석했다. 북한이 미국의 취약점, 즉 미국 영토와 국민의 희생을 직간접적으로 강요하고 위협할 때 미국이 아파하는 치명적인 약점을 꿰뚫어 보고 있다는 점을 보여준 셈이다. 이 사례를 통해 북한은 새로운 ICBM 개발까지 미국의 강압을 효과적으로 극복할 수 있는 이른바 첫 예행연습에도 성공함으로써 (후술하겠지만) 2016-2017년 유형#4인 새로운 화성계열 미사일 고도화 간 다양한 강제적 위협인식 메커니즘을 착안하는 실제적인 경험을 얻게 되었다고 판단했다.

종합하면, 이러한 무수단미사일 발사위협 연구사례_{유형#1: 2013.1-5}는 강압이론을 약소국이자 피강압국 상황에 처해있는 북한의 역강압전략에 적용할 수 있는 대표적 연구사례로 제시할 수 있으며, 김정은 정권의 역강압전략에 대한 이론적 발전의 첫 연구사례가 될 수 있었다고 평가했다.

다음으로, 유형#2 분석결과 스커드 및 노동미사일 가상핵탄두 실발사 위협 사례는 다음과 같은 중요한 함의를 가지고 있다.

---

48) 북한은 무수단 발사위협 상황 종료 이후 "털어놓고 말하여 자행화된 이동미싸일들의 기동을 포착하려고 애쓰는 것은 솔밭에서 바늘찾는 격이다"라면서 무수단 활동을 은폐하고 미국이 찾지 못하도록 의도적으로 기만했음을 자인하는 주장을 확인했다. "무모한 핵공갈을 절대로 용납할 수 없다," 「조선중앙통신」, 2013년 5월 16일.

첫째, 단거리와 준중거리 미사일인 스커드 및 노동미사일은 탑재 탄두 중량이나 크기 면에서 소형화된 핵탄두를 장착하기가 가장 용이한 탄도미사일이자 북한의 탄도미사일개발 역사에서 가장 먼저 개발되었고 실사격 훈련도 가장 많이 해 본 신뢰할 수 있는 탄도미사일이다. 그래서 이들 미사일에게 김정은은 새로운 중장거리미사일을 개발하는 동안 미국의 강압에 역강압하는 역할을 부여했다. 즉, 스커드 및 노동미사일의 정확도를 향상시키고 가상핵탄두 장착능력을 과시하면서 주한·주일미군 기지를 위협함으로써 제3국강압인 간접강압 능력을 고도화하고 그 위협을 미국에게 강제적으로 인식시키고자 했다. 한국과 일본은 물론 미군기지를 인질로 삼아 직접 위협할 수 있는 스커드 및 노동미사일을 고도화함으로써 신형 IRBM과 ICBM을 완성하기 이전 기간에 미국의 위협에 대비하고자 했던 것이다.

둘째, 이렇게 고도화되고 핵탄두장착이 가능한 간접강압 능력을 갖춘 스커드와 노동미사일은 유사시 미 본토가 아닌 주한·주일미군 기지에 제1격 능력은 물론 제2격 능력까지도 갖추고 있다는 점을 보여주려 했다. 주지하다시피 북한이 가장 많은 수의 TEL과 가장 많은 수의 탄을 보유하고 있는 미사일이 바로 스커드 및 노동미사일이다.[49] 그만큼 생존성이 뛰어나고 명중율도 높아 임의지역에서, 그것도 방사포 등과 혼합사격 시 요격이 불가하다. 최근에는 소위 이스칸데르형 및 에이태킴스형 미사일 등 최신전술유도미사일과 초대형방사포 등을 개발함으로써 요격이 거의 불가하게 되었다. 향후 김정은 정권이 주한·주일미군 기지를 확실하게 인질화하겠다는 의도를 보여주고 있음을 알 수 있다.

종합하면, 김정은 정권의 핵무력 고도화 유형#1 무수단미사일 고도화 위협과 유형#2 스커드 및 노동미사일 고도화 위협은 새로운 미사일인 유형#3과 유형#4의 개발과 완성의 기초가 되었고, 당시에는 현존 미사일로서의 강제, 억제, 강압 그리고 거부적 억제력과 보복적 억제력을 미국에 각인시킴으로써 간접강압[제3국강압] 능력에 의한 북한의 역강압전략 성공의 동력을 제공할 수 있었다고 분석했다.

---

49) 북한은 100여 기의 TEL과 1,000여 발의 탄을 보유하고 있는 것으로 알려져 있다. 이 중에 스커드와 노동미사일이 TEL 및 탄두 총보유량면에서 절반 이상을 차지하고 있다.

김황록 前 국방정보본부장! 김정은 정권의 실체적
핵·미사일 위협과 대미 역강압전략을 체계적으로 해부하다.

5장

새로운 핵투발수단 고도화 위협
'역강압전략'
사례 분석

북한의 준중거리탄도미사일(MRBM) 북극성-2형의 발사 장면, 2017. 5. 21

5장 새로운 핵투발수단 고도화 위협 '역강압전략' 사례분석

이 장에서는 북한이 새로운 탄도미사일 고도화로 미국을 역강압한 두 가지 사례(유형#3, 유형#4)로 【표 5-1】에서 보는 바와 같이 살펴보고자 한다.

【표 5-1】 핵투발수단 고도화 사례·유형별 메커니즘의 진화

구 분		역강압 수단	역강압 메커니즘의 변화양상
현존핵투발수단	유형#1	무수단(IRBM) 장사정포	괌, 태평양 작전지역 미군 대상, 전면전 불사 의지 표출, 기만전술, 강제→억제⇒직·간접강압력/기만 강화
	유형#2	스커드(SRBM), 노동(MRBM)	정확도 향상, 내륙 실발사 능력, 한미연합 연습 빌미, 주한·주일 미군기지 대상 강제→억제⇒간접강압력 강화
신규핵투발수단	유형#3	북극성-1형(SLBM), 북극성-2형(MRBM)	수중 은밀성·생존성과 잠재적 보복능력 과시, 고체추진제미사일 완성, 강제→억제⇒잠재적 직접강압(보복)/간접 강압력(기습타격) 강화
	유형#4	화성-12형(IRBM), 화성-14형·15형(ICBM)	미국의 사활적 이익(본토·괌·하와이) 위협, 엔진-핵장치공개-핵실험-괌포위사격-ICBM 성공, 강제→억제⇒미본토 직접강압력 강화

유형#3은 북극성계열 미사일 고도화를 통한 역강압 활동이다. 북한은 3대 핵전력의 핵심수단 중 하나인 새로운 잠수함발사탄도미사일인 북극성-1형 SLBM과 고체추진제 지대지탄도미사일인 북극성-2형 시험발사를 단계적으로 성공시키면서 향상된 기습타격 및 잠재적 보복능력을 인식시키는 양상으로 미국의 강압에 역강압으로 대응했다. 기간은 다음 【그림 5-1】에서와 같이 2014년 2월부터 2017년 5월까지이다.

유형#4는 화성계열 미사일IRBM · ICBM을 통한 역강압 활동이다. 새로운 강압수단인 IRBM · ICBM을 개발하여 순차적으로 시험발사에 성공하면서 새로운 대형엔진시험 성공 이후 핵장치 공개 하에 고위력 핵실험을 감행하고, 괌 포위 실거리 발사사격으로 괌 및 미국 본토를 직접 위협할 수 있는 능력과 의지를 강제적으로 인식시키는 메커니즘을 이용해 강압했다. 기간은 다음 【그림 5-1】에서와 같이 2016년부터 2017년까지이다.

앞에서도 언급한 바 있듯이 북한이 새로 개발한 IRBM · ICBM은 2013년 병진노선 채택을 전후로 개발이 시작되었으며, 2017년 11월 핵무력 완성 시까지 약 5년의 기간이 소요되었다. 【그림 5-1】은 핵무력을 고도화하면서 미국에게 위협을 인식시키려 했던 역강압수단별 위협 기간을 시기별로 도식한 로드맵이다. 북한이 이른바 '핵무력 고도화 5개년 계획' 을 수립한 것으로 추정하였으며, 북한의 주장에 의하면 약 5개월 정도 단축한 것으로 평가했다.[1]

【그림 5-1】김정은 정권의 핵무력 고도화 추진 로드맵

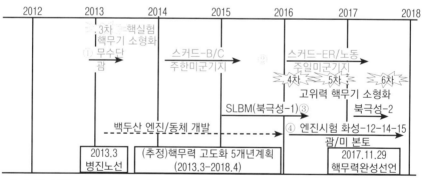

* 출처: 북한 및 국내외 공개정보를 종합 분석하여 저자가 작성.

---

1) 앞에서 언급했듯이 북한은 2018년 4월 20일 당중앙위원회 제7기 제3차 전원회의에서 김정은이 "국가핵무력건설이라는 력사적 대업을 5년도 안되는 짧은 기간에 완벽하게 달성한 기적적 승리"라고 주장했다. 북한이 2013년 3월 병진노선을 채택한 시점을 기준으로 볼 때 5년이 되는 시기다. 결국, 2017년 11월 핵무력 완성 선언 시점을 목표달성 시기로 고려 시 구체적으로는 4.5년이 소요된 것으로 분석했다. "김정은, 병진노선의 위대한 승리를 긍지높이 선언하고 당의 새로운 전략적로선을 제시," 「조선중앙통신」, 2018년 4월 20일.

1| 북극성계열 미사일 고도화 위협 2015.1-2017.5

1. 북미상황: 북한의 행동 - 미국의 강압 및 북한의 역강압

2015년에는 고래급 잠수함^{발사관 1개}에서 탄도미사일인 SLBM의 수중사출 및 비행시험까지 성공한 이후 3천 톤급의 새로운 잠수함^{발사관 3개 추정} 건조에 들어갔다. 그리고 수중발사 플랫폼을 지상발사 플랫폼으로 변경하여 고체추진제를 사용한 북극성-2형이라는 새로운 MRBM인 준중거리지대지탄도미사일을 개발하면서 그 과정도 역시 공개했다. 이 시기에서 보면 북한은 단거리 탄도미사일인 스커드 및 노동미사일의 가상 핵투발 능력 점검과 또 다른 3대 핵전력의 하나인 SLBM까지를 병행 개발하는 사전 치밀하게 계획된 핵무력 고도화 과정이 전개되고 있었다.

가. 북극성-1형 SLBM(2015.1-2016.8)

김정은 정권이 SLBM을 개발하고 있다는 사실은 2014년 9월 14일 국회 국방위원회 질의에 대한 우리 합동참모본부의 답변에서 처음으로 공식 확인되었다. 합동참모본부는 이날 국회 국방위원회 진성준 의원실에 제출한 자료에서 "현재까지 북한이 잠수함에 미사일을 탑재해 실제 운용하고 있다는 첩보는 없으나 최근 북한 잠수함의 미사일 탑재 가능성이 일부 식별되어 한미 공조 아래 정밀 분석 중"이라고 밝혔다.[2] 38노스는 2014년 11월 4일 보도에서 "북한이 신포조선소 일대에서 새로운 시험장을 건설하기 시작하여 2014년 4월에 완성되었다"며 2014년 7월 24일에 인공위성으로 촬영한 67m급 잠수함 영상을 게재한 바 있다.[3] 이 잠수함이 북한의 '고래급' 잠수함이

---

2) "북 잠수함 기지서 탄도미사일 수직발사관 식별," 「연합뉴스」, 2014년 9월 14일; https://www.yna.co.kr/view/MYH20140914003900038(검색일: 2019년 6월 20일)

3) Joseph S. Bermudez Jr, "The North Korean Navy Acquires a New Submarine," 38 NORTH, 19 October 2014; https://www.38north.org/2014/10/jbermudez101914/(검색일: 2019년 8월 7일).

다.4) 북한은 2015년 5월 9일 김정은이 참관한 가운데 고래급 잠수함에서 '북극성'으로 명명된 SLBM을 수중 사출 및 수면에서 로켓점화까지 성공한 장면을 보도했다. 이후 2016년 8월 최종 시험발사까지 약 10여 차례 진행한 시험발사 현황은 다음 【표 5-2】와 같다.

【표 5-2】 북한의 SLBM 사출 및 비행시험 현황

구 분		장소	미사일	비고
2 0 1 5 년	1.23	신포조선소	수중 사출시험	
	5. 8	신포 근해	수중 사출시험	김정은 참관
	11.28		비행시험(실패 추정)	
	12.21			
2 0 1 6 년	1. 8	신포 근해	비행시험 (실패 추정)	김정은 참관
	3.16	신포조선소	지상 사출시험 (추정)	
	4.23	신포 근해	비행시험 (약 30km 비행)	
	7. 9		비행시험 (약 10km 비행)	
	8.24		비행시험 (약 500km 비행)	김정은 참관

* 출처: 대한민국 국방부, 「국방백서」(서울: 국방부, 2012·2014·2016·2018)등
  각종 공개자료를 참고하여 저자가 작성.5)

---

4) 고래급 잠수함은 길이 67m, 배수량 2,000톤, 발사관 1개를 탑재한 최초의 SLBM탑재 잠수함이다. 북한은 1993년 3개의 SLBM 발사관을 갖춘 러시아제 G급(골프급) 잠수함 수척을 고철로 수입하고 미사일 발사장치와 관련 기술 및 부품 일부를 입수해 역설계 방식으로 건조한 것으로 알려졌다. 언론에서는 신포급 잠수함이라고도 불리는 동 잠수함은 시험용 잠수함으로써 2016년 8월 최종 비행시험 이후 현재는 미활동 중이다. 새롭게 건조 중인 것으로 추정되는 약 3천톤급의 잠수함으로 대체될 것으로 보인다.

5) 북한은 2016년 8월 24일 보도에서 "김정은이 무려 10여 차례나 시험발사장에 나왔다"라고 회고했다. 「조선중앙방송·로동신문」, 2016년 8월 24일; 따라서 본 논문에서 제시한 통계는 북한이 공개하거나 언론에서 공개된 자료만을 근거로 작성했기 때문에 북한이 공개하지 않은 건수를 고려한다면 최소한의 시험발사 현황으로 이해해야 한다.

북한은 2015년 5월부터 SLBM 사출 및 비행시험 내용을 의도적으로 공개하기 시작했다. 공개 이전인 2014년에는 주로 육상 및 수중^{바지선}에서 사출시험을 실시하고, 2015년에 본격적으로 신포급 잠수함에서 수중발사를 통한 사출 및 비행시험을 실시했다.

북한은 2015년 5월 9일 보도를 통해 김정은 참관하에 전략잠수함 수중시험발사가 진행되었다고 처음 보도했다. 북한 매체인 조선중앙방송은 "시험발사를 통하여 함내소음준위, 발사반충력, 탄도탄의 수면출수속도, 자세각 등 전략잠수함에서의 탄도탄 수중발사가 최신 과학기술적 요구에 완전히 도달했다는 것이 검증 확인"되었다며, "당 중앙의 전략적 기도에 맞게 전략잠수함에서의 탄도탄 수중발사기술을 완성한 … 위훈을 높이 평가하고 … 우리식의 공격형 잠수함에서 탄도탄을 발사할 수 있게 된 것은 인공위성을 쏘아 올린 것에 못지 않는 경이적인 성과이며 … 실전배비되면 적대세력들의 뒤잔등에 언제 터질지 모르는 시한탄을 매달아 놓는 것으로 … 임의의 수역에서 … 마음 먹은 대로 수중작전을 진행할 수 있게 되었다"고 김정은이 강조한 내용을 보도했다.[6] 그리고 5월 26일 동 매체는 김정은이 전략잠수함 탄도탄 수중시험발사 성공에 기여한 과학자 등과 함께 기념사진을 찍었다고 보도했다.[7] 이 시기 수중시험발사는 '비행시험'이 아니라 수중 잠수함에서 사출된 이후 수면 위로 올라와 점화에 이르는 과정을 시험한 것으로 평가되었다.

북한이 2015년 5월 9일 하루 전에 SLBM 시험발사 성공을 보도한 데 대해 제임스 위너필드^{James Winnefeld} 미 합참부의장은 "북한 SLBM 개발, 여러 해 걸릴 것"이라 언급했고, 미국 전문가들은 "북한의 SLBM 위협 과대 해석 경계해야" · "실전배치 아직 멀어" · "영상 조작"이라고 주장하는 등 미국내

---

6) "전략잠수함 탄도탄 수중시험발사에서 완전 성공," 「조선중앙방송 · 로동신문」, 2015년 5월 9일

7) Joseph S. Bermudez Jr, "The North Korean Navy Acquires a New Submarine," 38 NORTH, 19 October 2014; https://www.38north.org/2014/10/jbermudez101914/(검색일: 2019년 8월 7일).

에서는 과소평가 분위기가 팽배했는데, 이는 북한의 SLBM 시험발사 결과에 대해 미국이 체면상 인정하지 않으려는 분위기였음을 보여주고 있다. 물론 고 래급 잠수함이 실전배치 불가한 시험용 잠수함이었기 때문에 새로운 잠수함 건조 소요 기간 등을 고려한다면 단기간 내 임박한 위협으로 평가하지 않을 수 있는 상황이었다. 하지만 북한이 은밀하게 수중에서 발사하는 SLBM 개발 을 과시하는 것은 가까운 미래에 또 하나의 큰 위협이 될 것이 분명했다.

한편, 2015년 11월 28일 북한의 SLBM 시험발사 관련, 2015년 12월 1일 현지시간 미 국무부 마크 토너Mark Toner 부대변인은 정례브리핑에서 북한은 UN안보리 결의를 위반하거나 역내 긴장을 고조시키고 국제평화와 안보를 위 협하는 행위를 자제해야 한다고 언급했다. 국무부 동아시아태평양 담당 캐티 나 애덤스Katina Adams 대변인은 1일 전 탄도미사일 기술에 관한 UN안보리 결의를 상기시켜 북한에 의무 준수를 촉구했다고 보도했다.[8]

이후 약 1년 가까이 수차례 비행시험을 거쳐 2016년 4월 24일 북한은 다 시 김정은 참관하 시험발사한 위협내용을 공개한다. 북한 매체인 조선중앙통 신은 "핵공격 능력을 비상히 강화해 나가는 길에서 커다란 의의를 가지는 탄 도탄 수중시험발사의 눈부신 성공을 또 다시 이룩 … 최대 발사심도에서의 탄도탄 냉발사체계 안정성과 새로 개발한 대출력고체발동기를 이용한 탄도탄 의 수직비행체제에서의 비행동력학적 특성, 계단열분리의 믿음성, 설정된 고 도에서 전투부핵기폭장치의 동작정확성을 확증하는데 목적을 두고 진행 … 완전히 확증, 공고화 … 수중발사기술을 보다 높은 수준에서 훌륭히 완성 … 역사적인 당7차대회를 앞두고 경이적 성과"라고 김정은이 강조한 내용을 포 함해 보도했다.[9] 2015년 대비 액체추진제에서 고체추진제로 연료를 대체하고

---

8) "미 국무부, 북한 SLBM 발사시험 우려…긴장 고조 말아야," 「VOA」, 2015년 12월 2일; https://www.voakorea.com/a/3083416.html(검색일: 2019년 6월 20일)

9) "전략잠수함 탄도탄 수중시험발사 또다시 대성공," 「로동신문」, 2016년 4월 24일.

이른바 콜드런치 방법10)으로 가상 핵기폭장치 작동 시험을 병행한 것을 강조한 것이다. 이후부터 미국의 평가도 달라지기 시작했다.

이에 대해 미국 국무부는 4월 23일현지시간 존 커비John Kirby 대변인 명의의 논평에서 탄도미사일 기술을 이용한 발사는 명백한 UN안보리 결의들을 위반하는 것이라고 지적했다. 이어 북한이 정세를 불안하게 하는 행동을 자제하고 국제의무와 약속을 이행하는 데 초점을 맞춰야 한다고 강조했다. 한편, 미 전략사령부는 앞서 23일 성명에서 북한의 잠수함발사 탄도미사일이 동해에서 발사된 것을 탐지하고 추적했다고 밝혔다. 미 본토 영공방어를 책임지는 북미우주방어사령부는 북한의 시험발사가 북미지역에 위협이 되지는 않았다고 밝혔다11).

한편, UN안전보장이사회는 4월 24일현지시간 북한의 잠수함 발사 탄도미사일 발사를 규탄하는 언론성명을 채택했다. 안보리는 이 성명에서 지난 4월 23일 북한의 SLBM 발사는 UN안보리 대북제재 결의 1718호와 1874호, 2087호, 2094호와 지난달 채택된 2270호를 명백히 위반한 것이라고 확인하면서, "강력히 규탄한다"고 밝혔다. 특히 북한의 탄도미사일 시험발사가 실패였다 해도 이는 대북제재 결의에 대한 "명백한 위반"임을 강조했다. 그러면서 "유엔 안보리 이사국들은 북한의 탄도미사일 활동이 핵무기 운반시스템 개발을 발전시키고, 이에 따른 지역의 긴장감을 높인다는데 우려하고 있다"라고 밝혔다. 성명은 또 "북한이 안보리 결의를 위반하는 행동을 중단하고, 결의에 따른 의무를 준수할 것"을 촉구하는 한편, UN회원국들에게 대북제재 이행에 노력을 기울여 줄 것을 강력히 권고했다.12)

---

10) 콜드런치(Cold Launch)란 수중에서 미사일이 점화되는 핫 런치(Hot Launch)와 달리 SLBM이 물 밖으로 나와 점화되는 방식을 의미한다. 콜드런치 방식의 장점은 핫 런치 방식 대비 소음이 작고 설계구조가 단순하며, 은폐성이 뛰어나다.

11) "미 국무부, 북한 SLBM 발사, 유엔 결의 위반," 「VOA」, 2016년 4월 24일; https://www.voakorea.com/a/3300300.html(검색일: 2019년 6월 26일)

12) "유엔 안보리, 북한 SLBM발사 결의 위반, 강력 규탄," 「VOA」, 2016년 4월 25일; https://www.voakorea.com/a/3300665.html(검색일: 2019년 6월 26일)

또한 미국 국방부는 북한의 잠수함발사탄도미사일, SLBM 발사시험과 관련해 "아직 평가 작업을 진행하고 있다"라고 말했다. 피터 쿡Peter Cook 국방부 대변인은 정례브리핑에서 "북한이 도발적 시험을 다시 한번 했다는 것 이외에는 현시점에서 이번 사안을 어떻게 규정할지 말할 수 없다"라고 밝혔다. 쿡 대변인은 "정확히 어떤 일이 있었던 것인지에 관계없이 이것은 명백히 유엔 안보리 결의에 위배되는 것으로, 이를 강력히 규탄한다"라면서 "북한이 탄도미사일과 핵무기 능력을 계속 추구하는 것은 미국과 역내 동맹에 중대한 위협"이라고 비판했다.13)

약 4개월 뒤인 8월 24일, 다음 【그림 5-2】와 같이 북한은 김정은이 참관한 가운데 핵무력 고도화 기간 중 사실상의 SLBM 마지막 비행시험을 시행했다. 수중에서 발사된 탄도미사일은 약 500km 거리로 날아가 일본의 방공망 식별구역에 낙하한다. 다음날인 8월 25일 북한은 언론매체를 통해 김정은의 핵무력 고도화 계획 및 전략적 의도를 파악할 수 있는 몇 가지 주요한 내용을 다음과 같이 주장했다. "지난해 5월 전략잠수함 탄도탄의 수중시험발사를 성공시키고 불과 1년도 못되는 기간에 비행시험단계에 진입하는 빠른 속도를 과시한데 이어 오늘 또다시 보다 높은 단계의 탄도탄 수중시험발사에서 성공함으로써 우리의 핵무력 고도화에서 커다란 군사적 진보를 이룩했다"라며 김정은이 "이번 전략잠수함 탄도탄 수중시험발사는 성공 중의 성공, 승리 중의 승리라며 … 오늘 발사한 탄도탄의 시험결과를 통하여 우리가 핵공격 능력을 완벽하게 보유한 군사대국의 전열에 들어섰다는 것이 현실로 증명 … 미국이 아무리 부인해도 미 본토와 태평양작전지대는 손아귀에 … 미국과 추종세력들이 이번 시험발사를 걸고들며 또 무슨 고리타분한 수작을 … 우리의 불굴의 정신력과 무궁무진한 힘을 절대로 과소평가하지 말아야 한다 … 제재와 봉쇄, 압박의 쇠사슬을 끊고 어떻게 무섭게 솟구쳐 오르는가를 세계 앞에

---

13) "미 국방부, 북한 SLBM 발사 결과 아직 분석 중," 「연합뉴스 TV」, 2016년 4월 26일; https://www.yna.co.kr/view/MYH20160426003000038(검색일: 2019년 6월 26일)

똑똑히 보여줄 것 ⋯ 핵무기병기화사업에 더욱 박차를 ⋯ 동시에 운반수단 개발에 총력을 집중할 것을 강조"했다고 보도했다.14)

【그림 5-2】 북한의 SLBM 비행시험 공개 사진

* 출처: 「조선중앙통신」, 2016년 8월 25일.

2016년 8월 26일현지시간 UN안전보장이사회가 북한의 잠수함 발사 탄도미사일SLBM 발사를 규탄하는 언론 성명Press Statement을 채택하고 중대조치를 취하기로 합의했다. UN안보리는 26일 북한이 지난 24일 실시한 SLBM 시험발사에 대해 "이는 안보리 결의를 위반하는 것으로 강력 규탄한다"는 내용의 언론성명을 컨센서스로 채택했다고 밝혔다. UN안보리가 채택한 언론성명에서 주목할 만한 점은 북한의 7월 9일 SLBM 발사, 7월 18일과 8월 2일 탄도미사일 발사 등을 규탄하는 내용도 포함됐다는 것이다. UN안보리는 언론성명에서 최근 북한의 SLBM 발사를 포함해 일련의 미사일 도발을 언급하면서 "북한의 탄도 미사일 발사는 유엔 안보리 결의 1718호, 1874호, 2087호, 2094호, 2270호에 명시된 국제적인 의무사항을 심각하게 위반한 행동"이라고 지적했다.

---

14) "주체조선의 핵공격능력의 일대 과시 경애하는 김정은동지의 지도밑에 전략잠수함 탄도탄 수중시험발사가 성공적으로 진행되였다," 「조선중앙통신」, 2016년 8월 25일.

UN안보리 이사국들은 또한 이번 언론성명에서 북한이 지난 4월 15일, 23일, 27일, 28일, 5월 31일, 6월 21일에 탄도미사일을 발사한 데 대해서도 심각한 우려를 표현면서, 핵실험을 포함해 추가적인 안보리 결의위반을 즉각 중단하고 UN안보리가 내놓은 대북제재 결의의무를 완벽하게 준수할 것을 촉구했다.

UN안보리는 "안보리 이사국들은 한반도 및 역내외 긴장 완화를 위한 행동의 중요성을 강조한다"며, "이사국들은 지속적으로 상황을 면밀히 주시하고, 기존에 천명한 의지대로 추가적 중대조치를 취할 것에 합의했다"고 밝혔다.[15]

비행시험에 성공한 북한은 발사관 2-3개를 장착해 SLBM을 발사할 수 있는 신형 3천톤 급에 가까운 잠수함 건조에 들어간 것으로 알려졌다.[16] 고래급_{신포급} 잠수함이 1개의 발사관만을 갖춘 시험용 잠수함인 만큼 새로운 SLBM용 잠수함이 필요하기 때문에 이미 건조에 착수한 것으로 보인다. 북한은 SLBM 비행시험을 완성하고 신형 잠수함 건조를 전환하는 시기에 고체추진제를 지상에서도 운용할 수 있는 지대지탄도미사일인 북극성-2형을 후속 개발한 것으로 평가되었다.

---

15) "유엔 안보리, 北 SLBM 규탄⋯"중대조치" 경고," 「NewDaily」, 2016년 8월 27일; http://www.newdaily.co.kr/site/data/html/2016/08/27/2016082700026.html(검색일: 2019년 6월 29일)

16) 김정은이 북한 정권수립 70주년인 2018년 9월 9일까지 잠수함발사탄도미사일(SLBM) 발사관을 2-3개 갖춘 신형잠수함을 제작하도록 당 간부에게 지시했다고 도쿄신문이 26일 보도했다. 김정은이 이만건 당 부위원장(군수공업부장)에게 성공하면 동상을 세워주겠다는 말을 들었다는 북한 소식통의 발언도 소개했다. "김정은, SLBM 3발 장착 잠수함 만들라," 「중앙일보」, 2016년 8월 27일; https://news.joins.com/article/20510908(검색일: 2019년 6월 29일); 북한이 SLBM의 발사관 2-3기를 갖추고 장시간 잠행이 가능한 신형 잠수함 개발을 진행해 건조작업이 80%에 달했다는 정보가 있다고 도쿄신문이 2017년 9월 14일 보도했다. "북한, SLBM 발사관 2-3기 갖춘 신형잠수함 완성 임박," 「MK뉴스」, 2017년 9월 14일; https://www.mk.co.kr/news/politics/view/2017/09/618085/(검색일: 2019년 6월 29일)

나. 북극성-2형 MRBM(2017.2-5)

북한은 2017년 2월 12일, 【그림 5-3】에서 보는 바와 같이 김정은 참관하에 북극성-2형^{고체연료 준중거리지대지탄도미사일}을 시험발사했다. 트럼프 행정부가 들어선 이후 북한의 첫 탄도미사일 발사이다. 북극성-2형은 2016년 8월 시험발사에 성공한 SLBM을 지대지용으로 개량한 신형 MRBM이다. 신형 고체연료 엔진이 장착된 새로운 탄도미사일인 북극성-2형은 무한궤도형 이동식발사차량^{TEL}에서 발사됐다.

북한은 2월 13일 언론매체를 통해서 김정은이 "지난해 8월 전략잠수함 탄도탄수중시험발사에서 이룩한 성과에 토대하여 사거리를 연장한 지상대지상 탄도탄으로 개발"을 지시했다며 "새로운 전략무기체계를 불과 6개월이라는 짧은 기간에 완성하는 놀라운 기적을 창조"했다고 보도했다.

또한 "핵탄두장착이 가능한 조종전투부 분리후 … 재돌입구간에서의 자세 조종 및 유도, 요격회피기동특성 등을 검증하였으며 … 수중과 지상 임의의 공간에서 가장 정확하고 신속하게 전략적 임무를 수행할 수 있게 되었다"고 강조했다.[17]

당시 미일 정상회담에 참석 중인 도널드 트럼프^{Donald Trump} 대통령은 "북한을 매우 강력하게 다룰 것"이라 경고했고, 미 국방부와 국무부도 이날 "북한 미사일 위협에 대응하는 종합동맹 능력을 개발해 나갈 것"이라고 강조했다. UN안보리도 북한 미사일 발사를 규탄하는 성명을 만장일치로 채택했다.[18]

---

17) "지상대지상중장거리전략탄도탄《북극성-2》형 시험발사에서 완전성공 경애하는 최고령도자 김정은동시께서 새 선략부기시험발사를 현지에서 지도하시였다," 「조선중앙통신」, 2017년 2월 13일.

18) "트럼프 北, 매우 큰 문제…강력히 다룰 것," 「문화일보」, 2017년 2월 14일; http://www.munhwa.com/news/view.html?no=2017021401070130160(검색일: 2019년 6월 29일).

【그림 5-3】 북한의 북극성-2형 시험발사 장면

* 출처: 「조선중앙통신」, 2017년 2월 13일.

이에 북한은 5월 21일, 김정은이 참관한 가운데 북극성-2형을 또다시 발사했다. 북한은 5월 22일 북극성-2형 중거리전략탄도미사일 시험발사에 성공했다면서 김정은이 실전배치를 승인하고 대량생산을 지시했다고 밝혔다. 지난 2월 첫 발사에 이어 3개월 만에 추가 시험발사에 성공해 전력화에 들어가게 되었다는 의미이다. 조선중앙통신 등 북한 관영매체들은 이번 발사를 통해 리대식^{무한궤도식} 자행발사대 차량의 냉발사, 단 분리특성, 대출력 고체발동기의 믿음성과 정확성이 확증됐고, 핵조종전투부에 설치된 촬영기의 영상자료로 자세조종 체계의 정확성도 더 명백히 검토됐다면서 대기권에서 촬영된 지구 사진을 공개했다.[19] 북극성-2형 발사현황은 다음 【표 5-3】과 같다.

【표 5-3】 북한의 북극성-2형 시험발사 현황(2017년)

구 분	장소	발수	거리	탄착	비고
2.12.07:55	평북 구성 방현비행장	1	500km	동해	김정은 참관
5.21.16:59	평남 북창	1	500km	동해	김정은 참관

* 출처: 대한민국 국방부, 「국방백서」(서울: 국방부, 2012 · 2014 · 2016 · 2018)등
  각종 공개자료를 참고하여 저자가 작성.

북극성-2형의 궤도형 이동식발사대는 차륜형보다 산악지역 등 야지 주행능력이 뛰어나고 고체추진제 사용으로 연료 및 산화제 주입시간이 필요 없어 은밀성과 기동성 그리고 생존성과 기습발사 능력이 우수해 지상에서의 선제 기습타격은 물론 미국의 1격으로부터 주한·주일미군 기지에 대한 보복능력도 획기적으로 향상된 것으로 평가된다.

2. 북한의 역강압전략 분석

김정은은 단거리·준중거리탄도미사일의 고도화를 공개적으로 추진하는 가운데 고도화 수단의 트랙 투로 북한 역사상 최초로 새로운 SLBM 북극성-1형 개발을 과시했다. SLBM은 지상을 플랫폼으로 하는 미사일과는 달리 수중의 잠수함에서 미사일을 발사하는 고도의 기술을 필요로 한다. 그러므로 SLBM 개발은 많은 시간이 필요하며, 【그림 5-4】와 같이 통상 4단계를 거쳐 완성된다. 1단계는 지상 사출시험, 2단계는 수중 사출시험, 3단계는 비행시험, 4단계는 전력화 단계다. 김정은 정권은 2015년부터 SLBM 시험발사 사실을

공개하고 2016년 8월 최종 비행시험에 성공함으로써 총 4단계 과정 중 3단계인 비행시험을 성공한 것이다. 결과적으로 SLBM의 전력화 과정만이 남게 되었는데, 발사관 2개 이상을 갖춘 신형 잠수함을 건조해야만 실전운용이 가능하다.

【그림 5-4】 북한 고래급 잠수함과 SLBM 개발단계

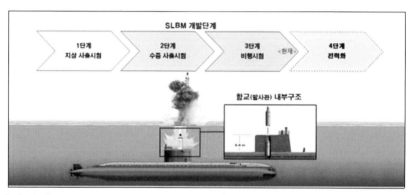

* 출처: "高角으로 쏘고도 사거리 500km… '최종 핵병기' 손에 쥔 北,"『동아일보』, 2016년 8월 25일의 잠수함 이미지를 일부 활용해 작성.

한편, 북한은 이러한 SLBM을 개발하는 과정에서 고체추진제 지상탄도미사일^{북극성-2형}을 6개월 만에 개발하는 기술적 진전을 이룩하면서 기습타격 능력을 발전시켰다.

이들을 유형#3으로 규정하고 김정은 정권의 핵무력 고도화 강제적 위협인식 역강압전략 측면에서 【그림 5-5】와 같이 역강압의 수단, 역강압의 메커니즘 그리고 역강압 결과목표라는 세 가지 요소를 기준으로 세부적으로 살펴보고자 한다.

【그림 5-5】북극성 계열 미사일 고도화 위협 역강압전략(유형#3)

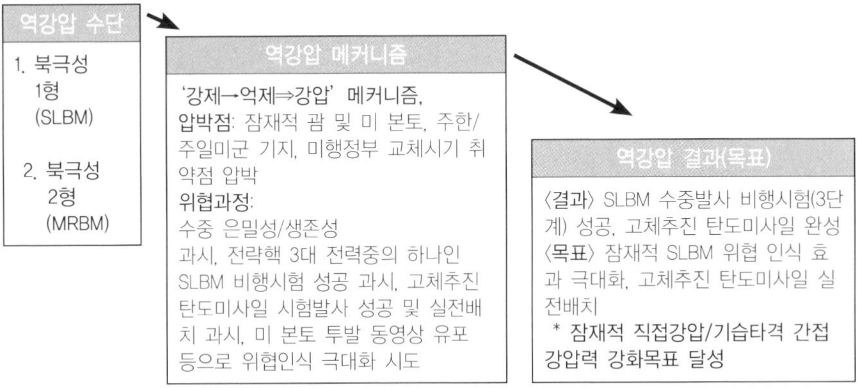

역강압 수단
1. 북극성 1형 (SLBM)
2. 북극성 2형 (MRBM)

역강압 메커니즘
'강제→억제⇒강압' 메커니즘.
압박점: 잠재적 괌 및 미 본토, 주한/주일미군 기지, 미행정부 교체시기 취약점 압박
위협과정:
수중 은밀성/생존성 과시, 전략핵 3대 전력중의 하나인 SLBM 비행시험 성공 과시, 고체추진 탄도미사일 시험발사 성공 및 실전배치 과시, 미 본토 투발 동영상 유포 등으로 위협인식 극대화 시도

역강압 결과(목표)
〈결과〉 SLBM 수중발사 비행시험(3단계) 성공, 고체추진 탄도미사일 완성
〈목표〉 잠재적 SLBM 위협 인식 효과 극대화, 고체추진 탄도미사일 실전배치
* 잠재적 직접강압/기습타격 간접 강압력 강화목표 달성

가. 역강압 수단

고래급신포급 잠수함이 1개의 발사관을 가진 시험용 잠수함으로 평가됨에 따라 SLBM 능력은 절반의 성공으로 볼 수 있다. 3천 톤급의 SLBM용 잠수함을 추가 건조 중인 것으로 추정[20)]되어 건조가 완료된 이후 작전운용능력을 거쳐야 하는 과정이 남아 있기 때문이다. 그때까지는 직접적인 위협이 되지는 않을 것으로 판단되지만 잠재적 위협으로 다가오고 있다. 2016년 8월 비행시험 성공을 전후로 신형 잠수함을 추가로 건조하기 시작했을 경우 최소 3년이 지난 2019-2020년 사이에 해상으로 진수되어 시운전을 할 가능성이 있다.

한편, 북한은 SLBM 고체추진제 미사일 기술을 지대지탄도미사일용으로 전환토록 김정은이 지시[21)]함에 따라 2017년 2월과 5월 고체추진제 지대지

---

20) "경애하는 최고령도자 김정은동지께서 새로 건조한 잠수함을 돌아보시였다,"「조선중앙통신」, 2019년 7월 23일.

21) 북한은 「로동신문」에서 김정은이 "지난해(2016) 8월 전략잠수함탄도탄 수중시험발사에서 이룩한 성과에 토대하여 이 무기체계를 사거리를 연장한 지상대지상탄도탄으로 개발할데 대한 전투적 과업을 제시"했다고 보도했다. "지상대지상중장거리전략탄도탄 북극성-2형 시험발사에서 완전 성공,"「로동신문」, 2017년 2월 13일.

중거리탄도미사일인 북극성-2형을 시험발사하여 성공한다. 5월에 2차 시험발사 성공 후 김정은이 직접 실전배치를 지시한 바 있다[22]. SLBM 전력화에 장기간이 소요되기 때문에 김정은은 고체추진 탄도미사일의 장점을 이용한 준중거리 핵투발수단 개발에도 관심을 가지게 된 것이다.[23]

그동안 북한의 탄도미사일 중 고체추진제를 사용하는 미사일은 KN-02^화성-11/사거리 120km 밖에 없었다. 그러나 북극성-2형은 사거리 약 1,200km의 MRBM으로서 주일미군 기지를 충분히 위협할 수 있는 능력을 보유하게 된 것이다. 궤도형 이동식발사차량을 이용함으로써 야지 기동성 및 생존성이 우수하며, 사격시간이 현저하게 단축되는 고체추진제를 사용하는 탄도미사일로서는 가장 멀리 나가는 북한의 탄도미사일이 되었다. 스커드-ER이나 노동미사일은 모두 액체를 사용하기 때문에 연료를 주입하는 시간이 많이 소요되어 고체추진탄도미사일에 비해 발사에 평균적으로 약 30분 정도가 더 필요하다. 그뿐만 아니라 고체추진탄도미사일은 연료를 주입하는 활동이 필요 없기 때문에 정찰자산의 감시활동을 회피할 수 있다. 따라서 이전의 스커드나 노동미사일보다 주한 및 주일미군에게는 매우 위협적인 새로운 탄도미사일이 되었다. 북한은 SLBM의 플랫폼인 새로운 잠수함을 만드는 공백기간에도 불구하고 6개월이라는 짧은 시간에 지상의 이동식발사차량을 플랫폼으로 대체하는 고체추진지대지탄도미사일 개발에도 성공하여 준중거리 핵투발수단을 새롭게 확보했다고 평가할 수 있다.

---

22) "국가핵무력강화의 길에 울려퍼진 다발적,련발적 뢰성·지상대지상중장거리전략탄도탄《북극성-2》형시험발사에서 또다시 성공," 「조선중앙통신」, 2015년 5월 21일.

23) 액체나 고체 어떤 연료든 연소가 되기 위해서는 산소가 필요하다. 액체 추진제는 연료와 산화제가 모두 액체임으로 각각 별도의 용기에 저장해야 함에 따라 관리가 어렵고 특히 발사 전 상당 시간에 걸쳐 발사장소에서 연료를 주입해야 하므로 노출에 취약해 군용미사일 추진제로는 적절치 못하다. 반면, 고체추진제는 연료와 산화제가 혼합된 고체 상태로 보관관리가 용이하고 평소에 미사일에 추진제를 메워두었다가 즉시 기습적으로 발사할 수 있어 군용으로 적합하다. 안동만·김병교·조태환, 「백곰, 도전과 승리의 기록」(서울: 플래닛미디어, 2016), pp. 159-161.

나. 역강압 메커니즘

김정은 정권이 3대 전략핵전력 중의 하나인 SLBM 개발과 시험용 잠수함 발사관이 1개을 건조해 SLBM 시험발사를 성공하는 고도화 과정에서 미국 전문가들은 잠수함의 은밀성에 따른 위협과 개발속도에 대해서 놀라워하면서도 잠수함이 시험용이었기 때문에 가까운 시기에 실전배치하여 운용할 가능성에 대해서는 회의적이었다. 하지만 북극성-2형의 지상 시험발사 성공에 대해서는 매우 위협적일 수밖에 없음을 현실적으로 인정하지 않을 수가 없게 되었다. 특히 트럼프 정부 출범 한 달 만에 김정은 정권이 처음 발사한 탄도미사일이 바로 북극성-2형 MRBM이었다. 김정은 정권은 북극성-1형 SLBM과 북극성-2형 지대지탄도미사일 개발과정에서 다음과 같은 역강압의 메커니즘으로 미국에 위협을 강제적으로 인식시키고자 했다.

첫째, 북한은 2014년 후반에 스커드 및 노동미사일 고도화 과정에서 그 위협을 강제적으로 인식시키기 위해 관영매체에 상세하게 공개했듯이 SLBM 개발과정에서도 반복했다. 2015년 5월 SLBM 수중사출시험에 성공했다고 최초 공개한 이후 1년 뒤인 2016년 4월 북한은 액체연료에서 "새로 개발한 대출력 고체엔진을 이용한 비행시험과 설정된 고도에서 전투부탄두 핵기폭장치의 동작 정확성을 확증하는데 목적을 두고 진행하여 핵공격의 또 다른 수단을 가지고 있게 되었다"고 김정은이 언급한 내용을 관영매체에 공개했다. 물론 당시 비행거리 30km 정도만의 거리를 보고 성공여부를 판단하는 것은 제한되나 고체추진제로 대체한 후 지상사출시험과 일정 구간의 비행시험에 성공한 것은 소기의 목적을 달성한 부분적 성공으로 추정해 볼 수 있다. 짧은 기간에 액체연료를 다시 고체로 대체했다는 북측의 주장은 한미 전문가들에게 북한의 고체추진탄도미사일 기술수준은 물론 개발의지와 고체추진제미사일의 위협에 대한 인식을 강하게 심어준 것이 분명했다.

둘째, 2016년 8월 불과 4개월 만에 500km 거리 비행시험에 성공한 사실을 북한이 매체를 통해 다시 공개하자 UN안보리는 북한의 SLBM 시험발사에 대해 강력히 규탄했다. 특히 이전 기간인 4월부터 8월 사이 북한이 시험발사한 탄도미사일^{무수단·스커드·노동} 등을 포함한 일련의 미사일 도발을 언급하면서 "유엔안보리 결의 1718호, 1874호, 20187호, 2094호에 명시된 국제적인 의무사항을 심각하게 위반한 행동"이라고 규탄했다. 미국을 포함한 국제사회가 북한의 SLBM 개발 위협을 심각하게 인식하고 있다는 사실을 보여주고 있음을 알 수 있다.

셋째, 북한은 2016년 3월 26일에는 SLBM으로 미 워싱턴 DC를 공격하는 동영상을 제작해 공개함으로써 타격목표가 미국 본토임을 강제적으로 인식시키려는 의도를 분명히 했다. 미국에게 위협인식을 강제하려는 역강압 메커니즘도 동영상이라는 새로운 전달매체를 활용하여 위협효과 극대화를 적극적으로 도모하고 있음을 보여 주고 있다.

넷째, 북한은 2016년 8월 SLBM 비행시험 성공을 마지막으로 신형 잠수함 건조를 시작한 것으로 알려진 가운데, 2017년 2월 첫 탄도미사일 발사로 전혀 예상치 못했던 새로운 고체추진 북극성-2형 탄도미사일이 지상 시험발사에 성공했다고 공개함으로써 미국을 다시 한번 놀라게 만들었다. 트럼프 정부 출범 후 첫 번째이면서도 새로운 위협을 줄 수 있는 고체추진탄도미사일 시험발사였기 때문이기도 했다. 이후 한미 전문가들은 김정은이 신년사에서 언급한 대륙간탄도미사일이 고체추진제를 사용해 개발하게 되면 액체연료 ICBM 보다 훨씬 위협적일 수 있다고 우려 섞인 예상을 하기도 했다. 김정은 정권이 자신들의 핵무력 고도화 능력과 위협을 알리고 효과를 극대화하기 위해 강제적으로 인식시키는 방법이 점점 다양해지고 있고, 미사일 개발 기술 또한 다양한 분야에서 빠르게 진화되어 가는 양상〈액체→고체, SLBM^{수중}→북극성-2형^{지상}〉을 보여주고 있다.

다. 역강압 결과(목표)

김정은 정권이 SLBM 개발과정에서 획득한 고체추진제 제조와 콜드런칭 방식의 발사 기술을 이용한 북극성-2형 탄도미사일을 실전배치하는 핵무력 고도화 과정에서 미국에게 보여주고자 한 목표와 의도는 무엇이었을까? 물론 핵무력 완성 선언까지 일련의 과정 중 일부지만 SLBM과 북극성-2형 고도화가 주는 핵심 메시지는 또 다른 함의를 가진다.

첫째, SLBM은 핵무기 투발 3축 체계인 'ICBM'이나 '전략폭격기'에 비해 '잠수함'에 의해 수중에서 은밀히 이동하여 탄도미사일을 발사할 수 있다는 점에서 상대국에게 가장 위협적인 핵투발수단이자 최후병기로 알려져 있다. 상대국의 1격에도 살아남을 수 있다는 점에서 더욱 위협적이다. 북한이 궁극적으로 추구하려는 핵무기 투발체계는 고위력 핵폭탄이 장착된 ICBM뿐만 아니라 보복능력인 제2격능력을 가지고 있는 SLBM까지를 보유하려는 의도와 목표를 분명하게 보여준 것으로 판단된다.

SLBM은 상대국의 1차 공격으로부터 생존하여 상대에게 2차 타격을 가할 수 있는 가장 강력한 거부적 억제력을 가진 무기체계이다. 북한은 이를 알고 있기 때문에 의도적으로 SLBM 수중사출시험 및 비행시험 장면을 공개하여 미국이 위협을 인식하도록 강제하고자 했다. 특히 4차, 5차 핵실험과 함께 SLBM, 북극성 2형 등을 시험발사한 것은 위력이 강해진 핵무기도 소형화 단계에 도달했음을 과시하고자 하는 의도가 내포되었다고 분석된다.

SLBM 보유국가는 미국, 영국, 프랑스, 중국, 러시아, 인도 6개국이며, 북한이 보유하게 될 경우 세계에서 7번째 보유국으로서 그들이 주장하는 전략적 핵군사강국 반열에 들어설 수 있음을 과시하고자 했을 것이다.

둘째, 고체추진제 북극성-2형은 주한 및 주일미군 기지 타격에 가장 위협적인 탄도미사일이 되었다. 액체추진제를 사용하는 스커드 및 노동미사일에 이어 액체가 아닌 고체추진 북극성-2형 미사일은 발사시간 단축과 함께 궤도형 이동식발사대에 의한 야지 기동능력으로 임의지역 임의시간에 기습발사할 수 있는 능력이 현저하게 고도화되었다. 또한, 김정은의 실전배치 지시 내용까지 공개함으로써 위협인식을 강제하여 주한·주일미군에 대한 보복적·거부적 억제력과 간접강압 능력 강화라는 목표를 달성하려고 의도했을 것이다.

셋째, 북한은 핵무력 고도화 위협수단의 플랫폼을 지상에서 수중으로 확대하고 가장 위협적인 제2격 능력의 잠재적 보유를 과시함으로써 한미동맹의 맞춤형 핵확장억제에 대한 우려를 증폭시키는 효과를 거두기도 했다.

넷째, 새로운 잠수함 건조는 멀지 않은 시기에 핵무기를 탑재할 수 있는 SLBM 능력까지를 추가적으로 확보하겠다는 의지를 과시하는 것으로써, 미래 어느 시점부터는 미국의 강압에도 새로운 전략적 강압으로 보복할 수 있는 제2의 잠재적 대미 핵억제력ICBM에 이어이 될 수 있을 것이라고 미국을 압박하면서 강제적으로 위협을 인식시키려 의도했다고 평가된다.

2| 화성계열 미사일 고도화 위협(2016-2017)

1. 북미 상황: 북한의 행동-미국의 강압 및 북한의 역강압

김정은 정권의 핵무력 고도화 수단의 최종목표는 미국 영토에 도달할 수 있는 핵투발수단을 완성하는 것인데, 미국이 사활적 이익으로 여기고 있는 미국의 영토인 태평양 작전지역에 있는 괌과 하와이 그리고 미국 본토에 이를 수 있는 IRBM과 ICBM을 개발하여 완성하는 것이었다. 김정은 정권은 2016년 들어서부터 수소탄 핵실험1.6과 대포동 2호인 장거리미사일 발사2.7를 시작으로 본격적인 IRBM 및 ICBM 개발에 박차를 가했다. 4-6차 핵실험은 3차 핵실험 시의 원자탄급 핵폭탄이 아니라 위력이 훨씬 강화된 증폭핵분열탄급이나 수소탄^{북한} ^{주장}급으로의 진전을 의미하며, 대포동 2호 발사성공은 ICBM용 단분리 및 엔진클러스터링 기술의 완성을 의미한다고 분석할 수 있다. 또한, 2012년 12월 대포동 2호 발사 및 2013년 2월 3차 핵실험 이후 2016년 4차 핵실험과 또 다른 대포동 2호 발사까지 약 3년이 지나는 기간에도 북한은 중단없이 핵무기장착이 가능한 투발수단을 지속적으로 고도화시켜 왔음을 의미하기도 했다.

이러한 핵무력의 고도화와 ICBM 단분리 및 클러스터링 기술 완성 등을 기초로 김정은은 2016년 3월 9일 이른바 '핵무기병기화사업'^{원구형 핵장치 과시} → 3월 15일 대기권재돌입 모의시험 → 3월 24일 고체추진제 대형엔진시험 → 4월 9일 ICBM용 새로운 대출력엔진시험^{1차 · 기본설계값 측정} → 9월 9일 5차 핵실험^{핵탄두 표준화 · 규격화} → 9월 20일 ICBM용 대출력엔진시험^{2차 · 추진제 연소시간 측정} → 2017년 2월 북극성-2형 시험발사 → 2017년 3월 18일 ICBM용 대출력엔진시험^{3차 · 보조엔진 추가시험} → 5월과 7월 신형 화성-12형^{IRBM/5,000km} · 14형^{ICBM/10,000km} 시험발사 → 9월 2일 핵무기병기화사업^{장구형 핵장치 과시} → 9월 3일 6차 핵실험^{ICBM용 핵탄두실험} → 11월 29일 화성-15형^{ICBM/13,000km} 시험발사 등 새로운 IRBM 및 ICBM 개발과 관련된 엔진시험과 발사장면을 포함한 세부제원까지의 상제정보를 언론에 전격 공개했다. 마지막으로 화성-15형 시험발사 당일인 2017년 11월 29일 김정은은 핵무력 완성을 선언하게 된다.

2016-2017년 북한의 새로운 IRBM 및 ICBM 고도화 과정은 크게 엔진시험과 미사일 발사, 두 개의 과정으로 대별해 볼 수 있다. 첫 번째 과정으로 북한은 이미 개발한 것으로 추정되는 새로운 대형엔진^{백두산엔진} 연소시험을 2016년 4월부터 2017년 약 3월까지 약 1년여 동안 단계적으로 실시하여 검증했다. 이어서 두 번째 과정으로 2017년 4월부터 11월까지 약 8개월이라는 짧은 기간 내 IRBM 및 2종의 ICBM을 순차적으로 시험발사하여 성공한다. 2016년부터 북한이 공개하기 시작한 새로운 대형엔진시험을 시작하기 위해서는 이미 그 이전부터 새로운 엔진과 동체에 대한 연구와 설계 그리고

제작 등의 활동이 반드시 이루어져야만 했다. 일반적인 무기체계개발 과정에서도 필수적으로 거쳐야 하는 준비과정이다. 새로운 무기체계 개발은 국가별로 상이할 수는 있지만, 북한처럼 국가적 역량을 총집중할 수 있고 수십 년 동안 미사일 기술을 축적해 온 경우를 고려하면 새로운 엔진과 동체를 개발하는 데는 최소한 3-5년 정도가 소요될 것으로 판단된다.

【그림 5-6】에서와 같이 김정은 정권은 2013년 3월 핵·경제 병진노선을 채택하는 전후의 시기부터 본격적으로 새로운 엔진을 개발했었을 것이라는 합리적인 추론이 가능하다.[24]

【그림 5-6】 김정은 정권의 신형 IRBM · ICBM 개발 로드맵

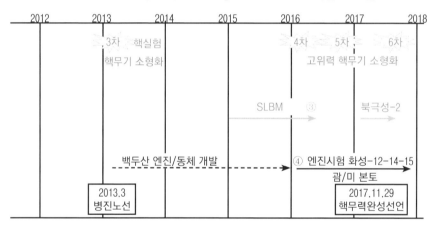

* 출처: 「로동신문」, 2017년 5월 20일 관련내용과 각종 공개자료를 참고하여 저자가 작성.

---

24) 북한은 화성-12형 시험발사 이후 노동신문에서 "기존개념으로는 거의 10년, 최소한 7-8년이 걸려야 할뿐 아니라 보통의 담력과 배짱으로는 엄두도 낼 수 없다는 새형의 대출력발동기 개발이었다"라고 주장한다. "동방의 핵강국은 불멸의 그 업적 전한다," 「로동신문」, 2017년 5월 20일; 이를 평가해보면, 북한이 새로운 ICBM 체계개발 소요기간을 평균 약 10년 정도로 판단하고 있었으며, 어느 정도 기술력이 축적됐을 시에는 약 7-8년, '화성-12형'처럼 국가적 총역량을 투입하여 불철주야로 집중 개발했을 경우에는 약 3-5년 내에 완성할 수 있었다'고 해석 및 추론이 가능하다. 참고로 대포동 2호는 3단형 장거리미사일로써 1단엔진은 노동미사일엔진(4개)을 클러스터링했고, 2단엔진은 스커드미사일엔진(1개)을 사용한 것으로 알려졌다.

김정은 정권의 핵무력 고도화의 최종목표인 ICBM 완성 시기는 2016-2017년이었다. 이 기간은 오바마 행정부의 마지막 해이자 트럼프 행정부의 임기 첫해가 되며, 미국 정부 교체 간 대통령의 리더십이나 민주당과 공화당의 성향 그리고 신임 각료 인선과정 등에서 나타날 수 있는 대북정책의 변화나 북핵 고도화 과정에서의 적시적 대응이 지연 또는 제한될 수 있는 취약점이 나타나기가 용이한 시기이기도 했다.

  다음의 【표 5-4】는 2016-2017년 사이 새로운 IRBM · ICBM 엔진시험, 핵무기병기화사업과 고위력 핵실험, 시험발사, 괌 포위 위협 발사 현황 등을 보여주고 있다.

【표 5-4】 김정은 참관 신형 IRBM·ICBM 고도화 과정 주요공개 현황

구 분	장소	주요 과정				비고 (km)
		미사일	발수	거리(km)	탄착	
2016년	1. 6	풍계리	4차 핵실험(시험용 수소탄 실험 주장)			
	3. 9		핵무기병기화사업(원구형 핵장치 공개)			
	4. 9	평북 동창리	신형 ICBM용 대형엔진 1차 시험			
	9. 9	풍계리	5차 핵실험 (핵탄두 표준화·규격화 달성 주장)			
	9.20	평북 동창리	신형 ICBM용 대형엔진 2차 시험			
2017년	3.18	평북 동창리	신형 ICBM용 대형엔진 3차 시험			
	4.16	함남 신포	화성-12	1	실패		
	4.29	평남 북창	화성-12	1	실패		
	5.14	평북 방현	화성-12	1	787	동해	고도 2,110
	7. 4	평북 구성	화성-14	1	933	동해	고도 2,802
	7.28	자강 전천	화성-14	1	998	동해	고도 3,724
	8.29	평양 순안	화성-12	1	2,700	북태평양	고도 550
	9. 2		핵무기병기화사업(장구형 핵장치 공개)			
	9. 3	풍계리	6차 핵실험 (ICBM용 핵탄두 폭발시험 성공 주장)			
	9.15	평양 순안	화성-12	1	3,700	북태평양	고도 770
	11.29	평남 평성	화성-15	1	950	동해	고도 4,475

* 출처: 대한민국 국방부, 「국방백서」(서울: 국방부, 2012·2014·2016·2018)등
각종 공개자료를 참고하여 저자가 작성.

가. 4차 핵실험 → 1차 핵무기병기화사업 → 5차 핵실험

김정은은 핵무력 고도화 완성시기인 2016년과 2017년 두 차례의 '핵무기병기화사업' 현장지도를 실시했다. 북한의 최고지도자들이 핵개발 과정에서 실시한 적이 없었던 '핵무기병기화사업'이라는 현지지도 활동이었다. 북한 역사상 김일성, 김정일 시대를 통틀어 북한 최고지도자들이 수많은 현지지도를 했지만 '핵무기병기화사업'이란 제목의 현지지도 보도는 이번이 처음이었다. '핵무기병기화사업'은 김정은 시대 핵무력 고도화의 핵심개념인 핵탄두 소형화와 소형화한 핵탄두를 다양한 투발수단에 장착하여 미국을 위협할 수 있는 병기화^{무기화}를 의미하는 것이기 때문에 군사적·정치적으로 중요한 의미를 가진다. '핵무기병기화사업'은 전술적 용어라기보다는 '전략적 용어'로써 북한이 주장하는 '김정은의 전략적 구상' 또는 '당의 전략적 구상' 그리고 '전략적 지위' 및 '전략국가' 개념과 모두 연관되는 사업명이라고 해석할 수 있다. 전략적이란 용어는 김정은 정권이 핵무력 고도화가 마무리되는 완성기^{2016-2017년}에 집중적으로 사용하기 시작했다.[25]

김정은의 첫 번째 '핵무기병기화사업' 현장지도는 4차 핵실험^{1.6} 이후인 2016년 3월 9일, 다음 【그림 5-7】과 같이 북한 매체들을 통해서 처음으로 공개되었다. 북한 매체들은 이른바 원구형 핵장치를 김정은 사진과 함께 공개했다. 한국과 미국의 전문가들은 원구형 핵장치를 내폭형 핵장치로 평가했고, 실제인지 모형인지 사진상으로는 구별할 수 없지만, 그 크기는 직경이 최소 60cm 정도로 평가되었다. 공개된 다른 사진에서 김정은 뒤쪽에 핵탄두 설계도로 보이는 입간판이 모자이크로 처리되어 있었는데, 모자이크 처리는 했지만 누가 보더라도 핵탄두 설계도임을 쉽게 알 수 있을 정도였다. 설계도의 핵탄두 내부에 있는 희미한 원형 핵장치는 공개된 구형 형태와 유사했다.

---

25) '전략적 구상'의 중요한 포함내용 중 한 가지는 미국을 직접 위협할 수 있는 핵폭탄 장착이 가능한 IRBM 및 ICBM을 완성하는 계획이나 목표를 의미하며, '전략적 지위'는 전략적 구상을 달성한 핵보유국가로서의 지위 확보 그리고 '전략국가'는 핵폭탄 장착이 가능한 ICBM을 보유한 핵보유국 지위로서 미국과 대등한 위치와 입장에서 전략적 관계를 유지할 수 있는 국가를 의미한다고 추정해 볼 수 있다.

실제일까 가짜일까? 왜 공개했을까? 어떠한 효과를 얻으려 했을까? 그 대상은 누구일까? 여러 가지를 고민하게 만드는 공개정보였다. 북한은 이 사진들을 공개하면서 현지지도 중인 김정은이 "각이한 전술 및 전략탄도로케트 전투부들에 핵무기를 장착하기 위한 병기화 연구정형에 대한 해설을 주의깊게 들어주면서 우리식의 혼합장약구조로 설계제작된 위력이 세고쎄고 소형화된 핵탄두의 구조작용원리를 이해했다"며, 김정은은 "국방과학연구사업에서 커다란 성과를 이룩했고 우리식의 혼합장약구조로써 열핵반응이 순간적으로 급속히 전개될 수 있는 합리적인 구조로 설계제작된 핵탄두가 정말 대단하다며 핵탄두를 경량화하여 탄도로케트에 맞게 표준화, 규격화를 실현했는데 이것이 진짜 핵억제력이라고 커다란 만족을 표시했다"고 보도했다. 또한 "필요한 핵물질들을 꽝꽝 생산하며 핵무기 기술을 끊임없이 발전시켜 보다 위력하고 정밀화, 소형화된 핵무기들과 그 운반수반들을 더 많이 만들 뿐만 아니라 이미 실전배비한 핵타격수단들도 부단히 갱신하기 위한 대책을 세우라고 강조"했다고 보도했다.26)

【그림 5-7】 김정은 핵무기 병기화(원구형) 현장지도

* 출처: 「조선중앙통신」, 2016년 3월 9일.

---

26) "경애하는 김정은동지께서 핵무기연구부문의 과학자, 기술자들을 만나시고 핵무기병기화사업을 지도하시었다." 「조선중앙통신」, 2016년 3월 9일.

이것은 다분히 계획적·의도적인 공개활동 보도이다. 4차 핵실험에서 시험용 수소탄 핵실험을 성공했다고 주장하는 북한이 그 다음 단계로 핵무기병기화사업을 통해 보다 위력이 높은 핵탄두에 대한 소형화를 설계·제작하여 기보유 미사일과 개발 중인 신형 중·장거리탄도미사일에 장착할 수 있도록 표준화 및 규격화함으로써 핵무력 위협을 고도화하겠다는 의지를 과시하는 활동으로도 평가된다. 이 시기는 북한이 4차 핵실험을 실시2016.1.6.한 이후 두 달이 지난 시점이면서도 5차 핵실험 실시2016.9.9. 이전의 시기이다. 북한은 이후 9월 9일 5차 핵실험을 감행하고 보도매체를 통해 핵탄두위력판정 목적으로 핵실험을 실시한 결과 성공했다면서 이제 핵탄두를 표준화·규격화하여 마음먹은 대로 대량생산할 수 있게 되었다고 주장했다.

북한은 2016년 9월 9일 5차 핵실험 이후 발표를 통해 "이 시험에서는 표준화, 규격화된 핵탄두의 구조화 동작, 특징, 성능과 위력을 최종적으로 검토 확인했다"며 다양한 미사일에 장착할 수 있게 대량생산이 가능하다고 주장했다. 5차 핵실험 이전에 공개된 핵장치가 모형인지 실제인지 확인은 제한되지만, 핵실험 사전에 원구형 핵장치를 공개적으로 보여주고 5차 핵실험을 단행함으로써 이른바 소형화된 고위력 핵탄두의 무기화에 성공했다는 것을 미국에게 강제적으로 인식시키려 했을 것으로 추정할 수 있다. 따라서 김정은의 핵무기병기화사업 현장지도 공개는 '핵실험4차-핵무기병기화사업-핵실험5차-중·장거리탄도미사일 시험발사' 순으로 이루어지는 핵무력 고도화의 강제적 위협인식 역강압 메커니즘의 일환으로 평가할 수 있다. 이러한 강제적 위협인식 역강압 메커니즘들이 누적 및 축적되어 복합적으로 작동함으로써 대미 강제적 위협인식 극대화 효과를 촉진시켰다고 분석했다.

나. 신형 대출력 백두산엔진, 6개월 간격 단계적 시험 및 공개

김정은이 2017년 신년사에서 언급한 바와 같이 올해 안에 대륙간탄도미
사일을 완성하겠다는 의미는 북한이 이미 수년 전부터 엔진 및 동체 설계
와 제작을 준비해 왔다는 것을 방증하고 있고, 그 결과 본격적인 시험활동
이 2016년부터 진행되었다. 실제로 북한은 신형 IRBM 및 ICBM 시험발사
에 앞서 2016년 4월과 9월 그리고 2017년 3월에 각 1회씩 총 3회에 걸쳐 신
형 IRBM 및 ICBM용 대출력엔진 시험을 시행하고 그 결과를 공개한 바 있다.
아래【표 5-5】는 북한이 김정은 참관 하 엔진시험을 성공적으로 진행했다고
공개한 내용을 요약하였다.27)

【표 5-5】 신형 ICBM용 대형엔진 시험시 주요 공개내용 요약

구 분	주요언급 내용
1차 시험 (2016.4.9)	"짧은 기간에 연구제작하고 시험에서 완전성공하는 놀라운 기적 창조 … 새로 설계제작한 발동기의 기술적 특성들을 평가하는데 목적 두고 진행 … 또 다른 형태의 핵공격을 가할 수 있는 확고한 담보를 마련 … 핵에는 핵으로 맞서 싸울 수 있는 보다 위력한 수단을 가지게 됨"
2차 시험 (2016.9.20)	"새형의 정지위성 운반로케트용 대출력발동기 지상분출시험 … 새로 개발한 대출력발동기는 단일발동기로서 추진력은 80tf이다. 지상분출 시험을 통하여 추진력을 비롯한 발동기의 기술적 지표들이 정확히 도달 … 모든 계통들의 특성값들이 안정하게 유지된 것이 확인"
3차 시험 (2017.3.18)	"지난 시기의 발동기들보다 비추진력이 높은 대출력발동기를 완전히 우리식으로 새롭게 연구제작…첫 시험에서 단번에 성공 … 사변적 기적 창조 … 다른 나라의 기술을 답습하던 의존성을 완전히 뿌리뽑고 … 새로운 탄생을 선포한 역사적 대사변 … 김정은이 '3.18혁명'이라 언급"

* 출처:「조선중앙통신」, 2016년 4월 9일; 2016년 9월 20일; 2017년 3월 19일.

---

27) "새형의 대륙간탄도로케트 대출력발동기 지상분출시험 대성공,"「조선중앙통신」, 2016년 4
월 9일; 2016년 9월 20일; 2017년 3월 19일.

2016년 4월 9일 발표내용은 북한이 '백두산엔진'을 새로 설계 및 제작한 이후 기술적 특성 작동 여부만을 처음 평가하는 엔진시험에 성공했다는 주장으로 분석된다. 9월 20일 엔진시험 시에는 실제 추력과 연소시간을 점검하기 위해 80tf톤포스/80t 중량을 밀어 올리는 추력로 약 200여 초3분 20초 동안 연소하면서 기술적 지표와 계통들의 상태를 확인한 것으로 평가된다.

【그림 5-8】 북한의 ICBM용 대형엔진 2·3차 시험 차이점 비교

* 출처:「조선중앙통신」, 2016년 4월 9일.

마지막 시험인 2017년 3월 18일에는 위【그림 5-8】과 같이 주엔진 옆에 보조엔진28)을 추가로 장착하여 엔진연소시험을 진행하고 성공하였음을 보여주고자 했다.

다. 신형 화성-12형 IRBM 시험발사 성공 및 공개

2017년 3월 18일 새로운 대출력 엔진시험 3차마지막 대출력엔진 시험에 성공한 북한은 불과 두 달 만인 5월 14일 평북 구성의 방현 비행장에서 김정은의 현지

---

28) 보조엔진(Vernier Engine/버니어엔진)은 탄도미사일의 방향을 조정하는 엔진으로써 내부설계가 복잡하고, 한정된 연료를 보조엔진에 사용하기 때문에 사거리가 상대적으로 줄어드는 단점이 있다. 북한은 화성-12형과 14형에 공통으로 적용했다. 한편, 화성-15형에는 가장 최신 기술인 짐벌(Gimbal)엔진을 적용했는데 이는 엔진배기구(노즐)의 각도를 조절해 미사일의 비행방향을 조정하는 시스템이다. 화성-15형은 두 개의 백두산엔진을 클러스터링한 짐벌엔진을 적용하였는데 두 개의 배기구(노즐)가 움직여서 방향을 조정함으로써 추력손실을 줄여 사거리를 늘리고 정확도도 높일 수 있었으며, 미사일 구조가 버니어엔진체계 보다 상대적으로 단순해 생산기간도 단축할 수 있는 장점을 가진 진전된 기술이다.

지도 하에 새로운 화성-12형 중거리탄도미사일 시험발사에 성공한다. 북한은 다음날인 5월 15일 언론매체를 통해 "이번 시험발사는 위력이 강한 대형 중량 핵탄두장착이 가능한 새형의 중장거리 전략탄도로케트의 전술기술적 제원과 기술적 특성들을 확증하는데 목적을 두고 … 공해상의 설정된 목표수역을 정확히 타격 … 가혹한 재돌입환경 속에서 조종전투부의 말기유도특성과 핵탄두폭발체계의 동작정확성을 확증"하였다고 주장했다. 그러면서 김정은이 "후손만대에 물려줄 고귀한 국보인 '주체탄'에는 피어린 결사전을 벌려온 로케트부문 일군들과 과학자, 기술자들의 영웅적 투쟁사가 깃들어있다"고 감사의 표시를 전했다면서 공개했다. 김정은이 화성-12형을 이른바 '주체탄'이라고 명명할 만큼 북한 미사일 개발역사의 한 장면을 기록하는 중요한 순간이다는 것을 강조하려는 의도가 엿보이는 대목이다. 이후 김정은은 화성-12형 개발자들과 함께 기념사진 촬영, 축하연회를 마련하고 격려했다.[29]

아래【그림 5-9】와 같이 북한이 공개한 화성-12형 발사사진의 엔진분사 형태를 분석한 결과 지난 3월 18일 신형 ICBM용 대형엔진 3차 시험 시에 식별되었던 4개의 보조엔진이 그대로 확인되었다.

【그림 5-9】 신형 ICBM용 대형엔진 3차 시험과 화성-12형 엔진 비교

* 출처: 「로동신문」, 2017년 3월 19일; 2017년 5월 15일.

---

29) "주체적 핵강국건설사에 특기할 위대한 사변 지상대지상중장거리전략탄도로케트 화성-12형 시험발사 성공," 「로동신문」, 2017년 5월 15일; "김정은, 화성-12형 개발자들과 기념사진, 축하연회 마련," 「로동신문」, 2017년 5월 20일.

이를 기초로 국내외 전문가들은 화성-12형 미사일이 소위 '3.18혁명'이라고 공개했던 백두산 엔진을 이용한 1단 추진체형으로 평가했으며, 발표한 최대고각 최대고도 2,111km를 고려 시 정상각도로 발사할 경우에는 약 5,000km의 사거리를 가진 IRBM으로 평가되었다.[30]

한편, 화성-12형 중거리탄도미사일 발사에 대해 미국 주도 하 UN 안보리는 5월 15일 북한의 도발을 규탄하고 북한에 대한 추가제재 경고 등 언론성명을 만장일치로 채택했다. 그리고 6월 2일 안보리는 북한 기관 4곳, 개인 14명 추가 제재를 담은 결의 2356호를 만장일치로 채택했다.

북한이 발표한 화성-12형은 무수단과는 전혀 다른 새로운 엔진이었으며, 특히 대형중량의 핵탄두 장착이 가능한 탄도미사일로써 시험발사간 재진입기술 및 핵기폭장치 동작의 정확성을 공개적으로 발표한 점을 고려한다면 미국에게 핵무기 장착능력과 미국령을 직접 위협할 수 있다는 실체적 능력을 강제적으로 인식시키려는 의도로 분석할 수 있다.[31]

라. 화성-14형 ICBM 시험발사 공개: 1차(7.4), 2차(7.28)

북한은 신형 화성-12형 IRBM시험발사 성공 이후 불과 50여 일 만인 7월 4일 미국 독립기념일에 평북 방현 일대에서 화성-14형 ICBM을 시험발사하여 성공한다. 화성-14형은 화성-12형 1단체을 2단체로 길이 및 두께를 확대

---

30) 대한민국 국방부, 「2018 국방백서」(서울: 국방부, 2017), p. 26.

31) "북 미사일 대기권 재진입 성공 확인," 「중앙일보」, 2017년 5월 17일; https://news.joins.com/article/21579026(검색일: 2019년 6월 30일). 중앙일보는 정보당국을 인용해 "14일 발사한 화성-12형이 30분 11초 비행했고, 15일 북한이 공개한 사진속 모니터에 비행시간이 30분 11초로 나와 있다"라며, "이 수치는 비행 중 대기권(100km) 재진입(re-entry) 이후에도 지상관제센터와 교신에 성공했음을 의미"한다고 보도했다. 동 내용은 확인된 바는 없다. 북한은 시뮬레이션을 활용할 가능성이 높지만 북한의 적극적인 제원정보 공개를 부정할 근거도 부족하다. 이에 대한 위협평가가 옳고 그름을 떠나서 북한이 핵무력 고도화 위협 효과를 극대화하고 있다는 현실을 부인할 수는 없는 상황이다.

제작한 사거리 약 10,000km 이상의 ICBM이다. 미국 서부지역에 위협을 줄 수 있는 사거리이다.

　북한은 7월 5일 「로동신문」을 통해 "7월 4일 새로 연구개발한 대륙간탄도로케트 화성-14형 시험발사를 성공적으로 진행"했다면서 김정은이 "올해 안에 미국 본토타격능력을 보여줄 대륙간탄도로케트 시험발사를 반드시 단행할 확고한 의지를 지니고 진두에서 직접 조직지휘하여 … 대형중량 핵탄두 장착이 가능한 대륙간탄도로케트를 짧은 기간에 우리식으로 새롭게 설계 제작"했다면서 "이번 시험발사는 새로 개발한 탄소복합재료로 만든 대륙간탄도로케트 전투부첨두^{탄두의 뾰족한 부분}의 열견딤특성과 구조안정성을 비롯한 재돌입전투부의 모든 기술적 특성들을 최종 확증하는데 목적을 두고 진행하여 … 예정된 비행궤도를 따라 최대정점고도 2,802km까지 상승비행하여 거리 933km 동해 공해상의 설정된 목표수역을 정확히 타격 … 1계단 대출력발동기의 시동 및 차단특성을 재확증 … 2계단발동기의 시동 및 차단특성과 작업특성들을 확증 … 최대의 가혹한 재돌입환경조건에서 말기유도 특성과 구조안정성을 확증 … 특히 재돌입시 전투부에 작용하는 수천℃의 고온과 가혹한 과부하 및 진동조건에서도 전투부첨두 내부온도는 25-45℃의 범위에서 안정하게 유지되고 핵탄두 폭발조종장치는 정상작동"했다고 강조했다.

　북한은 발사시점에 대해서 김정은이 "미국이 독립절에 우리에게서 받은 선물보따리가 썩 마음에 들지 않아할 것 같은데 앞으로 심심치않게 크고 작은 선물보따리들을 자주 보내주자"라고 언급했다면서 미국 독립절에 의도적으로 시험발사 날짜를 선정하여 발사하고 이를 적극적으로 공개함으로써 미 본토에 도달할 수준의 ICBM 고도화 위협을 강제로 인식시키고자 했다.

　북한이 화성-14형 ICBM 발사에 성공했다고 발표한 7월 4일^{현지시각} 미국의 아침 방송은 북한 ICBM이 미국을 위협한다는 뉴스로 도배되었다. CBS와 PBS 등은 다음 【그림 5-10】과 같이 '긴급뉴스'로 북한 ICBM의 사거리에 알래스카가 들어온다는 그래픽을 내보내면서 서부의 샌프란시스코까지 사정권에 포함될 것을 우려했다. CNN은 "트럼프 행정부의 선택지가 많지 않다"며 군사적 옵션을 사용할 가능성에 대해 언급하기도 했다.

월스트리트저널WSJ과 워싱턴프스트WP 등도 북한의 ICBM 시험발사 성공 주장을 온종일 인터넷판 톱뉴스로 다뤘다. 북한의 과거 미사일 도발 때와는 차원이 다른 보도 행태였다. 이는 미국 본토가 북한의 핵미사일 공격을 받을 수도 있다는 강한 위기감을 반영한 것으로 풀이된다. 미국은 1962년 쿠바 미사일 위기 이후 55년간 중국·러시아 등을 제외하고 적대국의 핵미사일 사정거리에 든 적이 없었다. 폭스뉴스는 "불량rogue 정권 중 최초로 북한이 ICBM을 손에 넣었다"며 "이란도 이렇게 다양하고 높은 수준의 미사일을 보유하고 있지 않다"라고 보도했다. 안보 전문가인 브루스 벡톨Bruce Bechtol 엔젤로주립대 교수는 미국의 소리VOA 방송에서 "이번의 ICBM 발사는 기존 판세를 바꿀 수 있는 게임 체인저가 될 수 있다"고 주장했다. 당장 알래스카를 타격할 능력을 과시한 것 자체가 중대한 변화라는 것이다.[32]

【그림 5-10】 美 CBS LA의 화성-14 ICBM 발사 위협 보도

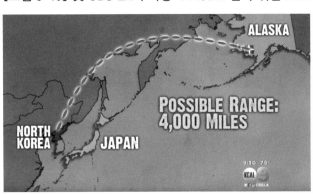

* 출처: 「CBS Los Angeles」, 2017년 7월 4일.

---

32) "쿠바 미사일 후 55년만의 본토 위협...신경 곤두선 미국," 「조선일보」, 2017년 7월 6일; https://news.chosun.com/site/data/html_dir/2017/07/06/2017070600273.html(검색일: 2019년 7월 1일)

한편, 트럼프 행정부 외교·안보팀은 4일 휴일인데도 워싱턴과 뉴욕 UN 본부에서 긴급회의를 열어 대응책을 논의하고 북한의 화성-14형 ICBM 발사 주장을 공식 확인하면서 모든 수단을 동원해 강력하게 대응할 것임을 천명했다. 렉스 틸러슨Rex Tillerson 국무장관은 성명에서 "미국은 북한의 ICBM 발사를 강력하게 규탄한다"라며 사실상 ICBM 발사를 공식 인정했다. 틸러슨 장관은 "북한의 ICBM 발사로 미국과 세계에 새로운 위협이 고조되고 있다"라며 "미국은 북한의 핵무장을 절대로 받아들이지 않을 것"이라고 강조하면서 국제사회의 동참도 주문했다.33)

또한 7월 5일 니키 헤일리Nikki Haley UN주재 미국 대사는 5일 긴급 소집된 UN안보리 회의에서 "우리가 가진 여러 능력 중 하나가 막강한 군사력이다. 사용해야 한다면 그것군사력을 사용할 것"이라며 4일 틸러슨 장관의 성명보다 더 강도가 높고 내용도 구체적으로 언급하는 등 미국의 강경한 분위기를 반영했다.34) 그리고 미국은 화성-14형 발사에 대응해 7월 8일 B-1B 전략폭격기 '랜서' 2대를 한반도 상공에 긴급 전개한 뒤 처음으로 공개적인 정밀유도폭탄 실탄폭격훈련을 실시했다. 북한이 제일 민감하게 반응하는 미국의 강압이었다. 미국 장거리 전략폭격기가 한반도 상공에서 공개적으로 실탄폭격훈련을 한 것은 처음이다.35)

---

33) "미 국무 "강력한 조치로 北' ICBM 책임 물을 것" 「연합뉴스」, 2017년 7월 6일; https://www.yna.co.kr/view/MYH20170706000700038(검색일: 2019년 7월 1일).

34) "미, 중러 비토할테면 하라, 우리 길 간다…군사옵션 공개 거론," 「조선일보」, 2017년 7월 7일; https://news.chosun.com/site/data/html_dir/2017/07/07/2017070700153.html(검색일: 2019년 7월 1일)

35) "다시 날아온 '죽음의 백조' …첫 실탄 폭격훈련," 「조선일보」, 2017년 7월 10일; https://news.chosun.com/site/data/html_dir/2017/07/10/2017071000156.html(검색일: 2019년 7월 1일)

한편. 북한은 7월 28일 자강도 무평리 지역에서 최대고각사격으로 2차 시험발사에도 성공한다. 7월 29일 북한은 언론매체를 통해 2차 시험발사는 "최대정점고도 3,724.9km까지 상승하여 거리 998km를 47분 12초간 비행 … 재돌입환경에서도 유도 및 자세조종이 정확히 진행 … 수천℃ 고온에서도 전투부의 구조적 안정 유지 … 핵탄두폭발 조종장치가 정상동작 확증"되었으며, 김정은이 "오늘 우리가 군이 최대사거리 모의시험발사를 진행한 것은 미국에 엄중한 경고 … 이 정도면 미국의 정책입안자들이 우리국가를 감히 건드리는 날에는 무사할 수 없으리라는 것을 제대로 리해하였을 것"이라고 보도했다.[36] 또한 "한 달도 안 되는 짧은 시일 안에 거의 1,000km나 더 상승하는 대륙간탄도로케트를 제작 완성했다"라며 스스로 단기간에 추가발사할 수 있는 능력을 과시하기도 했다.[37] 【표 5-6】은 화성-14형 시험발사 현황이다.

【표 5-6】 화성-14형 시험발사 현황

구 분	1차 시험발사	2차 시험발사
일 시	2017.7.4.09:00	2017.7.28.23:04
장소	평북 구성시 방현비행장	자강도 전천군 무평리 (북중 접경지역 인접)
최대고도(km)	2,802	3,724
거리(km)	933	998

* 출처: 「조선중앙통신」, 2016년 4월 9일; 2016년 9월 20일; 2017년 3월 19일.

한편. 화성-14형 2차 발사는 1차 발사장소인 방현 일대에서 약 130km 떨어진 자강도 전천군 무평리 일대였다. 화성-14형 2차 발사장소는 예상 밖의

---

36) "화성-14형 2차 시험발사 단행," 「로동신문」, 2017년 7월 29일.

37) "민족사적인 대승리를 안아온 긍지드높이 련속공격 앞으로," 「로동신문」 2017년 7월 31일

장소였고, 【그림 5-11】처럼 발사시간도 한밤중이었다. 당시 북한은 기습발사를 위해서 발사장소 및 미사일 관련 징후를 노출하지 않으려는 기만활동을 한 것으로 알려졌다. 북한이 미국을 직접 위협할 수 있는 ICBM급인 화성-14형의 2차 발사간 그 동안 한 번도 시험발사한 적이 없었던 자강도 무평리를 선정한 데 주목해야 한다. 자강도 무평리는 북중 접경지역에서 약 50km 이내의 인접지역으로 북한의 중요 군사시설들이 위치한 지역이다. 미국이 발사징후가 있는 북한의 미사일 이동식발사차량TEL을 선제공격으로 제압하기는 용이하지 않은 중국과 인접해 있는 민감한 지역인데, 미국이 이 지역에 위치한 북한의 미사일 TEL을 공격 시 중국의 심각한 반발을 가져올 수 있기 때문이다. 김정은 정권은 1차 시험발사에 성공한 화성-14형 ICBM을 북중 국경 인접지역에서 다시 2차 발사를 감행함으로써 미국 본토를 기습적으로 공격할 수 있다는 능력을 의도적으로 보여주어 북한의 핵무력 고도화 위협에 대한 신뢰도를 더욱 높이고 단계적인 압박 가중을 통해 미국 본토 위협 능력을 재차 인식시키려 의도한 것으로 분석할 수 있다.

【그림 5-11】 화성-14형 2차 시험발사 장면

* 출처: 「조선중앙통신」, 2017년 7월 29일.

북한의 화성-14형 2차 시험발사에 대해 미국 트럼프 대통령과 렉스 틸러슨 국무장관은 이틀 연속 성명과 트위터로 북한을 비난했다. 북한의 도발이 '레드라인금지선'에 도달하면서 워싱턴포스트WP 등 미국 언론들과 싱크탱크들은 북한과 거래한 모든 나라를 경제적으로 보복하는 '이란식 경제제재'를 요구하고 나섰다. 마이크 폼페이오Michael Pompeo 미 중앙정보국CIA 국장은

"최근 북한에 대한 비밀공작 등 다양한 작전을 들여다보고 있다"라고 했고, 해리 해리스Harry Harris 미 태평양사령관도 "군사적 선택지도 준비할 것"이라고 했다. 미 의회도 격앙되었다. 공화당 폴 라이언Paul Ryan 하원의장은 28일 성명을 내고 "김정은 정권은 자신들의 행동에 대가를 치러야 한다"라고 했다.

한편, 미 국방부 제프 데이비스Jeff Davis 대변인은 "북미항공우주방위사령부NORAD는 북한의 이번 탄도미사일이 미국 본토에는 위협이 되지 않는 것으로 판단했다"라고 말했다. 그러나 과학자 단체인 '참여과학자모임'의 데이비드 라이트David Wright 선임연구원은 "정상 각도로 날아간다면 로스앤젤레스와 덴버, 시카고 등도 사정권에 들어간다"라고 주장했다. 이와 관련, 뉴욕타임스NYT는 "핵탄두 중량에 따라 사거리가 다를 수 있다"고 보도했다. 미 일각에선 북한에 대한 즉각적인 군사행동을 요구하는 여론이 끓어오르지 않도록 '수위 조절을 하는 것 아니냐는 분석도 제기되었다.[38]

8월 5일 UN 안보리는 북한의 두 차례에 걸친 화성-14형 ICBM급 미사일 발사에 대한 대북제재 결의 2371호를 만장일치로 채택했다.

마. 신형 화성-12형 괌 포위사격 수사적 위협 후 실제 발사

북한 전략군은 2017년 8월 10일 조선중앙통신을 통해 중장거리탄도미사일IRBM '화성-12'형 4발로 미군 기지가 있는 괌을 포위사격하는 방안을 검토하고 있다고 밝혔다. 전략군사령관 김락겸은 이날 "이미 천명한 바와 같이 우리 전략군은 괌도의 주요 군사기지들을 제압·견제하고 미국에 엄중한 경고 신호를 보내기 위하여 중장거리전략탄도로켓 '화성-12'형 4발의 동시 발사로 진행하는 괌도 포위사격 방안을 심중히 검토하고 있다"고 조선중앙통신을 통해 보도했다.[39] 김락겸은 이어 "우리가 발사하는 '화성-12'형은 일본의

---

38) "미본토 위협 현실화…트럼프 '중국에 책임있다' 보복 시사," 「조선일보」, 2017년 7월 31일; https://news.chosun.com/site/data/html_dir/2017/07/31/2017073100065.html(검색일: 2019년 7월 1일)

39) "전략군사령관 김락겸대장의 발표," 「조선중앙통신」, 2017년 8월 10일.

시마네현, 히로시마현, 고치현 상공을 통과하게 되며, 사거리 3천 356.7km를 1천 65초간 비행한 후 괌도 주변 30~40km 해상 수역에 탄착 되게 될 것"이라고 위협했다. 그러면서 "전략군은 8월 중순까지 괌도 포위사격 방안을 최종 완성하여 공화국 핵무력의 총사령관 김정은 동지께 보고 드리고 발사 대기 태세에서 명령을 기다릴 것"이라고 밝혔다.[40]

이어 "이 사격 계획이 단행될 경우 미국이 우리 전략무기들의 위력을 가장 가까이에서 제일 먼저 체험하는 계기가 될 것"이라며 "미국은 전략군의 탄도로켓들이 지금 이 시각도 태평양을 마주 향해 항시적인 발사대기 태세에 있다는 사실을 똑바로 알며 우리 탄도로켓의 발사 방위각에 깊은 주의를 돌려야 한다"라고 밝혔다. 성명은 "(김정은이) 미제의 침략 장비들을 제압·견제하기 위한 강력하고도 효과적인 행동 방안을 검토하라고 언급한 바 있다"라고 밝혀 괌에 대한 포위사격작전 검토가 김정은의 지시로 이뤄졌음을 밝혔다.[41]

당시 북한의 상황은 5월 화성-12형 시험발사 성공에 이어 7월에는 화성-12형을 기초로 한 2단형 ICBM인 화성-14형 시험발사를 두 차례 성공하고 자축하는 기간이었다. 그런데 미국 트럼프 대통령이 8월 8일 현지시간 뉴저지주 베드민스터 트럼프 내셔널 골프클럽에서 "북한이 위협을 계속하면 화염과 분노 fire and fury, 솔직히 말하면 현재 세계에서 본 적 없는 힘과 맞닥뜨리게 될 것"이라고 경고한 발언에 대해 북한은 3시간 후 전략군 대변인 성명을 통해 괌 포위사격 방안을 검토 중이라고 되받아친 셈이었다.[42]

40) "북한, 8월 중순까지 괌 포위사격 방안 완성할 것," 「연합뉴스」, 2017년 8월 10일; http://www. hankookilbo.com/News/Read/201708100757169871(검색일: 2019년 2월 5일).

41) "北, '전면전' 위협…화성-12로 괌 포위사격방안 검토," 「연합뉴스」, 2017년 8월 9일; https:// www.yna.co.kr/view/AKR20170809017853014(검색일: 2019년 2월 5일).

42) 홍석훈 외, "북핵 고도화와 새로운 대북정책의 모색," 「국가안보와 전략」, 제17권 3호 (2017), p. 110.

북한 매체들은 김정은이 8월 14일 전략군사령부를 방문하여 전략군사령관으로부터 괌도포위사격 방안에 대한 결심보고를 받았다면서 김정은이 "당의 구상과 의도에 맞게 매우 치밀하고 용의주도하게 작성한 데 대하여 위력시위사격 준비상태를 검열했다"며 검열 후 "미국의 행태를 좀 더 지켜보겠다"라고 언급한 내용을 보도했다.[43] 당시 김정은의 유보성 발언으로 당장은 도발하지 않겠다는 뜻으로도 평가된 바 있었다.

8월 19일 북한의 대외선전용 인터넷 매체인 『우리민족끼리』는 미국령 괌도에 대한 북한의 모의 포위사격 동영상을 공개하고 북한의 괌 포위사격 계획 발표에 "미국 군 수뇌부는 물론 백악관과 정치권 등이 밤잠을 설치게 됐고 한마디로 좌불안석"이라고 조롱하면서 2발의 미사일이 괌 주변에 떨어지는 영상과 함께 자막으로 "언제 어떻게 들어닥칠지 모르는 '화성-12'형 때문에 미국은 눈과 귀를 항상 열어놔야만 한다"라고 위협하며 불안감을 조성하고자 했다.[44]

괌 포위사격 발언이 현실적으로 이루어지기는 어려울 것이라는 바람 속에서 8월 21일부터 한미연합군사연습인 을지프리덤가디언UFG 연습이 진행 중인 가운데 북한은 8월 29일 화성-12형 IRBM 1차 실제 위협사격을 기습적으로 단행했다. 북한 매체들은 보도를 통해 "이번 훈련은 자신들의 경고에도 불구하고 끝내 감행된 한미 을지프리덤가디언 합동군사연습에 대비한 무력시위의 일환"이며, 김정은이 "새로 장비한 중장거리미사일의 전투적 성능과 실전운영능력이 완벽하고, 좋은 경험을 쌓았을 것이다"라 언급했다고 공개했다. 또한 "미사일은 예정된 비행궤도를 따라 일본 홋카이도 상공을 가로질러

---

43) "김정은 전략군사령부 시찰," 「로동신문」, 2017년 8월 15일.

44) "북, '괌 포위사격' 모의영상 공개하며 UFG 비난 선동," 「VOA」, 2017년 8월 21일; https://www.rfa.org /korean/in_focus/nk_nuclear_talks/nkguamufg-08212017155214. html(검색일: 2019년 2월 17일).

약 2,700km 북태평양해상에 설정된 목표 수역을 명중 타격했다"고 주장했다.[45)

북한의 화성-12형 발사에 대해 미국 트럼프 대통령은 29일 성명에서 "모든 옵션이 테이블 위에 있다"면서 이례적으로 대북 군사적 행동 가능성을 언급했다. 그리고 일본 아베 신조安倍 晋三 총리와의 전화통화에서 "북한은 중대한 위협이며 최근 행동은 용납할 수 없다"면서 대북제재 강화 가능성을 내비쳤다.[46)

UN 안보리도 29일현지시각 심야에 긴급회의를 열고 북한의 미사일 발사를 규탄하는 의장성명을 만장일치로 채택했다. 안보리는 성명에서 "북한이 최근의 행동과 공개적 언급내용 뿐만 아니라 일본 너머로 미사일을 발사함으로써 지역의 평화와 안정을 고의로 훼손하는 것에 대해 심각한 우려를 표시한다"며 "모든 핵무기와 핵 프로그램을 완전하고 검증 가능하며 불가역적인 방법으로 폐기하라"고 촉구했다.[47)

9월 11일현지시각 UN 안보리는 8월 29일 북한의 화성-12형 괌 위협사격과 9월 3일 ICBM 핵탄두실험인 6차 핵실험에 대해 유류공급 제한과 섬유 및 의류수출 전면금지를 담은 안보리 대북제재 결의 2375호를 만장일치로 채택했다[48).

---

45) "김정은, 중장거리전략탄도로케트 훈련지도," 「로동신문」, 2017년 8월 30일.

46) "北, 유엔 회원국 위협, 중러도 안보리 성명 "이의없다"," 「문화일보」, 2017년 8월 30일; http://www.munhwa.com/news/view.html?no=2017083001070230116002(검색일: 2019년 7월 1일).

47) "안보리, 북규탄 의장성명 만장일치 채택," 「문화일보」, 2017년 8월 30일; http://www.munhwa.com/news/view.html?no=2017083001070127100001(검색일: 2019년 7월 1일).

48) "안보리 새 대북제재 결의 2375 만장일치 채택," 「VOA」, 2017년 9월 12일; https://www.voakorea.com/a/4024835.html(검색일: 2019년 7월 1일)

한편, 북한은 9월 15일에 다시 화성-12형 2차 실제 위협사격을 감행했다. 사거리는 약 3,700km로 1차 발사보다 1,000km 늘어났다. 북한 매체들은 김정은이 또다시 화성-12형 발사훈련을 지도했다면서, 김정은은 "핵무력 전력화에서 매우 큰 의미있는 발사훈련이었으며, 화성-12형 전력화가 실현되었다"라고 주장했다. 이번에도 북한은 화성-12형을 정상각도30-45도로 발사하여 괌까지의 사거리 3,400km를 훌쩍 넘겨 괌 타격 능력을 처음으로 입증했다.

화성-12형 괌 위협사격은 시험발사가 아니라 실제발사였다. 이번 발사는 1차 발사8.29 대비 이동식발사대TEL에서 실전과 같이 발사했다. 북한은 1차 괌 위협사격 시 김정은이 언급한 대로 미국의 반응을 보아가면서 사거리를 조절하여 단계적으로 위협할 수 있는 실전능력을 보여주고자 했다.

미국 틸러슨 국무장관은 북한의 도발 3시간 후인 14일현지시각 밤 8시 50분경 성명발표에서 "중국은 북한의 원유 대부분을 공급하고, 러시아는 강제노동의 최대 고용주"라며 "중러도 스스로 직접적인 행동을 통해 이런 무모한 미사일 발사에 관용은 없다는 점을 보여줘야 한다"고 중러에 대해서도 경고하면서 전방위 대북제재를 예고했다.49)

다음【그림 5-12】는 화성-12형 1, 2차 위협발사 장면과 발사제원을 보여주고 있다.50)

---

49) "백악관, 北미사일 상황 실시간 체크… '중러 행동하라' 압박,"「조선일보」, 2017년 9월 16일; http://news.chosun.com/site/data/html_dir/2017/09/16/2017091600211.html(검색일: 2019년 8월 10일).

50) "화성-12 경애하는 최고령도자 김정은동지께서 조선인민군 전략군의 중장거리전략탄도로케트발사훈련을 지도하시였다,"「로동신문」, 2017년 8월 30일; "【北 또 미사일 도발】文 "북한 재기불능으로 만들 힘 있다" 강력 경고,"「파이낸셜 뉴스」, 2017년 9월 15일; https://news.v.daum.net/v/20170915172729443?d=y(검색일: 2019년 8월 10일).

【그림 5-12】 화성-12형 괌 포위 위협사격

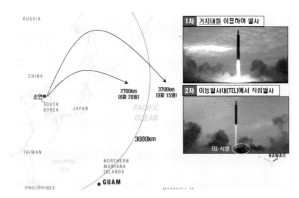

* 출처: 「파이낸셜 뉴스」, 2017년 9월 15일.

9월 15일 UN안보리는 북한의 화성-12형 2차 발사를 규탄하는 언론성명을 만장일치로 채택했다.[51]

바. 제2차 '핵무기병기화사업'과 6차 핵실험(ICBM용 핵탄두실험)
　　→ 화성-15형(ICBM/13,000km) 시험발사 및 핵무력 완성 선언

2017년 9월 3일 북한이 6차 핵실험을 감행하기 수 시간 전 김정은의 이른바 2차 '핵무기병기화사업' 현장지도 소식을 언론매체에 보도했다. 이날은 6차 핵실험이 있었기 때문에 공개보도 1일 전인 9월 2일 김정은이 '핵무기병기화사업'을 현장지도 했을 것으로 추정된다. 북한 매체들은 9월 3일 김정은의 '핵무기병기화사업' 현장지도 내용을 공개하면서 2016년 3월 '핵무기병기화사업' 현장지도 중 원구형 핵장치를 공개한 것과 유사하게 수소폭탄 핵장치를 【그림 5-13】에서처럼 공개했다. 이번에 공개된 시설도 김정은이

---

51) "안보리, '북 미사일 규탄·제재 성실 이행' 언론성명 채택," 「RFA」, 2017년 9월 15일; https://www.rfa.org/korean/in_focus/nk_nuclear_talks/ne-kh-09152017163234.html(검색일: 2019년 8월 10일).

1차 '핵무기병기화사업' 현장지도 간 방문했던 동일한 장소였다. 미사일과 탄두가 분리되어 있는 상태에서 김정은이 핵장치를 보고 있는 사진을 공개했다.[52)]

사진 분석결과 이번에 공개된 것은 장구형 핵장치로써 탄두내부로 들어갈 수 있을 정도의 크기임을 쉽게 판별할 수 있다. 뒤편에 "화성-14형 핵탄두수소탄"라고 정확히 읽을 수 있을 정도로 노출시켰다. 이것은 다분히 의도적인 것으로 김정은이 핵장치와 탄두설계도를 작년 3월에 이어 보도매체에 적극 공개하는 전략을 통하여 미국에게 강제적으로 위협을 인식시키는 효과를 극대화하려 했다고 분석되었다.

【그림 5-13】 김정은 핵무기 병기화(장구형) 현장지도

* 출처: 「로동신문」, 2017년 9월 3일.

이번에는 1차 '핵무기병기화사업'보다 진전된 방법으로, 6차 핵실험 당일 사진을 보도매체에 공개하자마자 불과 몇 시간 후에 핵실험을 감행함으로써 위협인식을 극대화하려는 효과를 노렸다. 그만큼 미 본토에 이르는 ICBM에 김정은이 큰 관심을 가지고 있다는 것을 보여주고 있으며, 이는 7차 당대회에서 제시한 분야별 과업목표 중 핵무력 완성의 핵심단계이기 때문이라고 분석

---

52) "김정은, '핵무기병기화사업'을 지도," 「로동신문」, 2017년 9월 3일.

된다. 북한 매체들은 김정은이 핵무기병기화 실태에 대한 종합보고를 받았으며, 새로 제작한 대륙간탄도로케트 전투부에 장착할 수소탄을 보면서 "우리의 힘과 기술로 만들어낸 초강도 폭발력을 가진 주체적 열핵무기를 직접보니 값비싼 대가를 치르면서, 우리 과학자들이 당이 결심만 하면 못해내는 것이 없다고 기뻐했다"며 "핵과학자, 기술자들이 첫 수소탄시험에서 얻은 귀중한 성과를 토대로 핵전투부로써의 수소탄의 기술적 성능을 최첨단 수준에서 보다 갱신하였다"라고 언급한 내용을 공개적으로 보도했다.[53]

2차 '핵무기병기화사업' 간 장구형 사진은 공개하자마자 6차 핵실험으로 이어지고 그 폭발력이 작게는 50kt에서 최고 250kt로 북한 핵실험 역사상 최대규모인 5차 핵실험의 최소 2-5배 이상의 폭발력이 탐지되었다. 9월 4일 북한은 핵무기연구소 성명으로 "대륙간탄도로케트 장착용 수소탄시험에서 완전 성공"했다고 보도했다. 김정은 정권이 화성-14형 1, 2차 시험발사에 이어 수소탄을 ICBM인 화성-14형에 실어 미국 본토를 공격할 수 있는 능력을 '핵무기병기화사업' 공개 직후 몇 시간 만에 강력한 '핵탄두 폭발위력'을 보여줌으로써 주요 외신을 통해 전 세계에 북한의 핵고도화 위협이 전파되는 효과를 극대화하면서 미국에게는 강제적으로 ICBM용 핵무기 위협을 인식시키고자 한 의도로 분석할 수 있다.

【그림 5-14】 ICBM 장착용 핵탄두실험과 연계한 강제적 위협인식 메커니즘

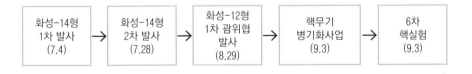

【그림 5-14】와 같이 화성-14형 1차 고각발사, 화성-14형 2차 고각발사, 화성-12형 1차 괌 위협사격에 이어 ICBM용핵탄두 실험인 6차 핵실험을

---

53) "김정은, 핵무기병기화사업을 지도," 「로동신문」, 2017년 9월 3일.

감행함으로써 북한은 ICBM에 의한 핵탄두 투발능력을 단계적으로 과시하고 미국 본토 위협능력을 극대화하여 강제적으로 위협을 인식시키고자 했다.

이후 북한은 화성-14형 ICBM 2차 시험발사7.28를 기점으로 약 4개월, 6차 ICBM장착용 핵탄두실험9.3을 기점으로는 약 3개월이 경과된 11월 29일 새벽 2시 48분에 평남 평성에서 새로운 ICBM인 화성-15형 시험발사에 성공한다. 북한은 공화국 정부성명을 통해 "당의 정치적 결단과 전략적 결심에 따라 새로 개발한 대륙간탄도로케트 화성-15형 시험발사가 성공적으로 진행되었다"면서 "미국본토 전역을 타격할 수 있는 초대형중량급 핵탄두장착이 가능하며 … 지난 7월 화성-14형보다 훨씬 우월한 무기체계로써, 목표한 로케트무기체계 개발의 완결단계에 도달한 가장 위력한 대륙간탄도로케트로 … 최대정점고도 4,475km까지 상승하여 거리 950km를 53분 간 비행하고 조선동해 공해상의 설정된 수역에 정확히 탄착"되었다며 김정은이 "비로소 국가핵무력 완성의 역사적 대업이 실현되었다고 선포했다"고 밝혔다.54)

【그림 5-15】 화성-15형과 화성-14형 주요제원

* 출처: 「한겨레신문」, 2017년 11월 30일.

54) "새형의 대륙간탄도로케트 시험발사 성공," 「로동신문」, 2017년 11월 29일.

전문가들의 분석에 의하면, 【그림 5-15】에서 보는 바와 같이 화성-15형은 총 2단형추진체로 구성된 미사일이다. 1단체는 2개의 백두산 엔진을 클러스터링한 노즐 2개의 짐벌엔진형이고, 2단체는 화성-14형 미사일의 2단체보다 크기가 확장된 형태의 ICBM으로써 사거리 약 13,000km 미국 전 지역을 타격할 수 있는 것으로 평가되었다. 특히 화성-12형이나 14형의 1단체 엔진인 백두산엔진 1개의 추력이 80tf톤포스인 반면 화성-15형의 추력은 백두산엔진 2개를 클러스터링함으로써 화성-14형 추력 대비 2배 이상이 증가하여 더 무거운 탄두를 더 멀리 운반할 수 있게 되었다. 또한, 엔진 2개의 노즐이 움직이면서 방향을 조정하는 방식인 이른바 짐벌 시스템으로 화성-12형이나 14형과는 완전히 다른 새로운 형태의 미사일로 평가되었다.[55]

한편, 북한은 11월 29일 노동신문을 통해 "짧은 기간에 자체의 힘으로 우리식 9축 자행발사대차를 만들어냈다"라고 밝혔는 바, 이 주장의 실체를 공개된 사진에서 확인할 수가 있었다. 과거 북한은 8축형 이동식 차량을 중국으로부터 수입에 의존했지만, 만약 9축 차량인 화성-15형의 이동식발사차량TEL을 북한이 직접 제작 또는 개조했다면 미국이 추적하기 어려워 북한이 미국을 공격하는 데 제약이 사라진 것이나 다름없다고 제프리 루이스Jeffrey Lewis 연구원은 주장했다.[56]

다음의 【그림 5-16】에서 보는 바와 같이 9축 이동발사차량 4대에 실린 화성-15형은 2018년 2월 8일 열병식에서 식별되어 북한이 화성-15형을 본격적으로 생산하는 정황이 포착되기도 했다.[57]

55) "북한 ICBM 기술 세계 3, 4위 수준," 「주간동아」, 2017년 12월 19일: http://weekly.donga. com /List/3/all/11/1159979/1(검색일: 2019년 6월 17일).

56) "화성-15형 실은 9축 자행발사대차가 주목받는 이유," 「민플러스」, 2017년 12월 4일: http://www.minplusnews.com/news/articleView.html?idxno=4128(검색일: 2019년 6월 17일).

57) "미 군사전문가 "북, 9축 이동식발사차량 본격 생산 정황," 「민플러스」, 2018년 2월 15일: http://www.minplus.or.kr/news/articleView.html?idxno=4599(검색일: 2019년 6월 17일).

【그림 5-16】 화성-15형 발사 및 열병식 참가(2018.2.8)

* 출처: 「민플러스」, 2018년 2월 15일.

북한의 화성-15형 ICBM발사에 대해 미국은 28일^{현지시각} 북한의 도발 2시간 만에 대통령과 국무장관, 국방장관 등 외교안보팀 핵심 관계자의 압박 성명을 내놓았다. 트럼프 대통령은 기자들에게 "우리가 처리할 것"이라며 "대북정책 기조는 아무것도 변하지 않았다. 우리는 매우 진지한 접근법을 가지고 있고, 이 문제를 심각하게 여기고 있다"고 언급했다. CNN은 "트럼프 대통령이 북한 김정은을 '리틀 로켓맨'이라고 조롱하지도 않고 '화염과 분노' 같은 격한 발언도 하지 않았다"라고 전했다. 이 자리에 함께한 매티스 국방장관도 "북한이 ICBM을 발사했다"라며 "앞서 발사한 어떤 미사일 보다 높은 고도까지 올라갔다"고 말했다. 그러면서 "북한이 세계 모든 곳을 위협할 수 있다"고 했다.[58] 미국의 대통령과 국방장관이 북한의 화성-15형 ICBM 능력이 미국과 전 세계를 위협할 정도로 심각하게 인식하고 있다는 점을 잘 보여준 셈이다. 북한의 대미 핵무력 고도화 수단의 최종목표인 ICBM의 실체적 능력과 대미 강제적 위협인식 역강압 메커니즘이 작동되고 있었음을 알 수 있는 대목이다.

한편, 화성-15형 공개사진을 본 미국 전문가들은 북한 미사일이 기술 면에서 큰 발전이 있었고 이전보다 더 큰 위협이 될 것이라는 점에 동의했다.

---

58) "트럼프 北 미사일 발사에 "우리가 처리할 것"," 「한국일보」, 2017년 11월 29일: https://www.hankookilbo.com/News/Read/201711290749784848(검색일: 2019년 6월 17일).

다음 【표 5-7】은 미국 전문가들의 화성-15형 평가내용을 요약했다.[59)]

【표 5-7】 화성-15형 시험발사 공개 이후 미전문가들의 평가

구 분	평 가 내 용
위즈먼 (핵무기확산방지 연구센터 연구원)	북한미사일로서 크다는 수준이 아니라 일반적 기준에서도 매우 큰 미사일이다. 화성-14형에 비해 2단 추진체(동체) 너비가 훨씬 넓다. 이정도 크기의 미사일을 만들고 작동시킬 수 있는 나라는 많지 않다.
데이비드 슈멀러 (David Schmeler, CNS 연구원)	북한 주장을 심각하게 받아들여야 한다. 어제 미사일 시험은 핵폭탄 무게와 같은 모형탄두를 장착해 실시했을 것으로 보인다. 보조엔진 없이 두 개의 엔진을 탑재한 것으로 보인다. 북한에서 보지 못했던 것으로 큰 변화이다.
조셉 버뮤데즈 (Joshep Bermudez, 38노스 선임연구원)	화성-15형의 앞부분이 더 뭉툭해졌다. 이는 재진입 기술의 진전으로 보인다.

* 출처: 「조선중앙통신」, 2016년 4월 9일; 2016년 9월 20일; 2017년 3월 19일.

화성-15형을 두고 국제사회에서 게임 체인저란 말도 나오고 있다. 화성-15형 시험발사 성공 이후 북한은 국가핵무력 완성을 주장하고 있는 가운데 미국을 포함한 국제사회는 인정하고 싶지 않겠지만 화성-15형이라는 ICBM은 상당히 위협적이라고 인식 및 평가하고 있다. 이 때문에 허버트 맥매스터Herbert McMaster 백악관 국가안보보좌관은 "북한과 전쟁 가능성이 매일 커지고 있다"고 경고했으며, 린지 그레이엄Lindsey Graham 상원의원은 "의회가 선제타격을 논의해야 한다"고 주장했다.[60)]

59) '화성-15형' 사진 본 美전문가들 "정말 큰, 신형 미사일"," 「노컷뉴스」, 2017년 12월 1일; https://www.nocutnews.co.kr/news/4885886(검색일: 2019년 6월 17일).

60) "북한 ICBM 기술 세계 3, 4위 수준," 「주간동아」, 2017년 12월 19일; https://weekly.donga.com/3/all/11/1159979/1(검색일: 2019년 6월 17일).

한편, 북한의 화성-15형 시험발사에 대해 UN안보리는 12월 22일 만장일치로 대북제재 결의안 2397호를 통과시켰다.

이상에서 살펴 본 김정은 정권의 신형 화성-12·14·15형 IRBM 및 ICBM 엔진시험과 시험발사를 통한 고도화 과정에서 북한과 미국의 주요행동 및 대응을 2016년과 2017년 기준으로 각각 정리해보면【표 5-8】과【표 5-9】로 도표화가 가능하다.

【표 5-8】 2016년 북한과 미국의 주요 행동 및 대응(강압-역강압)

구 분 일자	구 분 행동주체	주요 행동 및 대응	
1월 6일	북한	4차 핵실험(시험용 수소탄)	
1월 6일	미국	안보리, 언론성명을 통해 핵실험 규탄	
2월 7일	북한	광명성 3호 발사	
2월 7일	미국	안보리, 광명성 3호 발사 규탄	
2월 16일	미국	오바마 대통령, 대북제재 행정명령 13722호 서명	
2월 18일	미국	대북제재 법안 '북한 제제 및 정책강화법' 의결	
3월 2일	미국	안보리, 4차 핵실험·광명성 3호 발사를 제재 하는 결의 2270호 채택	
3월 16일	북한· 미국	북극성-1형(SLBM) 지상사출 시험	한미 KR/FE 연습 (3.13~24/3.1~4.30)
3월 18일	북한· 미국	노동미사일 발사	한미 KR/FE 연습 (3.13~24/3.1~4.30)
3월 18일	미국	안보리, 언론성명을 통해 노동미사일 발사 규탄	
4월 15일	북한	무수단미사일 발사(실패)	
4월 23일	북한	북극성-1형(SLBM) 시험발사	
4월 24일	미국	안보리, 언론성명을 통해 미사일 발사 규탄	
4월 28일	북한	무수단미사일 2발 발사(실패)	
5월 31일	북한	무수단미사일 발사(실패)	
6월 1일	미국	안보리, 언론성명을 통해 4~5월 북한 탄도미사일 발사 규탄	
6월 22일	북한	무수단미사일 2발 발사(1발 성공)	
6월 23일	미국	안보리, 언론성명을 통해 6.22일 무수단미사일 발사 규탄	
7월 9일	북한	북극성-1형(SLBM) 시험발사	
7월 19일	북한	노동·스커드-ER 미사일 각 1발 발사	
8월 3일	북한	노동미사일 발사	
8월 21일	미국	한·미연합훈련 UFG 연습 시작(8.21~31)	
8월 24일	북한	북극성-1형(SLBM) 시험발사 성공	
8월 26일	미국	안보리, 언론성명을 통해 북한의 노동미사일 발사와 SBLM 시험발사에 대해 규탄	
9월 5일	미국	안보리, 언론성명을 통해 8.24일 북극성-1형(SLBM) 시험발사 규탄	
9월 6일	북한	5차 핵실험(핵탄두 위력판정)	
9월 9일	미국	안보리, 언론성명을 통해 5차 핵실험 규탄	
10월 15일	북한	무수단 미사일 발사(실패)	
10월 17일	미국	안보리, 언론성명을 통해 무수단미사일 발사 규탄	
10월 20일	북한	무수단미사일 발사(실패)	
11월 30일	미국	안보리, 5차 핵실험과 미사일 발사 제재 결의 2321호 채택	

【표 5-9】 2017년 북한과 미국의 주요 행동 및 대응(강압-역강압)

구 분			주요 행동 및 대응	
일자		행동주체		
1월	1일	북한	ICBM 마무리 단계(신년사)	
		미국	"그런일 일어나지 않을 것"(트럼프)	
2월	12일	북한	북극성-2형 시험발사	트럼프, 3월말까지 대북정책 수립지시61)
3월	6일	북한	스커드-ER 발사	한미 KR/FE (3.7-17/3.1-4.30)
	7일	미국	안보리, 언론성명을 통해 스커드-ER 발사 규탄	
	22일	북한	무수단 발사(실패)	
	23일	미국	신형로켓엔진시험 및 무수단 미 사일 발사 규탄	
4월	5일	북한	화성-12형 시험발사	
	6일	미국	안보리, 언론성명을 통해 화성-12형 발사 규탄	
	15일	미국	항모 칼빈슨호/핵잠수함 재전개 트럼프 대북정책 "최대압박 및 관여"확정62)	
	16일	북한	화성-12형 시험발사(실패)	
	20일	미국	안보리, 언론성명을 통해 화성-12형 발사 규탄	
	29일	북한	화성-12형 시험발사(실패)	
5월	10일	미국	CIA KMC (북한임무센터) 창설63)	
	14일	북한	화성-12형 시험발사 성공	
	15일	미국	안보리, 언론성명을 통해 화성-12형 발사 규탄	
	21일	북한	북극성-2형 시험발사	
	22일	미국	안보리, 언론성명을 통해 북극성-2형 발사 규탄	
	27일	북한	번개 5호 지대공 유도 미사일 발사	
	29일	북한	스커드-ER(정밀유도체계 탑재 주장) 발사	

---

61) 북한이 2월 12일 북극성 2형 발사에 성공하자 미국은 대북한 핵미사일정책을 우선 수립할 필요가 있어, 2월 중순부터 캐슬린 맥팔랜드(Kathleen McFarland) 국가안보 부보좌관이 국무, 국방, 재무 등 관련부처 고위관리들을 불러 모든 대북옵션들을 제출토록 하고, 대북정책을 3월 말까지 수립할 것을 지시했다. 미국이 대북 핵미사일정책을 거의 완료한 시점은 4월 초 정도로 추정된다고 주장했다. 김경규, "트럼프 행정부의 최대 압박 및 관여 정책: 특징·한계·우선순위," 「한국군사」, 창간호(2017), p. 122.

구 분			주요 행동 및 대응
일자		행동주체	
6월	2일	미국	안보리 대북제재 결의 2356호
7월	4일	북한	화성-12형 시험발사(성공)
	10일	미국	B-1B 랜서 2대 한반도 첫 실탄 폭격훈련
	28일	북한	화성-12형 시험발사(성공)
8월	5일	미국	"예방전쟁"(맥마스터)
			안보리 대북제재 결의 2371호
	9일	미국	"화염과 분노"(트럼프)
	10일	북한	괌 포위사격계획 발표
	29일	북한	화성-12형 괌 위협사격(1차)
	30일	미국	안보리, 의장성명 채택

한미 UFG 연습(8.21-31)

구 분			주요 행동 및 대응
9월	3일	북한	6차 핵실험(ICBM핵탄두장착용)
		미국	트럼프 "각종 군사방안 보고받아"
	11일	미국	안보리 대북제재 결의 2375호
	15일	북한	화성-12형 괌 위협사격(2차)
		미국	안보리, 규탄 언론성명 채택
	18일	미국	F-35B 스텔스 4대, B-1B 2대 한반도 출동, 실무장 폭격훈련/DMZ인근비행
	19일		트럼프 UN연설, "미 위협받으면 북 완전파괴"
	21일	북한	리용호, 트럼프의 "완전파괴"에 대해 "개짓는 소리" 화성-12형 발사 규탄
	22일		김정은 본인 성명, 트럼프를 "늙다리 미치광이", "깡패", "사상 최고의 초강경 대응 조치 단행 심중히 고려", "불로 다스릴 것"으로 언급
			리용호, "초강경조치는 태평양상 역대급 수소탄 실험"
11월	29일	북한	화성-15형 시험발사, 핵무력 완성 선언
		미국	트럼프, "이 문제를 심각하게 여기고 있다" 매티스 국방장관, "북한이 ICBM을 발사했다"
12월	22일	미국	안보리 대북제재 결의 2379호

62) "트럼프 행정부 대북전략 '최대압박·관여 확정'," 「뉴스 1」, 2017년 4월 15일; http:// news1.kr/articles/?2967684(검색일: 2019년 9월 20일).

63) CIA는 북한의 핵 및 탄도미사일 위협에 대처하기 위해 CIA의 모든 자원·역량·능력을 활용하는 KMC를 2017년 5월 10일 신설했다. "CIA Establishes Korea Mission Center," 「CIA HOME」, 10 May 2017; https://www.cia.gov/news-information/press-releases-statements/2017-press -releases-statements/cia-establishes-korea-mission-center. html(검색일: 2019년 9월 20일).

2. 북한의 역강압전략 분석

김정은 정권의 핵무력 고도화의 최종수단은 미국 본토 공격이 가능한 핵탄두 무기화 달성, 즉 소형화된 핵무기와 이를 미국 본토까지 이르게 할 수 있는 ICBM을 완성하는 것이었다. 김정은 정권은 2013년 핵·경제 병진노선 채택 전후로 약 4.5년 동안 핵무력 고도화에 국가적 역량을 총집중해 2017년 화성-12형 IRBM, 화성-14형 그리고 화성-15형 ICBM시험발사에 성공하고 핵무력 완성을 선언했다. 특히 2016-2017년은 김정은 정권의 핵무력 고도화 완성기로서 이 기간에 북한은 미국 본토에 이를 수 있는 새로 개발한 대형 백두산엔진의 시험 성공과 백두산엔진 1개와 보조엔진 4개를 이용한 1단형 IRBM인 화성-12형과 2단형 ICBM인 화성-14형 그리고 백두산엔진 2개를 클러스터링한 2단형 ICBM인 화성-15형을 차례로 시험발사에 성공했다. 미국 본토에 이를 수 있는 핵탄두 투발능력을 미국에 강제적으로 인식시키는 데 중점을 둔 것으로 분석했다.

이를 검증하고자 김정은 정권의 대미 핵무력 고도화 강제적 위협인식 역강압전략 측면에서 【그림 5-17】과 같이 역강압의 수단, 역강압의 메커니즘 그리고 역강압 결과·목표인 세 가지 기준사항을 세부적으로 살펴보고자 한다.

【그림 5-17】 화성계열 미사일 고도화 위협 역강압전략(유형#4)

역강압 수단	역강압 메커니즘	역강압 결과(목표)
1. 화성-12형 IRBM 2. 화성-14형 ICBM 3. 화성-15형 ICBM	'강제→억제⇒강압' 메커니즘, 사회동요, 괌 주민 불안감 조성 **압박점**: 사활적 이익(미 영토/국민), 미 행정부 교체시기 취약점 압박 **확전우세**: 전면전 불사 의지 **위협과정**: 백두산엔진 연소시험 공개, 화성-12형 시험발사 성공, 화성-14형 중국인접지역 시험발사, 김정은 '핵무기병기화사업' 지도+ ICBM 핵탄두실험, 화성-12형 괌 위협 실사격, 화성-15형 시험발사 등 다양한 메커니즘 작동 * 핵투발수단별 독립적-단계적-종합적 위협인식 강제 효과 극대화	〈결과〉 CIA내 KMC(북한임무센타) 설치(2017.5), 괌 및 하와이 주민 불안감 조성, 트럼프/국무장관/국방장관/전문가의 북한 ICBM 위협에 대한 심각한 인식 및 암묵적 위협 인정 〈목표〉 미국 본토 위협 IRBM/ICBM 위협 강제 성공, 화성-12형 괌 위협 실거리사격 능력 실증, 화성-14형 서부지역 도달 능력, 화성-15형 미 본토 전지역 도달능력 완성 * 미본토 직접강압력 강화목표 달성

가. 역강압 수단

다음【표 5-10】은 화성-12형과 화성-14형 및 화성-15형 탄도미사일에 대한 능력을 평가하는 데 기초가 되는 각 제원을 비교하여 주요특징을 평가했다.

【표 5-10】화성-12 · 14 · 15형 주요제원 비교

구 분	화성-12형	화성-14형	화성-15형
엔진 / 추진제	백두산엔진 1개 (보조엔진 4개)	백두산엔진 1개 (보조엔진 4개)	백두산엔진 2개 (노즐 2개, 짐벌엔진)
	액체	액체	액체
추진체(동체)	1단형	2단형	2단형
이동식발사대 (TEL)	8축	8축	9축
사거리 (해당지역)	약 5,000km	약 10,000km	약 13,000km
	괌, 알래스카	하와이, 미 서부	미 동부 등 전지역
주요 특징	새로 개발한 백두산 엔진을 사용한 IRBM	화성-12형 엔진에 1단체 확대 및 2단체를 추가한 ICBM	백두산엔진 2개를 클러 스터링한 완전히 새로운 엔진을 장착한 ICBM

* 출처: 대한민국 국방부. 「2018 국방백서」(서울: 국방부, 2018), 북한 공개정보, 국내언론 보도내용 등을 참고하여 저자가 작성.

김정은 정권은 북한 역사상 처음으로 미국 본토를 직접 공격할 수 있는 중 · 장거리탄도미사일 개발을 완성했다. 2017년 신년사에서 김정은이 언급한 대로 IRBM인 화성-12형 시험발사를 시작으로 미 서부지역에 도달 가능한 화성-14형 ICBM과 마침내 미 본토 전 지역에 도달 가능한 화성-15형 ICBM을 완성한 것이다. 기존에 시험발사를 하지 않고 보유하고 있었던 무수단IRBM과 KN-08ICBM을 대체할 수 있는 새로운 중 · 장거리탄도미사일을 확보하게 된 셈이다. 김정은 정권의 핵무력 고도화 완성은 북한이 미국에 대한 핵억제력 강화를 통해 대미 협상력을 제고시켰으며, 마침내 고도화된 핵무력은 새로운 북미 관계로의 현상변경을 강제할 수 있는 역강압수단으로 자리매김했다고 종합평가할 수 있다.

(1) 화성-12형 발사 성공으로 미국령 괌 위협 능력 확보

2017년 5월 14일 북한은 화성-12형 IRBM 시험발사에 성공하고, 다음날 화성-12형 발사장면과 발사 고도·비행거리 등 각종 발사제원을 공개했다. 화성-12형은 약 5,000km를 비행할 수 있는 IRBM으로써 북한이 북태평양 상으로 실제 발사_{비행거리 3,700km}해 일본열도 상공을 비행한 최초의 중거리탄도미사일로 평가된다. 기존 무수단미사일의 엔진과는 완전히 다른 새로운 백두산엔진_{러시아제 RD-250을 개량}을 장착한 1단형 중거리탄도미사일이다. 북한은 2016-2017년 초 사이에 총 9회에 걸쳐 무수단미사일을 시험발사했지만 8회나 실패한 바 있어 실전운용이 거의 불가할 것으로 추정하였지만, 화성-12형은 시험발사에 성공했음은 물론 두 차례에 걸쳐 북태평양 상으로 실제 위협발사를 감행함으로써 괌에 도달할 수 있는 실전능력을 직접 보여주었기 때문에 미국에게 핵공격 위협을 가할 수 있는 역강압수단으로써의 능력과 신뢰도를 보유하고 있다고 평가할 수 있다.

(2) 화성-14형 ICBM 발사 성공으로 미 서부지역 위협 능력 확보

화성-14형은 2017년 7월 4일 1차 시험발사와 7월 28일 2차 시험발사 모두 실패 없이 성공했다. 화성-12형 1단형 IRBM을 2단형으로 제작하여 50여일 만에 ICBM급 화성-14형 시험발사에 성공한 북한은 매우 빠른 속도로 기술을 진전시켰음을 보여주었다. 하와이를 포함해 미국 본토의 서부지역에 충분히 도달할 수 있는 위협사거리인 10,000km의 ICBM으로 평가되었다. 화성-14형의 발사 성공은 미국 본토에 대한 직접적인 위협으로 인식되었으며, 이에 따른 미국의 충격도 클 수밖에 없었다. 특히 7월 4일은 미국 독립기념일이었다. 김정은이 미국의 독립절에 선물보따리를 보냈다고 언급한 점을 고려해 볼 때 북한은 미 본토 위협이 가능한 화성-14형 ICBM을 의도적으로 미국 독립절에 타이밍을 맞춰 미국인들에게 위협을 인식시키는 효과를 극대화하고자 했음을 알 수 있다. 또한, 2차 시험발사 성공으로 화성-14형이 미국 서부

지역까지 공격할 수 있다는 확신을 심어줌으로써 대미 위협인식 효과를 더욱 심화시켰다. 따라서 미국 서부지역에 도달할 수 있는 위협사거리 10,000km의 화성-14형 ICBM은 미 본토를 직접 위협할 수 있는 강압수단으로써의 능력과 신뢰도를 가지고 있는 물리적 수단으로 평가할 수 있다.

(3) 화성-15형 ICBM 발사 성공으로 미국 전 지역 위협 능력 확보

2017년 11월 29일 북한은 이른바 화성-14형 ICBM과는 완전히 다른 초대형중량급핵탄두장착이 가능한 화성-15형 ICBM 시험발사에 성공했다. 많은 전문가들에 의해 화성-15형 ICBM이 미국 전 지역에 도달할 수 있는 13,000km의 위협사거리를 가지고 약 500-600kg의 탄두를 미 본토까지 운반할 수 있는 능력을 보유한 것으로 평가되었다. 화성-14형과는 완전히 다른 새로운 대출력 엔진, 즉 1단체를 백두산엔진 2개로 클러스터링한 엔진을 제작했고, 2단체는 화성-14형보다 두껍고 길어져 더욱 강력한 엔진을 사용한 초대형 ICBM으로 미국 전 지역을 타격할 수 있는 능력을 지닌 강압수단이다.

물론 북한이 성공했다고 주장하는 대기권 재진입기술 확보여부에 대한 평가에는 이견이 있을 수도 있지만, 미국 38노스의 군사 전문가인 죠셉 버뮤데즈가 "북한은 ICBM을 통한 존재 그 자체만으로도 미국에게 위협으로 각인되는 전략적 목표를 달성했고, 이로써 이미 국제무대의 중심에 서있다"라고 주장[64]한 점을 고려해보면 미국의 전문가들이 북한의 ICBM 능력과 위협을 심각하게 인식하고 있다는 사실을 부인할 수 없는 상황이 되었다.

---

64) Joseph Bermudez, "North Korea ICBM Efforts Hampered by Test Ban," Wall Street Journal, 8 Octover 2018; https://www.wsj.com/articles/north-korean-icbm-efforts-hampered-by-test-ban-1533928724(검색일: 2019년 9월 20일).

나. 역강압 메커니즘

김정은 정권의 핵무력 고도화 완성기인 2016-2017년 2년 동안 북한은 미국의 영토와 국민을 직접 위협할 수 있는 ICBM 능력을 완성하면서 북한에 대한 미국의 핵공격 위협을 감지할 경우에는 미국 영토를 직접 공격할 수 있다는 능력과 의지를 미국에 인식시키려는 다양한 위협인식 메커니즘^{방법}을 강제적으로 작동시키는 계획들을 주도면밀하게 시행했다. 이러한 강제적 위협인식 역강압 메커니즘의 성공적 작동을 위해 북한은 먼저 압박점을 선정하였다. 즉 북한이 인지하고 있는 이용 가능한 미국의 취약점은 미국이 사활적 이익이라고 여기고 있는 미국령 괌도와 태평양사령부가 위치한 하와이 그리고 미국 본토와 국민이었으며, 이들을 압박점으로 선정하여 직접적인 타격대상으로 겨냥한 것이다. 이러한 압박점을 위협의 대상으로 북한은 IRBM 및 ICBM이라는 핵투발 강압 수단을 이용하여 다음과 같은 여섯 가지 대미 강제적 위협인식 메커니즘을 통하여 미국 본토와 국민을 직접 공격할 수 있는 위협을 강제로 인식시키고 자신들의 ICBM 위협을 미국이 심각하게 인식하도록 미국을 역강압하여 대미 협상력을 강화시켰다.

(1) 핵무기장착 투발 능력 강제적 위협인식 극대화 메커니즘

북한은 이른바 원구형 핵장치 공개와 5차 핵실험을 연계해 소형화한 고위력 핵무기 장착투발능력을 미국에게 강제로 인식시키고자 의도했다. 2016년 3월 김정은은 1차 핵무기병기화사업 현장지도에서 원구형 핵장치를 공개하고 핵탄두를 경량화해 다양한 탄도로케트에 맞게 표준화, 규격화를 실현했다면서 이것이 진짜 핵억제력이라고 언급했다.

당시 내폭형 기폭장치로 추정되는 원구형 장치는 1945년 나가사키에 투하된 원자폭탄 '팻맨'보다 정교해졌다는 평가가 나온 적이 있었으며, 이춘근 과학기술정책연구원 연구위원은 "고폭렌즈 수가 많으면 핵폭탄 수준이 그만큼 높아지는 것"이라며 "원구형 물체가 실물인지는 모르지만 표면에 반짝이는 동그란

렌즈가 70여 개가 넘는데 상당히 정교한 기폭장치"라고 주장했다.[65] 이후 북한은 핵탄두폭발위력 검증 목적의 5차 핵실험 성공으로 다종화된 탄도미사일에 장착 가능한 핵탄두를 표준화하고 규격화해 대량생산할 수 있게 되었다고 선전함으로써 핵무기와 운반수단의 결합 및 장착능력을 과시하고 소형화된 핵무기 투발능력을 미국에 인식시키고자 했다. 후술하겠지만 이러한 강제적 위협인식 메커니즘은 2017년 9월 6차 핵실험 전후에도 김정은의 이른바 2차 핵무기병기화사업으로 이어진다.

(2) 대출력엔진 시험공개를 통한 강제적 위협인식 극대화 메커니즘

3차에 걸친 엔진시험 장면 공개 사진과 기술제원 공개자료로부터 첫째, 사용 추진제가 액체추진제인지 고체추진제인지를 추가분석이 가능하게 했다.[66] 둘째, 북한은 엔진시험 이후 추력80tf은 물론 연소시간200초, 보조엔진, 짐벌엔진을 분석할 때 필요한 확대사진과 세부제원 등을 공개함으로써 대형엔진의 성능과 시험발사에 성공한 중·장거리탄도미사일의 능력과 위협을 분석하는데 요구되는 신뢰도를 의도적·강제적으로 증대시켜 대미 위협 극대화 및 인식에 영향을 미치고자 했다.

다음【그림 5-18】은 북한이 공개한 사진과 제원을 통해 화성-12·14·15형을 비교 분석한 내용이다.

---

65) "北, '핵탄 기폭장치', 외관상 나가사키 투하 '팻맨' 보다 정교," 「연합뉴스」, 2016년 3월 10일; https://www.yna.co.kr/view/MYH20160310008800038(검색일: 2019년 9월 20일).

66) 통상 엔진연소 시험 시 분사되는 불꽃의 끝 모양이 모이면 액체, 넓게 퍼지면 고체연료로 평가하는 경험적 방법이 있다.

【그림 5-18】 엔진시험 공개사진으로 분석한 화성-12 · 14 · 15형

구 분	화성-12형 & 화성-14형	화성-15형
실발사시 엔진연소 장 면	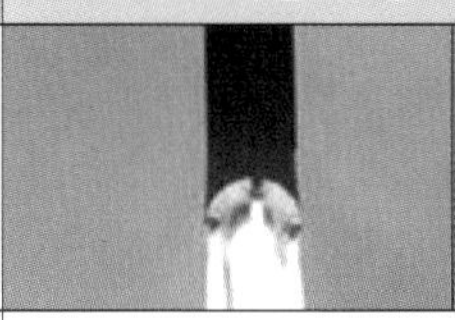 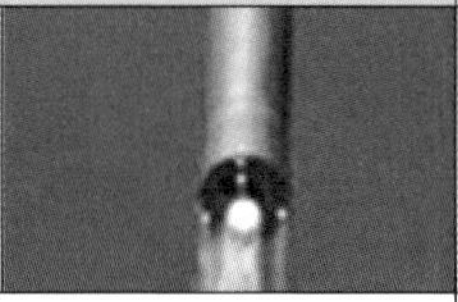	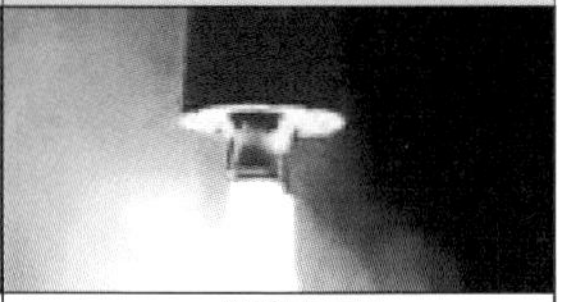
엔진구조		
특징	· 백두산 엔진 1개와 보조엔진 4개를 결합 · 백두산 엔진 추진력 80tf(톤포스) · 엔진 1개만으로 500kg 탄두를 최대 5,000km 운반 가능	· 백두산 엔진 2개를 클러스터링한 짐벌엔진 · 짐벌엔진을 사용한 화성-12 · 14형에 비해 사거리 · 정확성 증대

* 출처: 김정은 공개활동, "엔진 1개로 5000㎞ 비행… 2-4개 묶으면 美 동부까지 타격," 「조선일보」, 2017년 5월 16일. 이미지를 일부 활용하여 저자가 작성.

(3) 괌 불안감 조성 및 실거리 발사로 강압효과 극대화 메커니즘

북한은 먼저 괌을 포위사격하겠다고 위협하여 미국 국민들의 불안감을 조성하고, 북태평양으로 미사일을 실발사함으로써 대미 강압효과를 극대화했다. 앞장 유형#1에서 살펴본 바와 같이 괌 주민들은 지난 2013년 3월 말부터 5월까지 북한과 미국의 핵전쟁 위기 속에서 북한이 무수단 2기를 동해안 일대에 전개해 북한의 탄도미사일 발사위협에 대한 불안감을 느꼈던 경험을 가지고 있었다. 이후 4년이 지난 2017년 5월 14일 북한이 새로운 IRBM인 화성-12형 시험발사에 성공하자 미국령 괌에서는 북한의 탄도미사일에 대한 두려움으로 떠는 주민들이 다시 늘고 있다고 미국의 소리VOA 방송이 현지 언론을 인용해 보도했다.[67]

---

67) "괌 주민들, 북한 신형 탄도미사일 공포 확산," 「NewDaily」, 2017년 5월 18일; http://www.newdaily.co.kr/site/data/html/2017/05/18/2017051800036.html(검색일: 2019년 2월 5일).

보도에 의하면 어떤 주민들은 핵공격보다는 핵위협 때문에 생명줄인 관광수입이 줄어들 것을 더 두려워하고 있으며, 괌의 민방위행정관 찰스 에스테베스 Charles Esteves는 "괌의 가장 큰 사업은 관광사업들인 데 관광객 수가 갑자기 심각하게 감소하면 걱정할 이유가 있다"라고 언급하기도 했다.68) 괌 주민들이 2013년 무수단 발사위협에 이어 두 번째로 북한의 화성-12형 핵탄두장착 탄도미사일 공격에 대한 불안감을 느끼게 된 것이다.

하와이주에서도 북한의 핵공격에 대비해 7월 21일 하와이주 비상관리청이 '핵폭발 시 행동요령'을 발표했다고 미국의 소리방송VOA이 보도했다. 하와이가 적국의 공격에 대비해 경보를 울리고 대피훈련을 하는 것은 1980년대 냉전이 끝난 뒤 처음으로 알려졌다. 번 미야기Vern Miyagi 비상관리청장은 북한의 핵 공격 가능성은 매우 낮지만 무시할 수 없는 위협이라고 전했다.69)

한편, 2017년 8월 9일 북한이 미국의 태평양 군사거점인 괌을 겨냥해 포위사격 할 것이라고 위협을 가하면서 현지 주민들은 크게 동요했다. 미국의 ABC 뉴스와 USA 투데이 등 외신에 따르면 괌 거주자들은 북한의 무력 협박에 극심한 불안감을 다음과 같이 호소하고 있다고 보도했다.

괌 주민 맨디올라는 "아무 일도 일어나지 않게 해달라고 신에게 기도하고 있다"며 "모두가 두려워하는 이유는 우리가 어떻게 할 수 없는 문제를 다루고 있기 때문"이라고 말했다. 버스기사 세실 처그리드는 "이 곳을 빠져나가고 싶어진다"며 초조한 기색을 드러냈다. "지금껏 전 세계가 보지 못한 '화염과 분노'에 직면하게 될 것"이라며 북한을 향해 초강경 발언을 쏟아낸 미 트럼프 대통령의 거친 대응 방식도 공포를 부추기고 있다고 비난했다. 괌에서 변호사로 활동 중인 토드 톰슨은 "과거에는 비슷한 위협이 닥치면 웃어 넘겼는데, 지금은 그럴 수가 없다"며 "워싱턴이 바뀌었고, 어떤 일이 벌어질지 알 수 없게 됐다"고

---

68) "북한 미사일발사 후 괌주민들, 핵공격 불안에 떨어," 「중앙일보」, 2017년 5월 17일; https://news.joins.com/article/21579123(검색일: 2019년 2월 5일).

69) "하와이주, 북 핵공격 대비 비상대비훈련 방안 발표," 「VOA」, 2017년 7월 22일; https://www.voakorea.com/a/3954739.html(검색일: 2019년 2월 5일).

우려했다. 군 복무 중인 가족이 있다는 아스트라이트 비야고메스는 "군이 우리를 보호해 줄 것이라고 믿는다"면서도 트럼프 대통령이 괌을 보호할 능력이 있다고 보느냐는 질문에는 "정말 잘 모르겠다"라고 말을 얼버무렸다.[70]

섬 전체에 불안감이 엄습하자 에디 칼보Eddie Calvo 지사는 서둘러 온라인 영상을 만들어 주민들을 다독이기도 했다. 칼보 지사는 이날 "괌은 단순한 군사시설이 아니라 미국의 영토"라고 강조한 뒤 미 당국과 긴밀히 연락하며 만일의 사태에 대비하고 있다고 밝혔다. 조지 차포로스George Charfauros 미 국토안보부 괌 지부장은 북한의 위협에 방어 준비가 돼 있다며 주민들에게 안정을 되찾으라고 촉구했다.

괌은 앤더슨 공군기지를 포함해 핵잠수함과 전략폭격기 및 고고도미사일방어체계THAAD · 사드 1개 포대가 배치된 미국의 전략적 요충지이다. 군 병력 6,000명 등 16만여 명이 거주하고 있는데, 전체 면적 3분의 1이 군사기지일 정도다. 북한과는 3,400km가량 떨어져 있으며 북한이 포위사격 수단으로 언급한 중거리탄도미사일IRBM 화성-12형의 사거리에 들어가 있다.

이런 가운데 북한의 대외선전용 인터넷 매체인 『우리민족끼리』는 8월 19일 미국령 섬 '괌'에 대한 북한의 모의 포위사격 영상을 공개했다. 이 매체는 북한의 괌 포위사격 계획 발표에 미군 수뇌부는 물론 백악관과 정치권 등이 밤잠을 설치게 되었고 한마디로 '좌불안석'이라고 조롱했다.

또한, 2발의 미사일이 괌 주변에 떨어지는 영상과 함께 자막으로 "언제 어떻게 들어닥칠지 모르는 '화성12'형 때문에 미국은 눈과 귀를 항상 열어놔야만 한다"라고 위협했다. 그리고 만일 북한 미사일이 "한발이라도 괌의 방공망을

---

70) "북한 공격 위협에 불안한 괌 주민들," 「한국일보」, 2017년 8월 9일; http://www.hankookilbo.com/ News/Read/201708091938715573(검색일: 2019년 2월 5일).

뚫고 주변 영해에 떨어진다면 유일 초강대국이라는 미국의 허상이 만천하에 드러나게 된다"며 미국의 북한 미사일 요격 실패 가능성을 거론하기도 했다.[71] 이러한 북한매체의 주장은 괌 주민들에게 북한의 핵무력 고도화 위협을 인식시키려는 방법의 하나, 즉 대미 강제적 위협인식 역강압메커니즘의 일환으로 분석되었다.

또한 8월 22일에도 북한은 동영상을 제작하여【그림 5-19】에서 보는 바와 같이 탄도미사일 시험발사 장면을 잇달아 배경으로 내보낸 뒤 지구 밖에서부터 괌 영토를 클로즈업해가며 "단 한발이라도 괌의 방공망을 뚫고 주변 영해에 떨어진다면 유일 초강대국이라 일컫던 미국의 허상이 만천하에 드러나게 될 것이다"면서 "즉, 그야말로 좌불안석이다"라고 선전했다.

그리고 괌 포위사격 예고 이후 미국과 일본에서 논의된 요격계획을 거론한 뒤 "거기에 드는 막대한 비용은 아마 짐작키 어렵지 않을 것"이라면서 "몸 버리고 돈 버리고 참으로 가관"이라고 빈정거리기도 했다. 영상은 특히 "북은 발사단추에 손을 척 올려놓고 여유로운 시간을 보내다 때가 되면 누르기만 하면 될 터이니 그동안 미국은 얼마나 속 태우며 불안에 떨 것인가"라며 괌 포위사격 계획이 언제든 가능한 상태라는 점을 우회적으로 내비쳤다.[72] 수사적 위협에 이어서 청중의 인지능력에 용이하게 접근하기 위한 시각적·청각적 매개 수단으로 역강압의 메커니즘이 진화하고 있음을 보여주고 있다.

---

71) "북매체, 괌 '미사일 위협' 영상 공개…미국은 그야말로 좌불안석." 「중앙일보」, 2017년 8월 22일; https://news.joins.com/article/21862662(검색일: 2019년 6월 24일); "밤잠설치게 된 미국인들, 비용은 얼마나 들까?." 「우리민족끼리」, 2017년 8월 19일.

72) "北, 영상으로 괌 위협…발사단추 누르기만하면 돼," 「H헤럴드」, 2017년 8월 22일; http://biz.heraldcorp.com/common_prog/newsprint.php?ud=20170822000386(검색일: 2019년 6월 24일).

【그림 5-19】북한 공개 괌 위협 동영상 보도

* 출처: 「중앙일보」, 2017년 8월 23일.

이상의 내용을 김정은 정권의 핵무력 고도화 위협인식 역강압전략 측면에서 볼 때 첫째, 북한은 압박점으로 괌도 미군기지와 주민을 선정했으며, 둘째, 수사적 위협, 보도매체에 타격계획 및 관련 동영상 공개 등을 통해 IRBM인 화성-12형 미사일로 핵공격을 할 수 있다는 능력과 의지를 과시함으로써 괌 주민들에게 불안감 조성과 불만을 고조시켜 위협의 효과를 극대화했다. 셋째, 괌 주민의 불안감과 불만이 미군 수뇌부와 미국 정부에도 전달되도록 하여 미국에게 북한의 신형 화성-12형 IRBM 고도화 능력과 공격할 수 있다는 의지를 인식시켜 미국의 군사적 대응을 억제하고 대북 적대시정책에 대한 불만표시와 정책변화 등 현상을 변화시킴으로써 협상력을 높이려는 이른바 미국령 괌도에 대한 직접강압의 메커니즘이 본격적으로 시작된 것이었다.

이렇게 약 20여 일간의 괌도에 대한 북한의 수사적 위협과 언론플레이로 언제 발사할지 모른다는 불확실성이 지속되는 가운데 마침내 북한은 8월 29일 새벽 임의시간에 화성-12형 IRBM을 실제로 기습발사했다. 1차 실제발사는 35-40도의 정상각도로 약 2,700km 거리인 북태평양상에 탄착되었다. 사거리 면에서 평양으로부터 괌까지의 거리인 3,400km에는 못 미쳤으나,

9월 15일 2차로 발사한 화성-12형 미사일은 1차 발사보다 1,000km 증가한 약 3,700여㎞를 비행하여 북태평양상에 탄착해 태평양상 괌을 충분히 타격하고도 남는 거리였다. 평양에서 하와이까지 거리는 약 7,200㎞로 금번 화성-12형의 비행거리에는 미치지 못했다.

1·2차 화성-12형의 실제 위협발사에 대해 미국 뉴욕타임스NYT는 "북한 화성-12형의 북태평양상 실제사격의 가장 주목할 대목은 미사일이 정상각도에 근접한 궤도로 발사돼 먼 거리를 날아갔다는 점"이라고 지적했으며, 디플로매트 앤킷 팬더Ankit Panda 편집장은 "지금까지 북한이 수행한 탄도미사일 시험발사 가운데 최장거리 비행을 보여준 것"이며, "북한의 미사일이 3,700㎞를 비행했다는 사실은 북한이 미사일 사거리를 최대화할 수 있는 가장 효율적인 궤도인 '최소에너지궤도' MET: Minimum Energy Trajectory/정상각도에 가까운 각도로 화성-12형을 최대사거리까지 시험한 첫 시도임을 시사한다"라고 언급한 내용을 보도했다. 비핀 나랑 MIT 부교수도 트위터를 통해 "미사일이 MET 궤도에 매우 가까웠다는 점에서 북한은 아마 이 미사일의 실제 운용을 선언할 수 있을 것"이라고 전망했다. 팬더 편집장 역시 이날 시험이 북한에 중요한 기술적 데이터를 제공해줄 것으로 진단하면서 "MET로 최대 사거리까지 시험한 것은 미사일 재진입체RV가 실제 작전에서 견디는 것과 같은 종류의 물리적 압력, 온도를 경험하게 해줬다는 의미가 있다"라며 실전을 염두에 둔 재진입 기술을 시험하는 목적도 있었을 것으로 분석했다. 또한 이날 미사일 발사의 전략적 의도는 미국령 괌을 타격할 수 있다는 사실을 보여주고 있는데 미국 비확산센터 멜리사 해넘Melissa Hanham 연구원은 "그들은 괌을 타격할 수 있다는 것을 보여준다는 목표로 노력하고 있다"라고 밝혔다. 참여 과학자모임UCS의 라이트 연구원도 "이번 시험발사의 사거리는 북한의 미사일이 괌에 도달할 수 있다는 것을 보여줬다는 점에서 의미심장하다"라고 주장했다.[73]

---

73) "美, 北미사일 발사 사전 감지…전문가 "괌 타격능력 과시 의도"," 「radioKOREA」, 2017년 9월 15일; https://www.radiokorea.com/news/article.php?uid=268798(검색일: 2019년 2월 17일).

이러한 미국 주요 전문가들의 주장은 북한이 화성-12형을 북태평양상으로 발사한 사실에 대해 화성-12형의 괌 공격능력을 인정하고 위협으로 받아들이고 있음을 방증하고 있다.

한편, 괌도에 대한 화성-12형 포위사격 위협에 이어 실제 발사한 사실과 관련하여 하와이주에서도 주민들의 북핵 공격 가능성에 대한 우려가 커지고 있는 것으로 알려졌으며, 하와이주립대학 마이즌절Daniel Meisenzahl 공보국장은 VOA와의 통화에서 "10개 캠퍼스의 학장들, 비상사태 관리자들, 공보 담당자들의 교직원과 학생들로부터 북한 핵공격 상황과 대처 방안에 대해 많은 질문을 받고 있다"라며 '핵공격이 일어날 경우' 라는 제목의 이메일에는 하와이 재난관리국의 비상 사이렌에 따라 대피소를 찾으라는 내용이 담겨 있는데 "이번 이메일 발송이 큰 관심을 받았다며 미국에서만도 100여건의 관련 보도가 나왔다"고 밝혔다.74)

또한 미 하와이주가 오는 12월부터 북한의 핵미사일 공격에 대비한 주민 대피훈련을 시작할 예정인데 "미국 50개주 가운데 북한 핵공격에 대비한 대피훈련을 하는 것은 하와이가 처음"이라고 하와이 비상관리청 토비 클레어몬트Tobi Clairmont 부청장이 밝혔다. 그는 하와이 주민들을 보호할 책임이 있다면서, "사이렌과 라디오와 같은 경보체계를 준비하고, 공공전략을 세우며 국방부와 조율"하고 있는데 "만일 국방부가 북한 미사일이 하와이 방향으로 날아오고 있다고 판단하면, 비상관리청은 라디오와 TV를 통해 주민들에게 행동수칙을 전달하며 현재는 훈련, 시험 등을 통해 만일의 사태에 대비하고 있는 단계"라고 설명했다. 또한, 하와이에서는 1990년대 초반까지 매달 핵 대피훈련이 실시됐는데 이후 소련이 붕괴하고 냉전이 종식되면서 훈련을 중단하고 준비태세도 낮춰졌다고 밝혔다. "북한 핵위협이 다시 부상해서 우리가 잘 알고 의존하는 이

---

74) "美, 北미사일 발사 사전 감지…전문가 "괌 타격능력 과시 의도"," 「radioKOREA」, 2017년 9월 15일: https://www.radiokorea.com/news/article.php?uid=268798(검색일: 2019년 2월 17일).

체계를 되살리는 것이라며 하와이가 취하는 조치는 괌도 실시한다"라고 덧붙여 태평양사령부와는 거의 매일 연락하고 있음을 강조했다.[75]

종합해보면 북한은 화성-12형 IRBM을 강압수단으로 선정하고, 북한 전략군 사령관 김락겸에 의해 괌도 포위사격 계획을 건의하는 형태로 김정은의 승인을 받는 절차를 의도적으로 연출 및 공개함으로써 괌도 주민들에게 공포심과 불안감을 조성했다. 이후 2주 간격을 두고 1, 2차에 걸친 실제발사를 통해 한반도 유사시 미군 증원전력이 집결하는 허브기지인 괌을 타격할 수 있다고 확실한 능력과 의지를 강제로 인식시켜 한미 UFG 연습 기간 중 미국의 군사적 대응을 억제하는 '강제→억제⇒강압' 효과를 달성했다고 분석된다.[76]

또한 이러한 괌 포위 위협사격에 따른 북한의 대미 강제적 IRBM 위협인식 역강압전략의 효과로 괌 이외의 하와이, 알래스카 등 화성-14형 ICBM 위협사 거리권 내 미국 주들은 북한의 핵공격 위협을 심각하게 인식해 준비태세 훈련을 강화하는 정책변화를 초래했다. 북한은 새로운 IRBM과 ICBM인 화성-12형과 14형의 고도화 위협을 미국에 강제적으로 인식시켜 미국령인 괌 및 하와이 주가 대피훈련을 하도록 '역강압'에 의한 정책결정 변화를 일으키는 역강압전략의 메커니즘을 성공적으로 작동시킨 것으로 평가된다.

2017년 11월 29일 김정은이 핵무력 완성을 선언하고 하루가 지난 12월 1일부터 미국의 하와이주는 30년 만에 처음으로 북한의 핵공격을 가상한 대피훈련을 시작했다. 북한의 신형 IRBM과 ICBM의 고도화와 역강압전략으로 북한의 핵공격 능력과 의지를 초강대국인 미국에 인식시킨 결과 이를 미국이 인정해 대비훈련을 한 것이다. 약소국 북한이 괌 및 미 본토를 공격할 수 있는 IRBM과

---

75) "하와이 비상관리청 부청장, 12월부터 북핵 대피훈련 시작, .태평양사령부와 정례 협의," 「VOA」, 2017년 10월 20일; https://www.voakorea.com/a/4078194.html(검색일: 2019년 2월 17일).

76) 유사시 미국 본토에서 출발한 미군 증원병력은 괌으로 집결한 후 공중, 해상 수송수단을 통해 주일미군 기지로 이동하게 된다. 괌의 앤더슨 공군기지에는 B-1B 폭격기와 글로벌호크 정찰기 등의 전략무기가 상시 대기하고 있다. 괌의 해군기지에도 미국 핵추진 잠수함이 배치되어 있다. 북한이 새로 개발한 중거리탄도미사일 화성-12형을 통해 유사시 괌을 타격해 증원전력의 발을 묶어놓을 수 있다는 의지를 과시한 것으로 평가된다.

ICBM을 고도화하고 그 위협을 미국에 직접 인식시킨 결과 강대국인 미국의 행동과 의지 그리고 정책결정을 변화시킨 역강압의 주요 성공사례가 되었다.

(4) 미정부 교체기 취약점을 압박점으로 공략하는 메커니즘

김정은 정권이 핵무력 고도화를 최종적으로 완성하는 시기는 2016년부터 2017년 사이의 2년도 채 되지 않는 짧은 기간이었다. 2016년은 2기 오바마 행정부의 임기 말년이었고, 2017년은 새로운 트럼프 행정부가 임기를 시작하는 첫해였다. 통상적으로 한 국가의 정권이 교체되는 시기에는 대외정책을 적기에 결정하는 데 다소간의 취약점이 드러나는 시기이다. 특히 2016년과 2017년은 북한의 핵무력이 가장 고도화되는 시기이자 마무리되는 완성의 시기였다.

여기서 김정은 정권은 과연 이 시기의 취약점을 이용하고자 의도하면서 경제·핵무력건설 병진노선을 채택2013년하고 이른바 '핵무력 고도화 완성2017 5개년 계획'을 추진했을까?에 대해 질문해 본다. 김정은 정권이 2017년 11월 말 화성-15형 시험발사에 성공한 직후 핵무력 완성을 선언하고, 이어서 2018년 4월 당중앙위 전원회의에서 경제·핵무력건설 병진노선을 경제건설 총력집중 노선으로 전환했기 때문이기도 하다. 실제로 오바마 1, 2기 행정부는 전략적 인내 대북정책의 기조 하 김정은 정권의 핵무력 고도화에 적절히 대응하지 못했고, 오히려 김정은 정권이 전략적 인내 대북정책을 이용해 핵무력 고도화를 순조롭게 이루어내는 결과로 나타났다는 주장은 앞에서도 한 바 있다.

2018년 트럼프 행정부도 임기 첫해 북한의 신속 과감한 ICBM 고도화 완성과정에서 적시적으로 대응하지 못하고 우왕좌왕하는 모습을 보이기도 했다. 트럼프 행정부는 대북정책이나 안보라인 편성이 채 완성되지도 못한 상태에서 북한의 신속하고도 대담한 ICBM고도화 행보에 적절한 대응을 하지 못한 채 북한의 ICBM 고도화 위협과정과 완성 선언만을 지켜만 보고 있을 수밖에 없었다.

---

77) 홍민, "김정은 정권의 핵·미사일 활동의 주요 특징과 패턴," Online Series, CO 17-11 (2017.5), p. 6.

사실 북한은 오바마 행정부 1기 첫해였던 2009년 4–5월 이른바 광명성 2호 장거리미사일 발사와 2차 핵실험을 감행했다. 오바마 행정부 1기 말이자 대선 한 달 후인 2012년 12월 12일 광명성 3호 장거리미사일 발사와 오바마 2기 취임 20여 일 후인 2013년 2월 3차 핵실험 사례가 있었다.[77) 오바마 2기 행정부 말기와 트럼프 행정부 첫해에 미국 본토를 직접 위협하는 IRBM과 ICBM을 완성했다는 것은 어떻게 설명해야 하는지에 대해 이전 정부의 사례를 제시하는 이유는 북한이 미국의 취약점을 꿰뚫어 보고 있다는 사실을 강조하고자 함이다.

북한이 미국 정권교체기의 취약점을 압박점으로 선정한 역강압전략은 핵무력 고도화 위협과 핵보유국으로서의 존재감을 새로운 미국 정부에 확실히 알리고 대북적대시 정책의 변화를 요구하며 협상력의 레버리지를 올리겠다는 의도로 평가할 수 있다.[78) 김정은 정권이 핵무력 고도화 완성시기를 미국 정부교체 취약시기로 계획했다면 이는 오직 북한적 생존전략에서 나올 수밖에 없는 절묘한 시기 선택으로도 볼 수 있다. 김정은은 핵무력 고도화의 지난한 과정에서 미국의 제재와 압박보다 더한 상황이 오더라도 감수하고자 했을 것이다. 북한의 핵무력 고도화 완성시기의 절묘한 선택 역시 김정은 정권의 핵무력 고도화 강제적 위협인식 역강압전략의 성공요인 중의 하나로 평가하고자 한다.

(5) 은밀성 · 생존성이 강화된 보복 · 기습타격 위협 과시 메커니즘

북한은 2017년 4월부터 11월까지 8개월 동안 화성–12형, 14형, 15형 등 3종의 서로 다른 새로운 IRBM과 ICBM을 차례로 발사해 모두 성공한다.

먼저 북한이 공개한 화성–12형 발사장소는 평북 구성시 방현비행장[1회]과 순안비행장[2회]이었다. 그런데 8월과 9월 화성–12형의 괌 포위 위협 실발사는 2회의 장소 모두가 동일한 평양시 순안비행장 활주로였다. 평양시

---

78) 홍민, "김정은 정권의 핵 · 미사일," p. 7.

북쪽에 인접한 북한의 순안비행장은 민간인이 왕래하는 북한 유일의 국제비행장이다. 김정은 정권이 화성-12형 실발사를 순안국제비행장 활주로 일대에서 감행한 저의는 유사시 발생할지도 모르는 미국의 군사적 대응을 억제하기 위한 전략이었을 가능성이 크다. 순안비행장은 북한의 유일한 민간국제공항으로써 미국에게는 대군사표적이 아닌 대가치표적이기 때문에 국제비행장에 대한 선제타격이 제한될 수 있다는 점을 미국에 인식시키려는 의도가 숨겨져 있다고 볼 수 있다. 다시 말해 미국이 실발사를 실시하는 북한의 탄도미사일에 대해 선제타격이 쉽지 않다는 사실을 인식시키는 메커니즘을 강제로 작동시켜 미국의 예방 및 선제공격을 억제함과 동시에 생존성을 보장받고자 의도했을 것으로 분석된다.

두 번째로 북한이 괌에 대한 2차 위협발사는 1차 괌 위협 발사와는 다르게 핵탄두 취급능력도 점검했다고 김정은이 언급한 내용과 함께 이동식발사대 TEL를 처음으로 직접 사용하여 화성-12형을 실발사한 장면을 공개함으로써 핵탄두 발사능력에 대한 위협[79] 내용도 강제적으로 인식시키고자 한 것으로 평가된다.

세 번째로 김정은 정권에게 화성-12형은 새로운 엔진개발 이후 실거리 사격까지를 숙달한 가장 신뢰도가 높은 IRBM이기 때문에 실전능력을 인식시킴으로써 최종수단인 ICBM발사에 대한 대미 억제력을 강화하고자 의도한 것으로 추정된다. 지난 5월 시험발사에 처음 성공한 화성-12형을 김정은이 '주체탄'으로 명명할 정도로 화성-12형은 유사시 미국령 괌기지를 직접 타격하는 강압수단이라는 의미 있는 IRBM이었기 때문이다. 이로써 김정은 정권은

---

79) 베리 포센(Barry Posen) MIT 국제정치학 교수는 유사시 "북한이 보유하고 있는 수백 대의 이동식발사대(TEL)에서 초탄이 발사되기 전까지 모두 미국이 추적 및 제거하기는 불가능할 것"이라며, "미군은 최근 전쟁에서 미사일 TEL들을 식별하고 파괴하는데 성공률이 그리 좋지 않았다."고 주장한 바 있다. Barry R. Posen, "The Price of War With North Korea," The New York Times, 6 December 2017: https://www.nytimes.com/2017/12/06/opinion/north-korea- united-states-war.html(검색일: 2019년 10월 6일).

화성-12형 시험발사에 성공하는 2017년 5월부터 시험발사 성공이라는 검증된 절차와 수준 면에서 비로소 괌도를 직접 타격할 수 있는 신형 타격수단인 IRBM의 실체적 능력을 미국에게 확실히 인식시켰다.

한편, 화성-14형 ICBM은 2회를 발사했다. 2차 발사는 최대정점고도까지 비행하도록 추진제를 만충해 발사하여 한 번의 시험발사에 그치지 않고 미서부지역까지 완전하게 도달할 수 있는 최대 위협사거리까지를 추가로 보여줬다. 북한 역사상 최초의 ICBM인 화성-14형의 높은 신뢰성을 강제적으로 인식시키려는 의도로 평가된다. 2차 시험발사는 1차 시험발사 대비 무려 1,000km를 더 높이 상승비행함으로써 의도적으로 위협인식 효과를 극대화하려는 또 다른 방법의 메커니즘을 분명하게 보여준 사례였다.[80]

두 번째로 화성-14형의 특징적인 강제적 위협인식 메커니즘은 자강도 무평리를 발사장소로 선택하였다는 점이다. 자강도 무평리는 중국과 인접한 장소로 유사시 미국이 선제타격이나 보복타격이 제한되는 장소이다. 자강도 무평리는 북중국경지역인 압록강 근처에서 가까운 곳이기도 하다. 북한은 이 지역에서도 미사일을 기습 발사할 수 있는 능력을 보여준 것이다. 북한은 무평리에서 2차 시험발사를 하기 전에는 발사장소가 노출되지 않도록 기만활동도 실시했다. 북한 역사상 자강도 지역에서 탄도미사일 발사는 최초 기록이다. 북중 국경지역에 북한의 새로운 IRBM과 ICBM을 배치할 경우 생존성 보장이 매우 향상되어 제2격 능력을 보존할 수 있게 된다. 북한으로서는 지정학적 이점을 충분히 이용할 수 있다는 의도적이고도 계획적인 행동이었다고 평가된다.

---

80) 북한은 화성-14형 2차 시험발사 성공 직후 보도를 통해 김정은이 1차 시험발사 성공(7.4 미독립기념일) 당일 "최대사거리를 모의한 시험발사를 빠른 시일안에 진행하여 (중략) 믿음성을 다시 한번 확증할데 대한 전투적과업을 제시했다며 (중략) 2차 발사 간 가혹한 고각발사체제의 재돌입환경에서도 유도 및 자세조종이 정확 (중략) 핵탄두폭발조종장치가 정상작동 (중략) 이 정도면 미국 정책립안자들이 감히 건드리는 날에는 무사할 수 없으리라는 것을 제대로 이해했을 것"이라고 언급했다. 김정은이 사전 계획에 없던 2차 시험발사 지시로 신뢰성을 재검증했다고 공개함으로써 새로운 위협각인 메커니즘을 적용하고 있음을 강조하고 있다. "화성-14형 2차 시험발사에 김정은 또 다시 현장지도," 「로동신문」, 2017년 7월 29일.

김정은 정권은 유사시 미국의 예방전쟁이나 선제공격 그리고 보복공격 등으로부터 북한의 핵무력이 100% 파기될 수 없다는 점을 과시함으로써 대미 핵억제력을 더욱 강화하고 보복이 가능한 제2격 능력을 강제적으로 현시함으로써 강제와 억제 동시 역강압전략을 구사하는 데 중점을 두고 있음을 확연하게 보여주고 있다.

결국 김정은 정권은 핵무력 고도화간 대미 핵억제는 물론 특히 자신들의 고도화 능력과 유사시 사용의지에 대하여 미국에게 확실하게 인식시키려는 데 중점을 두고 다양한 역강압 메커니즘이 작동되도록 사전에 철저히 계획하고 주도면밀하게 실행했다.

(6) 단계적 · 조합적 역강압 메커니즘 연동으로 위협효과 극대화

김정은 정권의 북한은 새로운 화성계열 탄도미사일을 개발하고 완성하는 데 있어 그 위협을 미국에게 강제적으로 인식시키고자 다양한 메커니즘을 단계적, 조합적으로 연동하는 메커니즘 간의 연계성도 고려한 것으로 판단된다. 여기서 단계적이란 대출력 엔진백두산 엔진 시험기초-보조엔진-짐벌엔진, 핵무기 병기화 사업과 연계된 ICBM장착용 6차 핵실험, 화성-12형 성공 이후 14형과 15형으로 이어지는 단계적 성능 진화과정 등을 의미한다. 조합적이란 시간 경과에 따른 단계적 위협수준이 복합적으로 누적되어 위협의 조합된 합이 시너지 효과를 창출하는 것을 의미한다.

결국 2016-2017년 단계적으로 시행된 다양한 강제적 위협인식 메커니즘을 복합적으로 연동시켜 평가해 볼 때, 2017년 초 김정은이 언급한 마무리 단계에 있던 ICBM은 다양한 역강압 메커니즘 작동결과의 효과가 점진적으로 누적 및 심화되는 극대화 과정을 거쳐 북한이 미국 전역까지 도달 가능한 화성-15형 시험발사를 끝으로 핵무력 완성을 선언하게 하는 결정적인 요소로 작용되었다고 분석했다.

다. 역강압 결과(목표)

김정은은 2017년 신년사에서 "대륙간탄도로케트 시험발사 준비사업이 마감 단계"에 이르렀다고 선언하고, 2017년 11월 29일 미국 전역에 도달할 수 있는 ICBM 시험발사에 성공한 직후 마침내 핵무력 완성을 선언했다. 핵무력 고도화의 최종수단인 미국 전역 위협이 가능한 ICBM을 완성했고, 그 위협을 미국에 단계적이고도 점진적으로 인식시켜 직접강압력과 핵억제력을 강화한 결과 대미 협상력을 극대화한 것이다.

이는 바로 앞에서 고찰한 바와 같이 북한이 대미 핵무력 고도화 강제적 위협 인식 메커니즘을 효과적으로 작동시킨 결과가 가장 크게 영향을 미쳤을 것으로 평가된다. 김정은 정권은 미국령인 괌과 하와이 그리고 미국 본토를 직접 위협할 수 있는 새로운 IRBM 및 ICBM을 고도화하는 과정에서 다양한 역강압 메커니즘을 단계적·복합적으로 작동시켜 대미 위협인식 효과를 극대화하고자 했다. 이러한 노력은 특히 2016년-2017년 사이에 더욱 집중됐다. 이러한 활동들은 2017년 5월 14일 화성-12형 시험발사 성공에 이어 50여 일 만인 7월 4일과 7월 28일 2회에 걸친 화성-14형 ICBM 시험발사 성공으로 이어졌다. 이후 8월 29일과 9월 15일 화성-12형을 북태평양상으로 괌 위협 실발사 훈련을 실전적으로 진행했다. 두 차례의 북태평양상 실발사 기간인 9월 3일에 6차 핵실험을 통해 북한이 주장하는 ICBM장착용 수소탄 실험을 병행함으로써 최종 핵투발수단으로 미국 전역을 위협할 수 있다는 인식을 극대화했다. 마침내 약 70일 후에 핵탄두장착용 초대형 ICBM인 화성-15형 시험발사에 성공함으로써 핵무력 완성을 선언했다.

새로운 3종의 신형 IRBM 및 ICBM을 완성하는 데 보여준 기간은 불과 8개월2017.4월~11월이었다. 매우 빠른 속도다. ICBM을 개발해 보유한 어느 나라도 이렇게 빠른 속도로 완성도를 보여준 나라는 없었다. 앞에서도 주장한 바 있듯이 미 트럼프 대통령과 고위관리 그리고 미군과 전문가들도 북한의 ICBM 능력을 인정한 바 있다. 강대국인 미국이 체면상 북한의 핵위협을 인정하고 싶지는 않았겠지만 현실적으로 북한의 핵무력 고도화 위협의 실체를 심각하게 인식한 결과로 나타났다고 분석했다.

3 │ 소결론

여기서는 앞의 4장에서 분석한 현존 미사일의 고도화 결과와 5장에서 분석한 새로운 미사일의 고도화 결과를 【표 5-11】에서와 같이 종합해 평가함으로써 본 논문의 가설인 "김정은 정권의 북한은 자신들의 핵능력을 과소평가 및 무시하는 미국의 대북정책에 대항하여 미국 영토와 국민을 직접 위협할 수 있는 다종의 핵무기투발수단ICBM·IRBM·SLBM을 고도화하고 그 위협을 미국에 강제적으로 인식시켜 대미 협상력을 강화했다"를 최종적으로 검증하고자 한다.

【표 5-11】 김정은 정권의 핵무력 고도화와 대미 역강압전략 종합평가

위협수단(능력)			역강압 메커니즘(강제적 위협 인식)	목표
현존수단	유형 #1	무수단 2기	3차 핵실험(소형화) –제1호전투근무태세– 전쟁불사 의지 표출, 사활적 이익인 미국 영토 위협, 괌주민 불만조성(기만·강제·억제) * 김정은 정권의 첫 역강압전략 성공사례	태평양사 play book 훈련중단, 미국의 대북 대화제의로 기만작전과 직접·간접강압 달성
	유형 #2	스커드 / 노동	정확도 및 임의지역 타격 실전능력 위협 공개/과시로 주한·주일미군 볼모전략 (강제·억제)	대북 군사개입 거부적·보복적 억제로 간접강압 달성
2016년	유형 #3	북극성 1/2형	SLBM 비행시험 성공 공개로 제2타격능력 과시(강제), 기습타격 능력 공개 (강제·억제)	잠재적 위협 과시, 고체추진 MRBM 완성으로 잠재적 위협 과시 및 기습타격 간접강압 달성
	유형 #4	화성 12/14/15형	미국의 사활적 이익을 압박점, 괌주민 불안감 조성, 대출력 엔진시험·핵무기병기화사업, 괌위협 실발사, 실험 연계 ICBM 시험발사 등의 다양한 메커니즘 작동 (거부적·보복적 억제, 강제·억제)	미 본토 타격 IRBM·ICBM 완성, 미국 직접강제적 위협인식 극대화로 새로운 직접강압수단 완성
절대무기인 핵무력 고도화 + 대미 강제적 위협인식 역강압전략				

⇩

미국의 취약점/제약사항 압박 '강제→억제⇒역강압' 메커니즘 작동 성공		북한체제 강점
사활적 이익 직접압박 (미국 영토·국민)	정부교체기 취약점 (적시적 대응제한)	의지·자율성·통제력·내구성 및 기만전술 등

⇩

전략적 당면목표: 대미 역강압전략 → 고도화 완성 + 핵억제력 강화 ⇒ '협상력 강화'

첫째, 고도화된 핵투발수단별 실체적 능력은 앞서 네 가지 유형별 사례에서 이미 제시한 바 있고, 여기서는 공통적인 핵심평가 요소로 소형화와 ICBM 재진입 능력 문제를 종합적으로 평가하고자 한다. 먼저 기본적으로 소형화와 재진입 기술은 '상당한 수준에 도달한 것'으로 평가했다.[81] 일반적으로 소형화는 탄두의 크기가 직경 1m 이내로 통상 70-80cm, 경량화는 무게가 약 500kg 이하 정도로 알려져 있다. 핵보유국들은 핵개발 2-7년 내 모두 핵무기 소형화를 달성했다. 북한은 2006년 1차 핵실험 이후 김정은 시대의 3차 핵실험2013.2 시기를 기점으로 7년이 지났으며, 특히 김정은 시대에 무려 4회란 짧은 주기로 핵실험에 집중하여 위력이 증폭핵분열탄급 이상으로 평가되고 있다.

한편, 재진입 기술도 ICBM에 대해서 우려하는 의견도 있으나 ICBM의 미 본토 도달 능력을 미국에 보여 준 사실 그 자체와 미국에게 강제적으로 인식시켜 미국이 이를 암묵적으로 인정한 여러 가지 사례들 자체만으로도 북한의 핵무력 고도화 위협은 미국으로부터 정치·전략적 평가를 받은 것으로 평가할 수 있다.[82] 북한 입장에서 보면, 미국·중국·러시아처럼 자신들의 공간적 영역이 넓지 않아 ICBM을 실거리로 시험발사해 볼 수 있는 시험 및 작전환경이 제한된다. 만약 김정은 정권이 태평양상의 어느 가능한 지역으로라도 ICBM을 실제 사거리로 발사해 핵장치작동 능력을 보여주려 한다면 그 순간 북한의 화성-14

---

81) "북한은 총 6차례의 핵실험과 수차례의 폐연료봉 재처리 과정을 통해 핵무기를 만들 수 있는 플루토늄을 50여kg 보유하고 있는 것으로 추정되며, 고농축우라늄(HEU)도 상당량을 보유한 것으로 평가된다. 또한, 핵무기 소형화 능력도 상당한 수준에 이른 것으로 보인다. (중략) 탄두의 대기권 재진입기술 확보 여부를 검증할 수 있는 실거리 사격은 실시하지 않아 추가적인 확인이 필요하다." 대한민국 국방부, 「2018 국방백서」(서울: 국방부, 2018), p. 25.

82) 미 국방정보국(DIA) 분석관 출신인 조셉 버뮤데즈 38노스 선임연구원은 "화성-15형의 앞부분이 기존보다 더 뭉툭해졌다"라면서 "이는 재진입 기술의 진전으로 보인다"라고 주장했다. "미국 군사전문가 북한 화성-15형사진 보고 하는 말이…," 「매일경제」, 2019년 12월 1일: http://news.mk.co.kr/newsRead.php?sc=30000001&year=2017&no=797645(검색일: 2019년 2월 10일); 미사일 전문가들 "북한 ICBM, 미 본토 공격 가능…대기권재진입도 문제 없어," 「VOA」, 2017년 11월 30일; https://www.「VOA」korea.com/a/4143085.html(검색일: 2019년 2월 16일).

및 15형 ICBM이 가지고 있는 억제력은 효력을 잃게 될 가능성이 높다. 북한은 최대고각 최대사거리 시험발사를 자신들의 영역에서 보여줌으로써 제한된 ICBM 시험환경을 극복하고자 했으며, 미국에 최대한으로 고도화 위협을 강제적으로 인식시킬 수 있는 나름의 방법을 채택했다고 볼 수 있다. 더욱이 미국을 과도하게 자극할 경우 역으로 자신들의 체제와 안전에 위험을 감수해야 할 상황을 초래할 수도 있다고 인식하고 있을 것이다. 북한이 비합리적·비이성적이지 않기를 바라는 것이 미국이나 주변국 등 국제사회의 바람이기도 할 것이며, 만약 오판이 우려된다면 북한이 오판하지 않도록 공동으로 노력하는 것이 합리적일지 모른다. 또한, 거의 불가능에 가까운 일이기도 하지만 소형화된 핵무기를 위협 대상국이 직접 확인하도록 보여주어야만 소형화를 인정할 수 있다거나 실거리 ICBM 시험발사와 재진입 기술을 반드시 보여주어야만 북한의 고도화된 핵능력을 인정할 수 있다는 논리는 현실적이지 못하다. 중요한 사실은 단지 강대국인 미국만이 이를 정책적으로 판단하고 결심해야 할 사안이기 때문이다.

둘째, 【표 5-11】에서 보는 바와 같이 김정은 정권의 북한은 핵무력 고도화 시작 당시의 현존 탄도미사일인 무수단과 스커드 및 노동미사일을 3차 핵실험 이후 소형화에 성공했다고 주장하면서 핵무기 장착능력을 과시하는 위협을 통하여, 먼저 무수단미사일 고도화 사례인 유형#1처럼 미국의 강압에 역강압으로 대응하여 대표적인 성공사례를 만들었다. 다음으로 스커드 및 노동미사일 고도화 위협인 유형#2는 새로운 북극성 및 화성계열 탄도미사일 개발 공백 기간에 제3국인 한국과 일본에 주둔한 주한·주일미군을 볼모로 삼아 고도화된 핵위협을 강제적으로 인식시켜 핵무력 고도화를 진행 중인 북한에 대한 미국의 군사개입을 억제하는 간접강압력을 강화한 사례이다. 즉 한미연합군에 대한 거부적·보복적 억제와 유형#3, 4의 개발여건을 보장하는 각각의 목표를 모두 달성했다고 분석했다.

셋째, 유형#3에서처럼 3대 전략핵전력의 하나인 수중에서의 잠수함발사탄도미사일 SLBM 비행시험 성공으로 미래 잠재적 보복능력인 제2격 능력을 미국에 인식시켰다.

아울러 액체추진제보다 훨씬 취급 및 관리가 용이하고 발사시간을 대폭 줄일 수 있는 고체추진지대지탄도미사일 개발을 성공해 한국과 일본은 물론 주한·주일미군기지에 대한 기습타격 능력을 강화하고 고난도의 고체추진미사일 제작기술 능력을 과시하려는 목표도 달성했다고 분석되었다.

넷째, 유형#4에서처럼 새로운 대형엔진 개발과 IRBM·ICBM인 화성-12형, 14형, 15형 고도화는 미국 정부교체 취약시기2016-2017에 맞춰 미국 본토와 국민이라는 미국의 사활적 이익을 직접 대상으로 하는 압박점을 선정하여 다양한 역강압 메커니즘을 작동시킴으로써 '강제→억제⇒역강압' 효과를 극대화했다. 특히 북한의 미 본토 직접 공격능력을 미국에 강제적으로 인식시키는 데 집중함으로써 억제력을 극대화하는 데에도 효과적이었다고 분석했다.

그렇다면 강대국 미국을 상대로 핵무력 고도화와 전략적 당면목표를 달성하기 위한 역강압전략의 성패 여부 또는 목표달성 여부를 어떻게 평가할 수 있을까? 바이먼과 왁스먼은 (역)강압전략의 성패를 평가하는 것이 상당히 어려운 일이지만, 해당 사례가 성공인지 실패인지 여부는 (역)강압자가 모색하는 행위에 대한 관찰자의 사고에 달려있다고 주장한 바 있다.[83] 성공이나 달성에 대한 판단기준은 상대적 우선순위나 관점에 따라 주관적·단편적으로 평가할 수 있기 때문에 여기서는 제2장 이론에서 검토한 바 있는 역강압의 주요 성공요인인 압박점, 특히 미국의 사활적 이익미 본토와 미국민을 압박점으로 이용하는 대미 강제적 고도화 위협인식 목적의 역강압 메커니즘 작동결과에 중점을 두고 평가하고자 한다. 북한의 핵무력 고도화 역강압전략의 핵심 중의 핵심은 역강압수단과 달성하고자 하는 목표를 연결해주는 다양한 강제적 위협인식 역강압 메커니즘의 효과적 작동 여부가 관건이었기 때문이다.

---

83) 바이먼·왁스먼, 이옥연 역, 「미국의 강압전략」, p. 51.

【그림 5-20】 김정은 정권의 대미 역강압전략 목표달성 여부 평가도

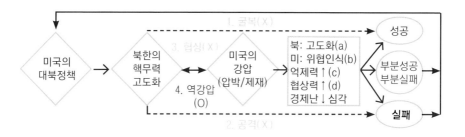

【그림 5-20】에서 보는 바와 같이 미국의 대북정책을 빌미로 김정은 정권의 북한이 핵무력 고도화 행동을 시작하자 미국은 북한의 핵무력 고도화를 제지하기 위해 북한을 압박과 제재로 강압한다. 그러나 북한은 오히려 이를 고도화의 명분으로 삼아 미국의 강압에 순응하지 않고 역강압으로 강경대응했으며, 앞의 장에서 설명했던 네 가지 유형의 고도화 행동으로 강압-역강압을 반복했다. 북한은 핵무력 완성 선언까지 미국의 강압에 결코 굴복(1)한 적이 없었으며, 그렇다고 미국을 직접 공격(2)하지도 않았다. 또한, 핵무력 고도화 기간 중 어떠한 형태의 공식적 대화나 협상(3)도 거부한 채 김정은 정권의 북한은 중단없는 고도화 위협 활동을 지속하면서 오직 역강압(4)에만 전념했다. 핵무력 고도화와 역강압 과정에서 북한은 미국에 다양한 고도화 위협의 공개 및 과시를 통해 강제적으로 인식시키려는 역강압 메커니즘을 작동시켜 위협인식 효과를 극대화했다. 그리고 마침내 2017년 ICBM 시험발사에 성공²⁰¹⁷·¹¹(a)하자 미국은 북한의 핵무력 고도화 실체에 대한 위협을 심각하게 인식했고, 암묵적으로는 북한의 ICBM 능력을 인정(b)한다. 이러한 원인전자: a 으로부터 기인한 결과후자: b, a→b: 위협인식 강제효과로 북한은 대미 핵억제력이 강화되었으며원인: c, b→c: 억제 효과 극대화, 억제력의 강화는 곧 협상력이 강화된 결과(d)로 나타나게 되어 결국에는 대미 핵협상력이 제고提高되었다. 핵무력 고도화 완성 및 대미 강제적 위협인식 결과원인로 억제력이 강화되고 동시에 협상력 강화결과로 이어지는 인과관계를 '강제→억제⇒강압' 메커니즘과 작동원리를 적용하여 논리적으로 검증할 수 있었다고 설명이 가능하다.

그런데 이 과정a-d에서 먼저 북한은 핵무력 고도화를 완성했기 때문에 결과적으로는 미국의 강압에 대응한 역강압에 성공했다고 평가할 수 있으나, 미국은 북한의 핵무력 고도화를 억제하지 못했기 때문에 북한에 대한 강압에 성공하지 못했다고 평가할 수 있다. 반면, 미국은 북한의 핵무력 고도화를 억제하지 못했지만 북한에게 그들이 예상치 못할 정도의 심대한 경제적 제재를 가하는 데 성공하고 있다고 평가할 수 있다. UN안보리와 국제사회는 물론 중국의 책임있는 역할도 주효했다. 결국, 북한은 핵무력 고도화 완성에는 성공했지만, 제재가 가중되고 지속됨에 따라 핵무력 고도화의 역효과로 경제실정은 더욱 심각한 상황으로 빠져들고 있다고 평가할 수 있다.

그렇다면 피강압국이자 약소국인 북한이 세계 초강대국의 강압에 대응한 역강압전략이 완전하게 성공했다고 평가할 수 있을까? 아니면 강압국이자 초강대국인 미국의 강압이 약소국 북한의 역강압으로부터 전혀 실패하지 않았다고 평가할 수 있을까? 앞에서 설명하였듯이 북한과 미국은 각각 나름대로 얻은 것도 있었지만 잃은 것도 있다. 종합하면, 북미 모두 '부분성공·부분실패'로 객관성 있게 평가하는 것이 합리적인 평가라고 판단할 수 있다.

이로써 본 연구의 가설은 3장에서 북한의 주장과 행동 그리고 경험적으로 나타난 현상들을 기초로 하여 1차적으로 가설을 검증해 본 데 이어, 4장과 5장에서는 강압이론의 분석틀을 '역강압 수단-역강압 메커니즘-결과·목표'에 의해 김정은 정권의 핵무력 고도화 과정에서 나타난 북미 간 '행동-대응강압-역대응역강압'의 전략적 상호작용 결과를 강압수단의 유형별로 사례를 분석했다. 이를 통해 김정은 정권의 대미 강제적 핵무력 고도화 위협인식 역강압전략을 종합적으로 분석 및 평가함으로써 이론적·학문적인 검증이 가능했다고 설명할 수 있다.

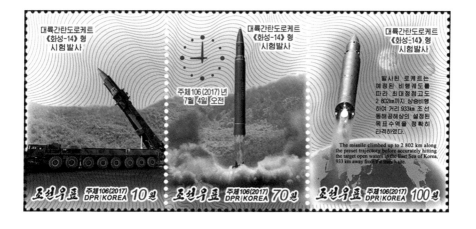

김황록 前 국방정보본부장! 김정은 정권의 실체적
핵·미사일 위협과 대미 역강압전략을 체계적으로 해부하다.

결론 및 전망

북한의 SLBM 북극성-3형 시험발사 장면, 원산 앞바다, 2019. 10. 2

6장 결론 및 전망

1| 종합 평가 및 이론적 함의

1. 종합평가

이 책에서는 김정은 정권이 집권 초기 미국의 강압이 예상됨에도 불구하고 왜 핵무력을 고도화실체적 위협=핵탄두+투발수단을 결합하는 핵무기병기화했고, 고도화 과정에서 미국의 강압을 어떻게 효과적으로 극복하였으며역강압전략=대미 강제적 위협인식 역강압 메커니즘이 핵심요인, 미국의 북핵 고도화 위협에 대한 인식과 행동의 변화 결과로 대미 협상력이 제고되었다는 것을 강압이론으로 규명했다. 강압이론은 주로 강대국인 미국을 중심으로 연구되어 왔기 때문에 피강압국인 약소국 북한 입장에서 대미 역강압전략의 개념으로 발전시켜 적용한 것이다. 김정은 정권이 초강대국 미국의 강압에 결코 굴복하지 않고 역강압으로 핵무력 고도화를 완성함에 따라 대미 핵억제력과 협상력이 강화되었음에도 불구하고 김정은 정권의 북한에 대한 역강압 연구나 이론적 발전이 미흡했기 때문이었다.

본 책의 3장에서 세부적으로 살펴보았듯이 김정은은 집권하자마자 핵무력 고도화를 공세적으로 전개하였는데, 유일적령도체제인 북한의 최고지도자 김정은이 핵무력을 고도화한 핵심동인과 고도화 추진과정에서 대내외적으로 어떻게 여건을 조성하고 미국의 강압에 대응했는지에 대하여 다음과 같이 분석했다.

먼저 김정은이 집권초기부터 핵무력 고도화를 결심하고 공세적으로 추진한 핵심동인은 첫째, 김정은은 선대의 북한 핵능력이 미국 본토를 직접 공격할 수 없는 수준이었다는 사실을 인지했으며, 둘째, 김정은은 이러한 이유로 미국이 자신들의 핵능력을 과소평가 및 무시하며 제재와 압박을 가하고 있다고 인식했을 것으로 판단했다. 이러한 김정은의 상황인식 및 판단에 따라 북한은 미국 본토까지 위협할 수 있는 핵투발수단을 고도화하고, 그 위협을 미국으로 하여금 각인토록 강제함으로써 미국이 북한의 고도화된 핵무력의 실체적 위협을 인식하고 북한의 고도화된 핵투발수단의 능력을 과소평가하거나 무시하지 않도록 미국의 대북정책 변화에 영향을 주려는 전략적 구상을 수립한 것으로 분석했다.

이러한 두 가지 핵심동인을 규명하는 과정에서 김정은은 핵투발수단의 위협범위를 미국 본토까지 확장함으로써 현상을 변경시키려 의도했으며, 이를 성공시키기 위해 김정일 시대의 핵모호성 유지 전략과는 다르게 적극적인 공개전략으로 전환하여 미국이 자신들의 핵무력 고도화 위협을 인식토록 강제하는 메커니즘을 강화하는 데 중점을 두었다고 평가했다. 즉, 김정은은 선대의 핵모호성 유지 전략의 실효성이 이미 효력을 잃고 소멸했다고 판단하여 공개전략으로 전환했고, 이러한 공개전략이 대미 강제적 위협인식 역강압 메커니즘의 작동을 원활하게 견인하였다.

따라서 김정은의 핵무력 고도화 핵심동인을 살펴보기 위해 핵무력 고도화 완성과정에서 나타난 경험적 사실에 기초하여 인과관계를 역으로 규명하려는 논리적 문제해결 방법과 함의를 도출해내려는 시도는 김정은이 핵무력을 고도화한 동인으로부터 고도화의 실체적 능력과 향후 이를 어떻게 활용하려했지에 대한 전략적 의도 및 목표를 파악하는데 실마리를 제공해주는 매우 유용한 접근방법이었음이 확인되었다.

한편, 김정은은 핵무력 고도화의 전략적 구상을 완벽하게 전개하기 위해 집권 첫해부터 미국의 대북 적대시 정책과 핵공격 위협을 빌미로 핵무력 고도화 추진을 위한 명분 확보와 정당화에 나섰다. 대내적으로는 헌법2012과 법령2013 등에 핵보유국 지위를 법제화하여 돌이킬 수 없도록 불가역화함으로써 핵무력 고도화 성공을 위한 배수진을 치고 합법적으로 국가적 역량을 총집중시켰다. 대외적으로는 6자회담을 사실상 무력화시키는 비타협적 태도로 북핵 비핵화 논의 구도를 거부함으로써 오직 핵무력 고도화와 미국의 강압에 역강압으로 대응하는 데 전념할 수 있도록 여건을 조성했다.

이 책에서 김정은 정권의 핵무력 고도화 기간은 2013년 3월 당중앙위 전원회의에서 경제·핵무력건설 병진노선을 채택한 시점부터 2018년 4월 당중앙위 전원회의에서 경제건설 총집중전략 노선으로 전환한 시점까지 약 5년 동안으로 판단했으며, 이를 이른바 김정은 정권의 '핵무력 고도화 5개년 계획'으로 규정했다. 이 기간 동안 북미관계는 상호 군사적 위협과 경제 및 외교적 제재를 수단으로 하는 강압과 역강압이 반복되는 전략적 상호작용의 연속과정으로도 평가했다. 고도화 기간 중 김정은 정권은 4차례의 고강도 핵실험과 40여 회 60여 발의 탄도미사일을 발사했다. 이에 대해 미국과 UN안보리는 30여 차례 이상의 유엔 대북제재 결의[8회]와 규탄성명[22회] 및 미국의 독자제재법안 가결[3], 그리고 사상 최대 규모의 전략핵전력 및 항모 전개훈련 등으로 북한을 강압하면서 북한에게 핵무력 고도화 활동을 중지하고 先비핵화 결정을 요구했다. 그럼에도 불구하고 김정은 정권의 북한은 미국의 강압에 결코 굴복하거나 순응하지 않고 역강압으로 미국의 강경대응에는 초강경, 초강경에는 초초강경으로 역대응했다고 분석했다.

다음으로 강압이론coercive theory에 의하면 강압의 성패는 피강압국의 선택에 따라 큰 영향을 받게 된다. 총체적인 국력 면에서 현저하게 열세에 있고 핵전력과 재래식 전력 면에서도 미국과는 수백 배나 차이가 나는 약소국인 북한이 피강압국 입장에서 어떻게 초강대국 미국을 역강압으로 상대할 수 있었을까?라는 핵심질문에 답하고자 북한의 역강압전략을 바이먼과 왁스먼의 강압전략 구상의 분석틀인 '(역)강압수단-(역)강압메커니즘-목표'와 하비브의 '특정이슈(핵)에서의 구조적 힘'의 논리, 그리고 폐쇄적 북한체제 강점인 의지의 비대칭성·통제력·독단적 자율성 등을 고려하여 적용해본 결과 다음과 같이 김정은 정권의 대미 핵무력 고도화 강제적 위협인식 역강압전략을 종합평가할 수 있었다.

첫째, 미국을 위협할 수 있는 역강압의 수단, 즉 위협의 능력 면에서 김정은 정권은 미국 본토를 직접적으로, 그리고 인질국인 한국과 일본, 주한·주일미군을 간접적으로 위협할 수 있는 다종의 탄도미사일을 고도화했으며 이 중 5종을 신규로 개발했다고 분석했다. 고도화 시작 당시를 기준으로 할 때 북한은 기보유 탄도미사일인 무수단·스커드·노동미사일을 3차 핵실험^{상당한 수준으로 소형화 달성 평가} 이후 핵탄두장착 능력의 고도화를 과시하며 위협을 현시顯示했다. 그러면서 한편으로는 새로운 북극성계열 및 화성계열 미사일 연구개발을 은밀하게 추진하면서 북극성-1형^{SLBM}·2형^{MRBM}과 화성-12형^{IRBM}·화성-14형 및 15형^{ICBM} 시험발사에 모두 성공했다. 이 중 기보유 3종의 미사일^{무수단·스커드·노동}은 핵탄두 장착능력과 정확도 그리고 실전 타격능력을 과시하는 데 중점을 두었으며^{무수단은 기만전술에도 성공}, 새로운 5종의 미사일^{북극성-1·2형, 화성-12·14·15형}은 핵무력 고도화 초기 기간인 2013-2015년에 비공개^{SLBM은 2015년부터 공개 시작}를 원칙으로 하여 설계 및 엔진과 동체 등을 제작하였고, 2016-2017년부터는 새로운 5종의 미사일 모두를 시험발사에 성공하는 고도화의 완성단계로 판단했다.

고도화 이전 대비 핵투발수단의 능력 면에서는 사거리가 미 본토 전역까지 도달하도록 확장시켰으며, 핵탄두 장착이 가능한 다종의 탄도미사일을 고도화했다. 이러한 핵탄두 소형화와 탄도미사일의 결합인 이른바 '핵무기병기화 사업'은 김정은 정권의 핵무력 고도화의 최종 기술적 목표였으며, 최종 투발수단은 미국 본토 전 지역에 이를 수 있는 ICBM이었다. 이로써 김정은 정권은 김정일 시대와는 차별화되는 핵탄두장착이 가능한 ICBM까지를 보유하게 됨으로써 기존 주한·주일미군 기지 타격능력^{간접강압 핵투발수단}이 미 본토까지 확장^{직접강압 핵투발수단}되어 핵억제력을 질량적으로 강화했다고 분석했다. 결국, 김정은 정권은 약소국인 북한이 강대국인 미국의 강압에 대응할 수 있는 역강압 위협수단으로 절대무기인 핵무기투발수단을 고도화함으로써 미국을 직접 상대할 수 있게 되었다.

둘째, 역강압의 메커니즘, 즉 김정은 정권의 북한이 핵투발수단을 고도화하면서 자신들의 위협을 분석평가할 수 있는 자료를 적극적으로 공개하여 미국에게 강제적으로 위협을 인식시킴으로써 강제와 억제 동시 효과를 극대화하는 역강압전략을 전개했다. 이 과정에서 가장 주목할 사항으로 북한은 미국의 취약점인 미국 영토와 국민을 압박점으로 선정하여 고도화된 핵투발수단으로 미국을 직접 (역)강압했다. 또한 미국 땅의 안전에 대한 우려와 체면손상, 미국 국민 및 해외주둔 미군의 사상자에 대한 미국 정부의 민감성, 이에 따른 불안감과 사회동요괌 위협 발사로 주민불안감 조성 등 미국의 대북 강압전략에 부정적 영향을 주는 미국 내 정치적 제약사항과 체제적 속성까지 이용가능한 취약점으로 선정하여 단계적·다발적·연발적으로 미국을 압박했다. 그 과정에서 북한은 고도화된 핵투발수단의 위협제원을 세부적으로 적극 노출시키면서 북한이 원하는 대로 미국이 변화하지 않으면전략적 인내 대북정책 철회와 핵공격 위협 중지 핵공격도 불사하겠다는 강력한 의지를 표출하고 이를 공개매체로 전달하여 미국에게 자신들의 핵무력 고도화 능력과 의지를 인식시키려는 메커니즘을 필사적으로 가동시켰다.

더욱이 김정은 정권은 핵투발수단의 고도화도 중요했지만, 고도화 위협을 미국에 인식시키지 못하면 미국으로부터 과소평가 및 무시를 받아 고도화된 핵무력을 인정받을 수 없다고 판단했기 때문에 다양한 강제적 위협인식 메커니즘을 주도면밀하게 계획하고 시행했다고 분석했다. 따라서 이러한 위협인식 강제 메커니즘에 북한의 의지와 노력이 결집되어 효과적으로 작동됨에 따라 북한이 활용한 다양한 '역강압 메커니즘'은 '대미 핵무력 고도화 강제적 위협인식 역강압전략'의 가장 중요한 성공요인으로 평가했다. 일례로 북한은 화성-12형 IRBM을 괌 주변으로 포위사격 하겠다고 먼저 위협을 연출함으로써 괌 주민들과 여행자들에게 불안감을 조성한 다음 태평양상으로 발사하는 실제 행동에 옮김으로써 설마 했던 미국에게 북한의 위협을 분명하게 각인시키는 전환점을 만들기도 하였다. 핵무력을 사용할 수도 있다는 모호한 위협보다 사용하겠다는 능력과 의지를 정상각도 탄도미사일 발사로 현시하여 미국에게 북한이 원하는 대로 행동하지 않으면 실제 공격하겠다는 신뢰성을 심어준 사례였다. 이러한 화성-12형의 발사는 북한 역사상 첫 태평양상 실발사

사례로 기록되기도 했다.

셋째, 역강압의 목표, 즉 고도화한 핵투발수단으로 미국의 강압에 굴복하지 않고 역으로 고도화 수단을 통해 미국을 강압하여 북한이 얻으려는 최종상태를 의미한다. 김정은 정권의 대미 역강압전략의 전략적 당면목표는 미국이 북한의 핵무력 고도화 위협을 인식하여 강화된 핵억제력을 바탕으로 대미 협상력을 제고提高시키는 것이었으며, 이는 대체로 성공한 것으로 종합평가했다. 북한은 2017년 11월 화성−15형 ICBM을 완성하고 그 과정에서 미국에 위협을 각인시킨 결과 향상된 대미 핵억제력과 협상력을 확보하게 되었고, 미국이 이러한 북한의 핵무력 고도화 위협을 인식하고 잠정적으로 인정한 셈이 되어 성공했다고 평가했다. 한편, 북한이 고도화된 핵무력을 통해 최종적으로 달성하려는 궁극적인 전략적 목표는 미국으로부터 핵보유국 지위를 인정받는 것북한 스스로가 자칭 전략적 지위, 전략국가라고 주장으로 판단했는 바, 북한이 미국으로부터 핵보유국 지위를 확보하면서 체제안전과 경제발전 여건을 동시에 보장받기 위해 미국과 대등한 위치에서 비핵화 협상을 주도하려는 의도를 지속적으로 표출하고 있기 때문이다.

넷째, 북한은 핵무력 고도화 과정에서 핵투발수단의 생존성과 기습타격 능력 향상 그리고 미국의 분석과 감시를 어렵게 만드는 기만전술도 가능하다는 점을 과시하면서 미국에게 인식시켰다. 2013년 3−5월 미국에게 핵공격을 하겠다던 무수단미사일 2기는 2016년 시험발사에서 대부분 실패한 사실에 근거해보면 단지 기만에 불과했다고 분석했다. 2013년 춘계기간, 세계 최강 미국의 전략핵폭격기들이 이례적으로 한반도 상공에 수차례 전개훈련을 실시했음에도 불구하고 북한은 단 2기의 무수단미사일동체+TEL에 의한 기만전술로 막강한 핵전력을 투사한 미국의 대북 강압전략을 성공하지 못하게 역강압 했다. 핵전력 면에서도 북한은 비교할 수 없을 정도로 힘의 비대칭적 열세에 있었지만, 기만과 의지의 비대칭 면에서는 상대적 우위를 점하면서 미국의 치명적인 취약점까지 이용하여 김정은 정권의 북한이 미국의 강압에 역강압하여 성공한 최초의 대표적 사례로 기록되었다.

또한, 김정은 집권 이후 스커드 및 노동미사일은 다음 【그림 6-1】에서 알
수 있는 바와 같이 2014년 3월 평북 숙천지역 발사를 시작으로 대부분이 내
륙의 임의지역에서 동해 방향으로 실전적인 실거리 발사를 했다.1) 이후 새로
개발한 북극성계열과 화성계열의 중 · 장거리 탄도미사일SLBM을 제외하고는도
북한지역 내륙에서 직접 발사되었다. 김일성 · 김정일 시대에는 결코 볼 수
없었던 사례이다. 김정은은 화성-14형 ICBM 2차 발사 시에 발사 위치를 은
폐시키면서 북중 국경지역인 자강도 무평리에서 기만발사에도 성공했다. 북
한 역사상 최초의 북중 국경지역 인근 자강도에서 ICBM을 발사한 사례로 기
록되기도 했다. 미국이 북중 국경지역에 은폐된 북한의 미사일기지를 타격하
는 것이 제한된다는 점을 김정은이 인지하고 있었다는 것을 역으로 보여주고
자 의도했던 것이다.

---

1) 내륙지역에서 북한 영토를 통과해 동해상으로 발사한 것은 영토 내에 낙탄되지 않는다는 확
신이 있을 때만 가능한 것이다. 북한은 내륙지역의 장소를 이동하면서 미사일을 발사함으로써
미사일의 안정성과 고도화를 대내외에 간접적으로 공개 및 과시했다.

【그림 6-1】 김정은 시대 핵투발수단 발사 임의지역 현황(2014-2017: 총 16개소)

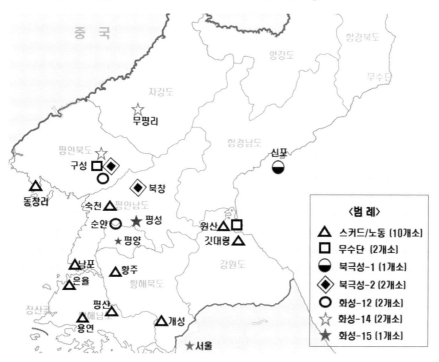

한편, 불량국가이자 약소국이며 피강압국인 북한이 절대무기라는 핵무력을 고도화하여 미국의 사활적 이익인 본토와 국민을 표적으로 직접 공격하겠다면서 미국의 강압에 필사적으로 역대응하자 초강대국인 미국도 속수무책이었다. 미국은 자신들의 본토까지 도달할 수 있는 핵무기를 보유한 북한을 군사·비군사적으로 완벽하게 강압하여 북한의 행동을 억제시키려는 다양한 방안을 검토했었을 것이다. 특히 대안을 찾기 위해 미국은 북한의 핵무력 제거를 위한 예방 또는 선제공격으로 북한이 보복공격을 전혀 하지 못하도록 완벽하게 무력화시킬 수 있을지 여부에 대해서도 관심을 가졌을 것이다.

만약 미국이 북한을 공격할 경우 단 몇 개의 핵무기라도 북한의 핵기지에 살아남게 되면 주한·주일·괌기지 및 미국 본토 중 어느 지역으로라도 발사할 가능성이 매우 클 것이라고 미국은 당시에 우려했을 가능성도 배제할 수 없다. 북한의 핵무기가 미국 영토에 단 한발이라도 떨어질 경우 수십만의 사상자는 물론 대재앙이 따르게 될 것이기 때문에 미국은 자신들이 먼저 공격을 하더라도 북한의 핵무기를 완전히 제거하는 것이 제한될 수도 있다는 우려를 했을 수 있다. 김정은 정권이 이미 미국의 예방공격이나 선제공격에도 살아남을 수 있다는 생존성과 은밀성 그리고 기만전술과 기습타격 능력을 미국이 인식토록 강제하고 있었기 때문이기도 했다. 더욱이 불가피하게 확전이 되어도 북한지역에서 핵무기를 제거하는 작전을 미국이 자유롭게 하는 데는 많은 제약이 따른다. 북한지역은 중국과 러시아 그리고 한국이 인접해 있는 지정학적 위치를 점하고 있기 때문이다. 바로 앞에서 김정은 정권은 핵무력 고도화 간 미국의 제1격에도 살아남을 수 있다는 생존능력을 미국에 강제로 인식시키려 했다고 분석한 바 있다. 이는 김정은 정권이 이를 너무 잘 인지하고 있다는 것을 방증하는 것이며, 미국의 강압에 결코 굴복하지 않는 하나의 요인으로도 작용했다고 판단된다. 결국, 김정은 정권의 북한은 현상변경에 대한 인접국들의 피해감수 동의 없이는 미국이 자신들을 핵으로 공격하기가 어렵다는 지정학적인 위치에서의 전략적 이점까지 미국에게 역으로 인식시키고자 의도했음을 알 수 있다.

마지막으로, 세습국가이자 독재국가인 북한체제의 폐쇄성과 특수성에서 나오는 대내외 정책 결정의 전략적 자율성, 생존전략 일환 필사적 의지의 비대칭성, 그리고 외부 위협으로부터 집단적 희생을 감수하거나 채택한 전략적 노선에 총역량을 집중할 수 있는 통제력 등은 자유민주주의 개방체제인 강대국 미국보다 상대적으로 우위에 있다는 것이 확인되었다. 김정은 정권의 북한은 이러한 자신들의 체제강점을 활용하면서 미국의 취약점으로 사활적 이익인 미국의 영토와 국민을 표적으로 선정하여 유사시 직접 발사하겠다는 의지를 강압적으로 인식시켰다. 특히 미국 본토를 겨냥한 핵투발 최종수단인 ICBM 완성기간을 미 행정부 교체 취약시기2016-2017에 맞춤으로써 미국의 대북정책인 전략적 인내와 최대압박 및 관여에 의한 대북 강압전략에 제약을 초래하여 미국 정부가 적시적으로 대응하지 못하도록 역강압했다. 즉 자신들의 강점과 유리점은 최대한 활용하고, 미국의 약점은 최대한 이용함으로써 약소국의 열세를 필사적으로 극복하고자 했던 것이다.

　종합하면, 김정은 정권의 북한은 핵무력 고도화 간 고도화 위협을 강제적으로 미국에 각인시키려는 다양한 역강압 메커니즘('강제→억제⇒강압')을 작동시켜 핵무력 고도화 완성과 미국의 북핵 고도화 위협인식에 대한 변화를 유도함으로써 억제효과를 극대화하고 동시에 대미 협상력을 제고했다. 이러한 고도화 완성과 강화된 협상력은 미국에게 북한을 더 이상 강압으로만 다룰 수 없다는 현실을 의도적으로 인식시켰음은 물론 고도화 이전과는 다른 북미관계의 변화로 전환하는 데 상당한 영향을 주었을 것으로 판단된다.

　하노이 북미정상회담 노딜 이후 북한체제 속성상 김정은 정권은 이전보다 강화된 핵억제력과 협상력을 바탕으로 마치 제2핵시대[2]의 지역핵국가인 인도와 파키스탄의 경우처럼 궁극적으로는 미국으로부터 핵보유국 지위를 필사적으로 확보하겠다는 무모한 방향으로 가고자 할 가능성이 높아 보인다. 북한 김정은 정권의 관점에서 볼 때 핵무력 고도화 결과의 함의는 북한이 이제 상수로 변화됐다고 과신할 가능성이 매우 높다는 것이다. 따라서 북한이 고도화한 핵무력으로는 자신들이 채택한 경제총집중노선이 결코 진일보할 수 없다는 사실을 깨닫도록 미국과 국제사회가 철저하게 공조하면서 김정은이 핵을 포기할 수 있는 전략적 여건을 조성하는 데 보다 더 노력을 집중해야 할 시기이다.

---

2) 퍼터는 핵시대를 두 개의 시기로 구분한다. 제1핵시대는 냉전시대 미·소의 서방·동방 양극체제 간 초강대국 간의 핵경쟁에 의해 지배되던 1945년부터 1991년 사이의 시기이며, 제2핵시대는 냉전 이후(1991년 이후) 유동적인 전략적 환경에서 더 많은 핵주체가 관련되는 시기로 주장한다. 특히 제2핵시대에 가장 큰 위험은 지역적 불안정이나 핵확산으로 게임이 변화했다는 점을 강조하고 있다. 핵무기가 국제정치를 안정적이고 평화적으로 만드는가 아니면 그 반대인가? 라고 질문해 낙관론(안정)과 비관론(불안정)을 설명한다. 엔드류 퍼터(Andrew Futter), 고봉준 역, 「핵무기의 정치」, pp. 87-93; 한편, 브레큰은 그의 저서 '제2차 핵 시대'에서 향후 "미국이 제2차 핵 시대를 관리할 체계를 마련하지 못한다면, 제2차 핵 시대가 미국을 관리하게 될 것이다."라고 지적한 바 있다. 폴 브레큰(Paul Bracken), 이시은 역, 「제2차 핵 시대」(서울: 아산정책연구원, 2014), p. 321.

2. 이론적 함의

본 연구의 핵심질문은 김정은 정권의 핵무력 고도화를 국제정치 이론으로 어떻게 설명할 수 있을까라는 문제의식으로부터 출발하였다. 핵무력 고도화 과정에서 북한과 미국과의 복잡한 강압-역강압의 전략적 상호작용, 즉 북한 핵개발 역사상 유례없는 핵실험과 탄도미사일 발사 그리고 이에 대응하는 미국과 UN안보리에 의한 수십여 차례의 대북 제재결의와 규탄성명 등을 어떻게 체계적·논리적이 되도록 학문적·이론적으로 설명할 수 있을까에 대해 연구한 결과, 첫 번째 의의로는 김정은 정권의 핵무력 고도화 전 과정에 대한 이른바 '북한적 강압이론인 북한 관점에서의 대미 역강압전략의 적용' 그 자체였다고 강조할 수 있다. 강압이론은 일반적으로 강대국이자 강압국인 미국의 관점에서 발전되고 적용되어 왔으나 이를 피강압국이자 약소국인 북한의 관점에서 역으로 초강대국인 미국을 상대할 수 있는 역강압의 개념과 성립 가능한 요건들을 도출하고 논리적 분석틀을 작성하여 이론적으로 설명할 수 있었다는 점, 그것도 일관성과 인과관계를 식별하기 위해 일정기간내 특정수단만이 아닌 고도화 전 과정에서의 다양한 핵투발수단과의 연계성을 고려할 수 있는 연구범위와 고도화 수단 특성별로 유형화한 체계적인 사례연구의 시도 자체만으로도 이론적 함의가 있었다고 주장할 수 있다.

두 번째 의의로는, 바이먼과 왁스먼의 강압전략 구상을 분석하는 '수단-메커니즘-목표'라는 기본적인 개념틀은 북한 김정은 정권의 역강압전략을 설명하는 데 매우 유용한 도구임이 검증 및 확인되었다. 다양한 핵투발수단에 대한 고도화 활동과 위협분석은 김정은 정권의 모든 핵투발수단의 실체적 능력과 의도^{위협}를 분석하는 데 기초가 되었다. 이러한 핵투발수단의 실체적 위협을 토대로 북한이 미국에 위협을 인식시키려는 다양한 메커니즘을 분석함으로써 단순한 실체적 능력만이 아닌 강제적 위협인식 절차와 방법의 술^術적인 작동원리를 도출할 수가 있었다. 또한, 그 결과와 목표 달성여부에 대한 영향과 성패를 평가해 북한의 전략적 목표와 의도를 파악하는 데에도 매우 유용한 접근방법이었음이 확인됐다. 그리고 이러한 유용한 접근방법들을 통해 실제와 이론을 접목하여 설명이 가능했다.

세 번째로는 셸링의 강제, 억제 그리고 강압의 개념을 상황에 부합되게 적용한 결과 김정은 정권이 핵무력 고도화 수단을 단지 위협으로만 사용하지 않고 그 위협을 강제적으로 미국에게 인식시켜 미국이 북한의 핵위협을 기존과 다르게 인식함에 따라 대미 핵억제력에 대한 신뢰성을 높이는 데도 이론적으로 설명이 가능했다는 점이다. 본 책에서는 김정은 정권이 '강제→억제⇒(역)강압'의 인식 논리가 분명히 작동되도록 역강압전략을 시행함으로써 미국의 대북정책전략적 인내 · 최대압박과 관여에 변화를 이끄는 이른바 김정은 정권의 북한에 적용 가능한 역강압전략의 작동논리에 대한 설명이 가능했다. 이렇게 고도화된 핵무력의 실체적 위협과 향상된 협상력은 현재 진행 중인 북미 간 비핵화 협상에서도 (역)강압의 작동논리가 작용하고 있음은 물론 향후에도 계속 지속할 것이라고 예상해 볼 수 있는 원인요인으로도 작용하고 있다는 점을 식별한 것도 의의가 있다고 평가할 수 있다.

특히 김정은 정권이 핵무력 고도화 과정에서 보여준 중요한 특징 중의 하나인 고도화 위협 공개전략은 미국에게 고도화 위협을 인식시키지 못하면 미국이 고도화된 핵무력을 인정하지 않고 북한을 과소평가하거나 무시할 수 있다는 우려를 불식시키기 위한 역강압전략의 핵심요건으로 평가했으며, 본 연구는 이를 토대로 '강제→억제⇒역강압'의 작동원리를 적용하여 설명함에 따라 북한이 미국을 '강제→억제⇒(역)강압' 하는 역강압전략의 논리를 사례를 통해 이론적으로 규명하고 그 개념을 정립한 데 의의가 있었다.

2| 북한의 새로운 전략적 강압이 시작되다

본 연구의 결과에 의하면 김정은 정권의 북한은 핵무력 고도화 과정에서 조성한 비타협적 북미관계 속에서 미국의 대북정책을 '정면돌파'하여 마침내 대미 직접강압 핵무력을 새롭게 완성하고 협상력을 가일층 강화했다. 바야흐로 이제 북한은 비록 약소국일지라도 미국과 대등한 관계에서 3차 정상회담을 모색하는 단계까지 다가와 있다. 2018년 6월 12일 북한은 정상국가 자격으로 미국과 최초로 정상 간의 대화에 나서게 됐고, 이는 역설적으로 미국이 북한을 정상국가로 대해줬다는 것을 의미하기도 했다. 이러한 현상은 이른바 강압국과 피강압 측면에서의 북미관계가 아니라 선대와 대비시 현저하게 변화된 모습의 새로운 현상으로 전환되었음을 시사하는 현실 그 자체였다.

결국 선대 시대의 북미관계와는 다르게 북한이 원하는 대로 정세변화를 주도한 셈이나 다름없는 상황이 되었으며, 역설적으로는 미국이 원하는 대로 변화_{북핵 고도화 중지 및 先핵포기 선언}가 일어나지 않았기 때문이기도 했다. 현상변화의 주요 원인은 북한의 핵무력 고도화 완성과 미국에 대한 강제적 위협각인, 그리고 그에 따라 억제력의 효과가 작동되었기 때문이었다. 또한 이러한 결과는 마침내 북한을 비핵화 협상에서 협상력이 강화된 상수의 입장이 되게 만들었고, 반면 미국은 협상력이 강화된 북한을 상대해야만 하는 이전과는 다른 변수입장에 처하게 되었다고 볼 수도 있다. 북한은 핵무력 고도화와 미국의 고도화된 북핵 위협인식 결과로 자신들이 정세변동을 주도하여 미국으로 하여금 대화와 협상 국면에 나서게 만들었다고 과신하고 있을 가능성이 높다. 핵무력 고도화 완성 이후 북한의 지속되는 주장을 분석해보면 사실이자 곧 현실이다.

북한은 비핵화 협상을 지속하면서 강화된 핵억제력과 협상력 덕분에 미국이 한미연합연습을 중지 또는 축소하거나 핵전략자산 전개훈련을 하지 못하고 있는 등 당분간은 협상판을 깨기 어려울 것이라고 인식하고 있을지 모른다.

이를 뒷받침하고 있는 행동으로 북한은 2019년 2월 2차 북미정상회담에서 협상이 결렬된 이후 5월부터 10월까지 김정은의 미사일발사 현지지도 재개와 함께 4종의 새로운 초정밀단거리 전술탄도미사일^{이스칸데르·에이태킴스형}과 초대형방사포 등을 13회에 걸쳐 시험발사를 하고 일부 제원을 공개함으로써 요격이 어려운 새로운 간접강압 수단임을 과시했다. 7월 23일에는 건조 완성단계에 있는 신형 3천 톤급 잠수함^{SLBM발사관 부분을 모자이크 처리}을 공개함으로써 진수가 임박했음을 의도적으로 노출시켰으며, 8월 6일에는 외무성 대변인 명의로 축소된 한미연합연습을 비난하면서 "새로운 길을 모색하지 않을 수 없게 될 수도 있다"는 등 미국의 더 큰 양보를 유도하는 강압적 언행들을 지속해서 표출해 왔다.

또한 북한은 12월 6일과 13일 동창리에서 중요한 엔진시험을 실시했다면서 "전략적 핵전쟁 억제력을 한층 강화"했다고 매체를 통해 보도하였고,[3] 이례적으로 개최된 당중앙위 제7기 5차 전원회의^{12.28-31} 보고에서 김정은은 "미국이 대조선 적대시 정책을 끝까지 추구한다면 비핵화는 영원히 없을 것"이라고 경고하고 "인민이 당한 고통과 억제된 발전의 대가를 받아내기 위한 충격적인 실제행동으로 넘어갈 것"을 암시하며 "세상은 멀지 않아 … 공화국이 보유하게 될 새로운 전략무기를 목격하게 될 것"이라고 미국을 위협하면서 "전진을 저애하는 모든 난관을 정면돌파전으로 뚫고 나가자"며 내부결속 및 미국의 태도변화를 촉구하였다.[4]

---

3) 「조선중앙통신」, 2019년 12월 7일; 12월 14일.

4) 「조선중앙통신·로동신문·조중 TV」, 2020년 1월 1일.

하노이 정상회담이 자신들의 핵무력 고도화 영향력 하에 성사될 것으로 과신했던 북한은 하노이 노딜 이후 4월 당중앙위 제7기 4차 전원회의5)를 통해 내부를 우선적으로 추스르며 미국에게는 연말까지를 시한부로 다시 한번 자신들의 호의에 상응하는 제재완화라는 양보를 촉구하는 새로운 강압주기를 가동하기 시작한 것이다. 북한은 미국이 양보하지 않고 제재를 해제하지 않는 한 제재의 영향이 자신들의 전략적 노선인 경제총집중노선과 체제생존에 직결되는 내부불안 요인으로 작용될 것을 감지하였기 때문에 대내외 충격요법이라는 출구가 절실했을 것으로 분석된다.

5차 전원회의에서 김정은이 주장한 "전진을 저해하는 모든 난관을 정면돌파전으로 뚫고 나가자"는 주장에서 '난관'의 핵심은 대북제재 결과로 심각하게 체감되고 있는 '경제와 외화난'이며 그로부터 초래될 체제불안정에 대한 우려이다. 이른바 김정은 정권의 핵안보와 경제안보의 딜레마이다. 북한 스스로가 애써 강변하고 있는 언행에서 표출되고 있는 찾기 쉬운 '난관'에 대한 답이지만 북한이 폐쇄적이고 과거에도 그랬기 때문에 제재의 효과를 좀 더 지켜보아야만 알 수 있다는 현상에 대한 해석은 우리가 희망하는 대로 북한을 바라보게 만들기만 할 뿐 도발의 상처를 쉽게 잃어버리는 대가의 후과後果로 이어지기도 쉽다. 북한은 외부의 위협을 명분으로 도발을 통해 체제결속을 도모해 왔기 때문이다.

2020년 1월 24일, 미국 에스퍼 국방장관은 워싱턴의 '전략국제문제연구소CSIS' 주최 '국제안보포럼' 행사에서 북한은 여전히 공격적인 연구개발

---

5) 김 위원장은 이 자리에서 "최근에 진행된 조미(북미)수뇌회담의 기본취지와 우리 당의 입장"에 대하여 밝히면서 "우리나라의 조건과 실정에 맞고 우리의 힘과 기술, 자원에 의거한 자립적 민족경제에 토대하여 자력갱생의 기치 높이 사회주의 건설을 더욱 줄기차게 전진시켜 나감으로써 제재로 우리를 굴복시킬 수 있다고 혈안이 되어 오판하는 적대세력들에게 심각한 타격을 주어야 한다"고 강조했다. "김정은, 黨전원회의서 '제재로 굴복' 오판에 타격줘야(종합)," 「연합뉴스」, 2019년 4월 11일.

프로그램과 실험 프로그램을 갖고 있으며, 핵탄두 운반 능력을 갖춘 장거리 탄도미사일 구축을 분명하게 시도하고 있다고 주장했다.[6] 미국내 언론들은 2018년[7]은 물론 2019년 UN 보고서 등을 통해서도 북한이 미국과 비핵화 협상을 지속하면서도 핵무기와 미사일 프로그램을 지속 강화하고 있다고 지적한 바 있다.[8] 김정은이 2018년 1월 1일 신년사에서 "지난해2017년 각종 핵운반 수단과 핵무기 시험을 단행해 목표를 달성했다"며 "올해 핵탄두와 탄도로켓을 대량 생산해 실전 배치하는 사업에 박차를 가해야 한다"고 주장한 내용이 사실상 은밀하게 실천되고 있었음을 부인할 수 없는 상황에 우리는 처해 있다.

2019년 2월 하노이 노딜 이후 일련의 신형 간접강압 수단 추가 고도화 과시나 전천후 강압수단인 신형 SLBM 시험발사 및 발사관탑재 잠수함 진수 임박 징후의 계획적 노출, 그리고 충격적인 실제행동과 새로운 전략무기 등의 수사적 위협을 통해 미국에게 정면돌파 의지를 단계적으로 보여주는 북한의 의도된 행동 들은 마치 김정은 정권이 집권 초기2012-2017년에 이미 고도화한 핵억제력과 강화된 협상력을 배경으로 하는 제2의 '새로운 강압 주기'로 전환되었음을 보여주는 의도된 시그널이 분명하다.

신형 초정밀 단거리무기체계는 이른바 요격도 어려운 데다가 대형 방사포나 장사정포 등과 혼합발사 시 탄종 구별은 물론 요격준비 시간도 확보가 불가하여 주한미군과 한국군을 더욱 완전하게 볼모로 잡고 있음을 과시하고자 했고, 조만간 수중에서도 제2격 보복능력을 갖춘 SLBM용 잠수함이 진수되어 핵보유 강대국들만 보유하는 최후의 비밀병기 인 북극성-3형의 위력을 보여주겠다는 의지의 표현이기도 하다. 나아가 위성발사로 세계의 관심을 다시

---

6) "에스퍼 장관 '북한, 핵탄두 장거리탄도미사일 구축 시도'," 「VOA」, 2020년 1월 25일.

7) "북한, 2020년에 핵탄두 100개 보유국된다," 「중앙일보」, 2018년 12월 28일.

8) "북, 核프로그램 지속…양보 없을 것," 「News Science Politics & Policy」, 2019년 9월 7일.

한번 집중시키거나 최악의 선택지로는 ICBM의 태평양상 정상각도 발사 또는 대남 · 대미 군사적 도발행동을 택할 가능성도 배제할 수 없다.

지금까지 연구한 김정은 정권의 핵무력 고도화와 북한적 대미 역강압전략의 시각에서 볼 때 북한은 자신들의 요구조건을 미국이 빨리 받아들이라는 이른바 제2의 '새로운 전략적 강압' 9) 국면으로 들어섰다고 평가할 수 있다. 이러한 새로운 전략적 강압의 메커니즘을 가동하는 시작과정부터 김정은 정권은 이미 강화된 자신들의 핵억제력과 협상력이 북미간의 대화 및 협상의 교착국면에서도 상당한 영향력을 미치고 있다는 합리적인 해석이 가능하다. 결국 본 책에서의 연구목적과 이론적 논의 결과가 실제 현실로 다시 나타나고 있음을 부인할 수 없다. 물론 그 양상은 이전 보다는 다르고 강도도 세질 것10)으로 전망된다.

따라서 이러한 김정은 정권의 핵무력 고도화 완성으로부터 후속되는 북미 비핵화 협상 과정과의 인과관계를 마치 북한이 과거처럼 무작정 벼랑끝전술을 구사한다고 동일시하는, 다시 말해 오늘날의 김정은 정권의 북한을 핵무력 고도화 이전의 1, 2차 북핵위기시와 유사한 상황으로 바라보려는 시각은 경계할 필요가 있다. 연구자나 정책입안자, 그리고 정책결정자 모두는 김정은 정권의 핵무력 고도화의 실체적 위협이 김일성 · 김정일 시대의 북한 핵능력과 어떻게 차이가 나는지를 정확히 인지하고 그 위협이 현재와 미래의 북핵 비핵화 협상에 어떤 영향을 주고 있거나 줄 것인가에 대해 올바른 이해가 선행되어야 한다. 나아가 이를 바탕으로 김정은 정권의 핵무력 고도화와 전략적 목표 및 의도가 무엇인가를 제대로 인식하고 있어야만이 변화하는 주변의 상황과 여건에 부합하는 올바른 전략적 대응방안을 마련할 수 있기 때문이다.

---

9) 프리드먼은 '전략적 강압(strategic coercion)'을 "상대의 전략적 선택에 영향을 주기 위해 명백한 위협을 신중하고 목적적으로 사용하는 것"으로 정의하고 있다(본 책 2장 참조).

10) 손자병법 제6편에 전승불복(戰勝不復)이란 '한번 승리한 전법은 반복하지 않으며' 응형무궁(應形無窮)이란 '상황과 여건에 맞게 무궁하게 응용하여야 한다' 는 의미로써, 여기서는 북한의 예상치 못하는 행동이나 도발을 잘 예상하되 과거의 행동이나 도발양상에만 얽메여서는 아니되고, 핵을 고도화한 북한이 대남 · 대미 군사 · 비군사적 도발을 감행하지 못하도록 철저한 억제(첨단재래전력+핵확장억제력)와 한미연합방위태세가 전제되어야만 한다는 의미로 사용한다.

3| 예상되는 북핵 시나리오 전망과 우리의 전략적 대응

기실 북한은 자신들의 핵문제 협상의 주체에서 한국을 이미 오래전부터 배제해 왔다. 김정은 시대에는 특히 북핵문제에 대해 한국이 관여하지 말라며 무시하는 태도가 하노이 북미정상회담 노딜 이후 더 고조되는 추세다. 북한은 자신들이 궁지에 몰려 필요할 때만 한국을 이용하고자 했을 뿐이다. 한국이 북핵 비핵화 협상의 직접 당사자가 아닌 것이 현실이지만 본 연구 결과 한국이 견지해야 할 전략적 대응방향에 대한 정책적 함의가 있어 예상되는 북핵 시나리오를 긍정과 부정이라는 두 가지 방향으로 가름하여 설명하고자 한다.

첫째, 북핵문제 해결의 경로가 긍정적 방향으로 전개되어 갈 것이라는 희망적인 시나리오를 기대하는 경우에 한미동맹 측면에서 우리가 고려해야 할 전략적 대응방향이다. 북미 간 비핵화 협상은 이미 고도화된 북한 핵무력의 파급영향으로 인하여 정치적·전략적·기술적으로 장기간이 소요될 것이며, 북한은 기본적으로 '핵보유국 인정'을 궁극적인 전략적 목표로 계속 지향하고 있는 실정이다. 반면, 미국은 북한을 핵보유국으로 인정하지 않겠다는 원칙 하에 북핵 비핵화 문제를 해결해 나가려 하고 있다.

그런데 사실 김정은 정권의 핵무력 고도화는 현재 진행 중인 비핵화 협상에서 북한의 위치를 이미 상수입장이 되게 만들었고, 역으로 미국은 변수 입장에 처해있다. 이는 주도권을 이미 북한이 선점했다는 의미이다. 북핵 비핵화의 길은 북한이 핵무력을 고도화한 만큼 또는 이른바 몸값을 키운 만큼이나 그 이상으로 미국이 상응하는 양보나 특단의 대안[11])을 내놓지 않으면 강압—

---

11) 밀러와 나랑은 "북한은 판돈이 높다는 것을 드물게 보여주고 있다.(North Korea shows that the stakes are rarely higer)"고 언급하면서 북한이 이른바 높아진 만큼의 양보를 미국에 원할 것을 암시한 바 있다. Nicholas L. Miller and Vipin Narang, "How North Korea Shocked the Nuclear Experts," POLITICOMAGAZINE, 26 August 2017; https://www.politico.com/magazine/story/2017 /08/26/north-korea-nuclear-tests-shock-experts-215533(검색일: 2019년 10월 6일).

역강압의 갈등구도로 다시 돌아갈 개연성이 높다는 의미이기도 하다. 김정은 정권은 핵무력 고도화로 다수의 대안代案, alternative plan을 이미 확보했다. 과거 · 현재 · 미래용인 핵무기와 단거리 · 준중거리 · 중거리 · 장거리 핵투발수단북극성-3형인 SLBM도 포함 등 다양한 사거리와 지상 및 수중 발사플랫폼을 보유하게 되었고, 생산 중인 상당량의 핵물질과 분산된 핵시설 등 핵무력 고도화 이전보다 확실한 대안들이 마련되어 있다. 또한 북한은 오랫동안 제재와 고립으로부터 지탱할 수 있는 내성을 지닌 폐쇄체제의 강점을 여전히 보유하고 있다.

중국은 북한이 붕괴하지 않을 만큼만은 지원하겠다는 원칙을 고수하고 있다. 그리고 김정은 정권도 장기집권의 안정체제로 들어섰다. 북한과 달리 미국 행정부는 헌법에 의거 주기적으로 교체되어야 하고, 민주 · 개방체제 특성으로 대북정책에 대한 일관성을 유지하거나 신속한 의사결정이 어려운 상대적 단점을 여전히 가지고 있다.

이런 측면에서 시간은 북한 편이다. 그래서 김정은 정권의 위협을 이미 인정해 준 트럼프 행정부와의 정상 간 담판이 필요하고 그 방법도 과거와 달리 새로워져야 성사가 이루어질 수 있을 것이다. 김정은 정권에게는 트럼프식 접근방법이른바 정상국가로 인정이 학습되어 있는 셈이다. 새로운 방법의 해결 모드는 어느 측이 상수인지 변수인지를 분별하고 인정하여 신뢰 할 수 있는지의 여부로부터 북핵문제 해결방법의 실마리가 풀릴 개연성이 있다. 판돈몸값을 기술적으로 표현하자면 핵탄두 소형화와 이를 운반할 수 있는 가용한 핵투발수단을 의미한다. 미국 입장에서는 우선순위가 자신들을 직접 위협할 수 있는 핵무기장착이 가능한 중 · 장거리탄도미사일IRBM · ICBM일 것이다. 북핵문제 해결을 위해서는 북한의 강점과 미국의 약점이 상쇄되는 절충점을 만드는 전략이 필요하다. 답은 정해져 있는 것이 아니라 지향하는 방향으로 대화와 협상을 통해 찾아가는 것이다.

그리고 북미가 새로운 방법으로 북핵 문제를 해결해 나갈 때 특히 유의해야 할 두 가지 사항이 있다. 하나는 북핵 비핵화 협상 과정에서 비핵화의 최종상태가 '한반도비핵화' 문제로 비화되지 않도록 '한반도비핵화'에 대한 개념의 일치 과정이 선행되어야만 한다는 것이다. 또 다른 하나는 대북 제재 국면에서 중국의 책임론과 역할론을 적절히 부각시켜야 한다는 것이다. 고도화된 북핵문제가 중국에게 전략적 부담으로 돌아가도록 국제사회가 공조하여 중국이 북핵문제 해결에 관여하도록 대중對中 전략적 대안을 모색해야 한다. 동아시아지역에서의 핵도미노 현상 예방차원에서도 명분이 있다.

한편, 이러한 긍정적 북핵문제 해결 경로상의 시나리오는 북미 상호간 모순되는 목표와 기본원칙의 충돌로 인해 언제든지 북미관계가 강 대 강 구도로 회귀할 가능성이 높으며, 중장기적 전략이 요구되고 있는 특징을 지니고 있다. 물론 긍정적 시나리오가 다시 역행할 수 있다는 경우에도 대비해야만 하는 것이 우리 한국이 처해 있는 숙명적인 안보상황이다.

따라서 가장 최선의 그리고 최상의 방책은 현재에도 유효한 '한미동맹의 강력한 첨단 재래식전력과 미국의 핵확장억제력'으로 북한의 핵위협이나 도발 그리고 전면전을 최대한 억제하는 것임을 간과해서는 아니 된다. 스캇 세이건Scott Sagan은 북한이 핵무력 완성을 선언한 직후 "북한의 핵무기 보유를 저지하지 못한 미국은 북핵문제가 이제 비확산의 문제라기보다는 억제의 문제로 변화되었다는 것을 깨닫고 인정해야 한다"라고 주장한 바 있다.[12]

둘째, 북핵문제 해결의 경로가 부정적 방향으로 전개되는 시나리오일 경우이다. 북미관계가 단기간에 다시 악화될 경우특히 트럼프 대통령 재선이 결정되는 2020년 11월을 기점으로 가정할 경우 북한이 가장 상대하기 쉬운 대상은 당연히 한국이다. 한국에게 책임을 전가하며 긴장을 조성할 가능성이 높고 지속될 가능성도 상존한다. 한국이 자신들과 공조하지 않고 미국 편에서 제재에 동참하면서 자신들의 비핵화를 압박하고 있다고 비난하는 것은 차후 한국에 책임을 전가할 여지를 남겨두기 위한 전략이다.

---

12) Scott D. Sagan, "The Korean Missile Crisis: Why Deterrence is Still the Best Option," Foreign Affairs, 28 November 2017; https://vcdnp.org/the-korean-missile-crisis-why-deterrence -is-still-the-best-option/(검색일: 2019년 9월 28일).

북미 간 핵협상이 자신들이 원하는 대로 진전되지 않으면 한미동맹과 관련된 한미연합연습이나 주한미군 문제 또는 한국의 첨단무기체계 전력증강 등 기타 어떤 명분으로라도 빌미를 걸어 이미 핵투발수단을 고도화한 북한이 안정·불안정의 역설 이론에 따른 재래식 군사도발 가능성은 더 높아질 것으로 우려된다.

이러한 부정적인 경로의 시나리오를 택한다면 북한은 한반도에서 위기를 조성하고 미국과의 협상을 유도하기 위해 벼랑끝전술을 다시 사용할 것이다. 이에 대한 한미연합의 공동억제력은 물론 도발 시 적시적인 한미공동 대응능력이 여전히 긴요하고 필수불가결하다. 북한이 핵무력을 고도화했기 때문에 오히려 한미동맹과 북핵 대비태세는 더 긴밀하게 강화해야만 한다. 한미연합군 간 공동대응태세의 틈새를 북한이 도발로 이용한 다수의 사례가 있었기 때문이기도 하다. 더욱이 이제는 핵무력 고도화 완성 이후의 자신감과 과신으로 전혀 예상치 못하는 북한의 도발양상과 고강도 도발에도 철저히 대비해야만 한다.

이상에서 살펴본 두 가지 경로의 북핵문제 전개 시나리오에 대한 공통적인 정책적 함의는 북한이 이미 확실하게 핵무기를 보유하고 있기 때문에 우선적으로 국지도발 유혹에 빠지게 될 수 있다는 '안정·불안정 역설' 이론에 따른 고강도 도발을 감행할 위기상황에 한미동맹이 직면하게 될 수 있다는 것이다. 따라서 핵무기를 보유한 북한에 대응하기 위한 최선의 방책은 한미동맹이 보유하고 있는 강력한 억제력첨단재래식전력+핵확장억제력으로 도발과 전쟁을 사전에 억제하는 것이라는 점을 확고하게 인식해야만 한다. 아울러 북한이 고도화된 핵무력을 보유하고 있는 것보다 이를 포기하는 것이 김정은 정권의 체제안전과 경제발전에 더 유익하다는 메시지를 국제사회와 지속적인 공조를 통해 분명하게 인식시키면서 위기관리능력을 향상시켜야만 한다는 기본적인 전략적 대응원칙을 상기하고자 한다.

4 | 북한의 핵 대(對) 경제안보 딜레마와 동아시아 핵도미노 딜레마

북한 김정은 정권의 핵무력 고도화 문제는 한반도는 물론 동북아시아와 국제사회 전반에 걸쳐 큰 충격을 던져주었다. 3대 세습국가 그것도 서른 살도 채 되지 않은 젊은 지도자 김정은이 집권[13]하자마자 핵실험과 탄도미사일 발사를 일상으로 삼아 짧지도 않은 기간 동안(물론 2019년 5월부터 제2의 핵투발수단 고도화 강압주기가 다시 시작되었지만) 질주했던 모습은 이성 · 비이성, 합리성 · 비합리성에 대한 우려와 함께 실시간으로 전 세계에 직접 중계되어 이전과는 분명하게 차별화되는 핵투발수단 고도화의 실체적 위협을 선전하는 효과를 거두기도 했다. 그런데 김정은 정권의 핵투발수단 고도화 위협의 의미는 김일성 · 김정일 시대 북핵 위협과 결코 동일시할 사안이 아니며 그 차이는 매우 중요한 함의를 지니고 있음을 간과해서는 안될 특징이 있다고 앞에서 지적한 바 있다.

김일성 · 김정일 시대의 북핵문제는 미국 주도로 핵 비확산정책과 확장억제정책에 의해 나름대로 통제와 관리가 되어왔지만, 이제는 김정은 정권의 북한이 주도권을 행사하려는 현상으로의 변화가 시작되었다. 이러한 현상은 김정은 정권의 핵무력 고도화 완성에 기인하고 있고, 미국에 의한 대북강압이 성공하지 못했다는 것을 의미하기도 한다. 김정은 정권은 미국이 자신들을 핵공격으로 제압하기가 제한될 것이라는 사실을 인지하고 있을 것이고, 미국이 공격하지 못할 정도의 핵무력 고도화와 핵태세를 향상시켜 이를 미국에 인식시켰다고 믿고 있을 것이다.

이제 북한은 미국과 대등한 전략적 지위에서 협상에 임하고 있다고 생각하고 있다. 북한을 제외한 미국이나 국제사회가 어떻게 생각하든지 핵무력 고도화를 완성한 북한 스스로가 그렇게 생각하고 있다는 것 자체가 문제이다.

---

13) 김정은은 1984년 1월 8일생으로 2012년 집권 첫해를 기준으로 하면 한국 나이로 만 28세에 불과했다.

이러한 북한의 인식 문제가 곧 현실이라는 점에 주목해야 하기 때문이다. 협상의 본질은 현실을 바탕으로 이루어지는 것이지 결코 미래나 가상의 세계를 가정하고 이루어지는 것이 아니다. 본 연구는 이러한 북한의 입장을 대변하려는 것이 아니고 북한을 합리적 행위자로 가정할 경우앨리슨의 합리적 모델 적용할 경우 그렇게 생각할 수밖에 없는 북한의 현실과 고도화된 핵무력의 실체적 위협 그리고 북한적 대미 역강압전략의 성공요건을 제대로 꿰뚫어 보는 것으로부터 비로소 북핵문제에 대한 올바른 해법을 찾을 수 있을 것이라는 신념으로부터 시작되었다.

서두에서도 이미 김정은 정권의 핵무력 고도화 역강압전략을 대미 생존전략의 일환으로 규정했듯이 북한은 자주성과 생존권이라는 자신들만의 고유한 정체성을 지키기 위해 미국의 강압에 굴복하지 않고 핵무력을 고도화했다. 핵무력 고도화 성공과 협상력 강화의 핵심전략이 대미 역강압전략이었는데 부분적으로 성공했다고 볼 수 있는 북한의 역강압전략에 대한 연구결과 다음과 같은 몇 가지 후속 연구과제를 제안하고자 한다.

첫째, 북한은 핵무력 고도화 완성과정에서 강대국 미국의 압박과 국제사회의 제재 동참으로 인하여 예상치 못한 심각한 경제적 제재와 국제적 고립을 자초했다. 그 결과 김정은 정권은 핵무력 고도화 안보 對 경제안보 딜레마에 봉착하게 되었다. 핵무력 고도화와 대미 강제적 위협각인 역강압전략으로 전략적 당면목표는 달성했지만, 김정은 정권의 장기집권과 새로운 전략적 노선인 경제건설 총력집중노선을 이루려면 핵무력을 대체하는 특단의 결단을 내려야만 하는 역설적인 상황에 직면한 것이다. 그러나 북한은 경제발전을 위해 핵을 포기하기 어려운 상황이다. 경제발전은 곧 폐쇄체제인 북한을 개방체제로 이끌어 내어 내부의 위협으로 역작용될 것을 심각하게 우려하는 만큼 북한은 자신들의 내부체제 위기에 미치는 영향을 최소화하려 할 것이다. 그렇기 때문에 핵을 쉽게 포기하기도 어려운 입장이다. 북한 스스로는 경제개방이 곧 체제생존과 영구화에 부정적인 영향을 주는 측면을 고려할 것이고, 반면 고도화된 핵무력은 곧 체제생존과 영구화에 긍정적 영향을 주는 것과 직결되고 있다고 인식할 가능성이 높다. 앞서 논의한 대로 핵무력 고도화 완성 이후

제2의 새로운 전략적 강압의 주기에 들어선 사례2019년 5월 이후 단거리미사일 및 북극성-3형 고도화 위협 과시, 충격적 실제행동 · 새로운 전략무기 위협 등로 미루어볼 때 아직은 고도화된 핵무력 보유 쪽에 경도가 지나치게 기울어져 있는 상황으로 분석된다. 따라서 김정은 정권의 핵무력 고도화 안보와 경제안보의 딜레마를 풀기 위한 추가적인 연구가 북핵 해법의 중요한 단초 제공으로 이어지길 바라는 마음이다.

둘째, 북한의 핵무력 고도화는 오히려 주변국에게 안보 딜레마로 작용되어 핵군비경쟁을 자극할 수 있다는 점이다. 북한이 핵무력 고도화를 단지 비핵화 협상전략진정성있는 비핵화를 위한 비핵화 협상이 아니라 대가와 보상만을 바라는 비핵화 협상전략 일환으로만 접근하여 시간을 끌면서 제재만을 완화하려 할 경우에는 한국과 일본 등 주변국들의 핵안보 불안감을 촉발시켜 인도 · 파키스탄 사례처럼 서남아시아에서의 이른바 핵도미노현상이 동아시아에서도 재현될 가능성이 있다. 만약 북한의 핵무력 고도화와 대미 역강압전략의 결과로 인하여 북한이 미국으로부터 공식 또는 비공식적으로 핵보유국 지위를 확보하게 되어 사실상의 핵보유국으로 등극하게 될 경우에는 주변국들의 핵무장이 더욱 가속화될 것이다. 이러한 점에서 김정은 정권의 대미 핵보유 고수전략은 한계점을 드러내고 있다는 점을 지적하면서 북핵해법의 또다른 중요한 단초를 제공할 수 있는 추가 연구과제로 이어지길 바라는 마음이다.

마지막으로 본 책의 집필 결과 연구의 폭과 깊이가 부족함을 인정하면서 김정은 정권의 집권 초기 대미 핵무력 고도화의 성공은 현재 진행 중인 북미간의 비핵화 협상 교착국면이나 향후 어떠한 상황변화에도 불구하고 상당한 영향력을 계속 미치게 될 것으로 전망된다. 이미 고도화한 북한 핵문제의 완전한 비핵화는 불가피하게 장기화가 예견되고 있고, 아울러 김정은 정권도 장기집권이 예상됨에 따라 김정은 정권 초기 핵무력 고도화의 전략적 목표와 의도가 현재 및 미래의 북핵문제를 해결하려는 한미의 전략과 어떠한 인과관계가 있는지를 잘 찾아내어 전략적 대안을 도출하려는 체계적이고도 심도있는 정책 발굴과 연구로 이어지는 데 본 책이 밑거름이 되길 기대한다.

손자병법 제3편에 나오는 "상대를 알고 나를 알면 백번 싸워도 위태롭지 아니하다^{知彼知己 百戰不殆/지피지기 백전불태}"라는 구절과 제6편에 나오는 "싸움에서 한 번 승리한 방법은 반복해서 사용하지 않고, 상대와 나의 형세에 따라 무궁하게 응용해 나가야 한다^{戰勝不復 應形無窮/전승불복 응형무궁}"라는 구절의 함의를 곱씹어보면서 김정은 정권이 미국과 자신들의 강약점을 간파하여 생존전략 일환으로 핵무력 고도화와 대미 역강압전략에 임했을 것으로 판단하면서 집필을 마치고자 한다.

謀攻篇第三　孫子曰凡用兵之法全國為上破

者勝此五者知勝之道也故曰知波知已者百戰
不殆不知波亦知己一勝一負不知波不知己每

虚實篇第六　孫子曰凡先處戰地亦待敵者佚

之形亦其知吾所以制勝之形故其戰勝不復亦
虚形子無窺天兵形像水水之形避高亦趨下兵

참 고 문 헌

1. 북한문헌

가. 김정은 문헌

김정은. 『신년사 2017년 1월 1일』. 평양: 조선로동당출판사, 2017.
김정은. 『신년사 2018년 1월 1일』. 평양: 조선로동당출판사, 2018.

나. 단행본

법률출판사. 『조선민주주의인민공화국 법전』. 평양: 법률출판사, 2016.
사회과학원 언어학연구소. 『조선말대사전』. 평양: 사회과학출판사, 1992.
조선중앙통신사. 『조선중앙년감 2013』. 평양: 조선중앙통신사, 2013.
_____. 『조선중앙년감 2017』. 평양: 조선중앙통신사, 2017.

다. 신문 및 방송매체 보도

『로동신문』

"조선을 알려면 똑똑히 보라." 『로동신문』. 2010년 11월 13일.

"미국의 대조선적대시정책은 파탄을 면치 못한다." 『로동신문』.
2012년 7월 16일.

"국방위원회 성명." 『로동신문』. 2013년 1월 25일.

"조선인민군 최고사령관 김정은동지의 조선인민군 전략로케트군 화력타격임무
수행과 관련한 작전회의를 긴급소집, 화력타격계획을 최종검토, 비준."
『로동신문』. 2013년 3월 29일.

"조선 노동당 중앙위 3월 전원회의 보고." 『로동신문』. 2013년 4월 2일.

"조선민주주의인민공화국 원자력총국 대변인대답." 『로동신문』.
2013년 4월 3일.

"파멸을 앞당기는 맞불전략."『로동신문』. 2013년 4월 10일.

"무모한 핵공갈을 절대로 용납할 수 없다."『로동신문』. 2013년 5월 16일.

"핵무기의 소형화, 경량화, 다종화, 정밀화."『로동신문』. 2013년 5월 21일.

"전략잠수함 탄도탄 수중시험발사에서 완전 성공."『로동신문』. 2015년 5월 9일.

"김정은, 전략잠수함 탄도탄 수중시험발사 성공에 기여한 과학자 등과 기념사진."
『로동신문』. 2015년 5월 26일.

"전략잠수함 탄도탄 수중시험발사 또다시 대성공."『로동신문』.
2016년 4월 24일.

"지상대지상중거리전략탄도탄 북극성-2형 시험발사에서 완전 성공."
『로동신문』. 2017년 2월 13일.

"주체적 핵강국건설사에 특기할 위대한 사변 지상대지상중장거리전략탄도로케트
화성-12형 시험발사 성공."『로동신문』. 2017년 5월 15일.

"김정은, 화성-12형 개발자들과 기념사진, 축하연회 마련."『로동신문』.
2017년 5월 20일.

"동방의 핵강국은 불멸의 그 업적 전한다."『로동신문』. 2017년 5월 20일.

"화성-14형 2차 시험발사 단행."『로동신문』. 2017년 7월 29일.

"민족사적인 대승리를 안아온 긍지드높이 련속공격 앞으로."『로동신문』.
2017년 7월 31일.

"김정은 전략군사령부 시찰."『로동신문』. 2017년 8월 15일.

"화성-12 경애하는 최고령도자 김정은동지께서 조선인민군 전략군의 중장거리전
략탄도로케트발사훈련을 지도하시였다."『로동신문』. 2017년 8월 30일.

"김정은, '핵무기병기화사업'을 지도."『로동신문』. 2017년 9월 3일.

"새형의 대륙간탄도로케트 시험발사 성공."『로동신문』. 2017년 11월 29일.

『조선중앙통신』

"김정은, 조선인민군 전략로케트사령부 시찰."『조선중앙통신』. 2012년 3월 3일.

"조선우주공간기술위원회, 김일성 동지 탄생 100돐 맞아 … 자체 제작한 실용위성을 쏘아올리게된다."『조선중앙통신』. 2012년 3월 16일.

"사회주의 헌법 수정 보충."『조선중앙통신』. 2012년 4월 13일.

"조선민주주의인민공화국 외무성 비망록."『조선중앙통신』. 2012년 8월 31일.

"3차 지하핵시험 성공한데 대하여."『조선중앙통신』. 2013년 2월 12일.

"조선 외무성 대변인 담화, 3차 핵시험은 미국의 대조선 적대행위에 대한 단호한 자위적 조치."『조선중앙통신』. 2013년 2월 12일.

"조선외무성 반공화국 제재결의 전면배격."『조선중앙통신』. 2013년 3월 9일.

"조선인민군 최고사령부 대변인 조선중앙통신사 기자의 질문에 대한 대답."『조선중앙통신』. 2013년 3월 21일.

"조선인민군 최고사령부 성명."『조선중앙통신』. 2013년 3월 26일.

"김정은 최고사령관, 화력타격계획 비준."『조선중앙통신』. 2013년 3월 29일.

"조선 노동당 중앙위 2013년 3월 전원회의."『조선중앙통신』. 2013년 3월 31일.

"자위적 핵보유국의 지위를 더욱 공고히 할 데 대하여."『조선중앙통신』. 2013년 4월 1일.

"조선원자력 총국 현존 핵시설들의 용도 조절 변경 언급."『조선중앙통신』. 2013년 4월 2일.

"무모한 핵공갈을 절대로 용납할 수 없다."『조선중앙통신』. 2013년 5월 16일.

"전략군 대변인 담화, 로켓발사는 자위적 행동…도발아니다."『조선중앙통신』. 2014년 3월 5일.

"조선 외무성 성명, 유엔안보리가 미국 요구에 따라 정당한 로케트발사훈련 걸고 드는 것 관련."『조선중앙통신』. 2014년 3월 30일.

"조선인민군 최고사령관 김정은동지께서 조선인민군 전략군 서부전선타격부대들의 전술로케트발사훈련을 지도하시였다." 『조선중앙통신』. 2014년 7월 10일.

"조선인민군 최고사령관 김정은동지께서 조선인민군 전략군의 로케트발사훈련을 또다시 지도하시였다." 『조선중앙통신』. 2014년 7월 27일.

"국가핵무력강화의 길에 울려퍼진 다발적, 련발적 뢰성·지상대지상중장거리전략탄도탄《북극성-2》형시험발사에서 또다시 성공." 『조선중앙통신』. 2015년 5월 21일.

"경애하는 김정은동지께서 핵무기연구부문의 과학자, 기술자들을 만나시고 핵무기병기화 사업을 지도하시였다." 『조선중앙통신』. 2016년 3월 9일.

"경애하는 김정은동지께서 조선인민군 전략군의 탄도로케트발사훈련을 보시였다." 『조선중앙통신』. 2016년 3월 10일.

"김정은, 새형의 대륙간탄도로케트 대출력발동기 지상분출시험 지도." 『조선중앙통신』. 2016년 4월 9일.

"김정은의 조선로동당 제7차대회 중앙위원회사업총화보고(전문)." 『조선중앙통신』. 2016년 6월 20일.

"전략군절을 제정함에 대한 최고인민위원회의상임위원회 정령 발표." 『조선중앙통신』. 2016년 6월 25일.

"경애하는 김정은동지께서 조선인민군 전략군 화성포병부대들의 탄도로케트발사훈련을 지도하시였다." 『조선중앙통신』. 2016년 7월 20일.

"주체조선의 핵공격능력의 일대 과시 경애하는 김정은동지의 지도밑에 전략잠수함 탄도탄수중시험발사가 성공적으로 진행되였다." 『조선중앙통신』. 2016년 8월 25일.

"경애하는 김정은동지께서 조선인민군 전략군 화성포병부대들의 탄도로케트발사훈련을 지도하시였다." 『조선중앙통신』. 2016년 9월 6일.

"조선민주주의인민공화국 핵무기연구소 성명, 핵탄두의 위력판정 위한 핵폭발시험을 단행." 『조선중앙통신』. 2016년 9월 9일.

"새형의 정지위성운반로켓용 대출력발동기 지상분출 시험에서 대성공."『조선중앙통신』. 2016년 9월 20일.

"지상대지상중장거리전략탄도탄《북극성-2》형 시험발사에서 완전성공. 경애하는 최고령도자 김정은동지께서 새 전략무기시험발사를 현지에서 지도하시였다."『조선중앙통신』. 2017년 2월 13일.

"경애하는 김정은동지께서 조선인민군 전략군 화성포병부대들의 탄도로케트발사훈련을 지도하시였다."『조선중앙통신』. 2017년 3월 7일.

"김정은, 국방과학원에서 새로 개발한 우리식의 대출력발동기 지상분출시험을 보시였다."『조선중앙통신』. 2017년 3월 19일.

"주체적 핵강국건설사에 특기할 위대한 사변 지상대지상중장거리전략탄도로케트 화성-12형 시험발사 성공."『조선중앙통신』. 2017년 5월 15일.

"전략탄도탄 북극성-2형 시험발사에 또다시 성공."『조선중앙통신』. 2017년 5월 22일.

"경애하는 김정은동지께서 조선인민군 전략군 화성포병부대들의 탄도로케트발사훈련을 지도하시였다."『조선중앙통신』. 2017년 5월 29일.

"전략군사령관 김락겸대장의 발표."『조선중앙통신』. 2017년 8월 10일.

"경애하는 최고령도자 김정은동지께서 조선인민군 전략군의 중장거리전략탄도로케트발사훈련을 지도하시였다."『조선중앙통신』. 2017년 8월 30일.

"조선민주주의인민공화국 핵무기연구소 성명, 대륙간탄도로케트 장착용 수소탄시험에서 완전성공."『조선중앙통신』. 2017년 9월 3일.

"경애하는 최고령도자 김정은동지께서 대륙간탄도로케트《화성-14》형 2차 시험발사를 지도하시였다."『조선중앙통신』. 2017년 11월 29일.

"김정은, 병진로선의 위대한 승리를 긍지높이 선언하고, 당의 새로운 전략적로선을 제시."『조선중앙통신』. 2018년 4월 20일.

"경애하는 최고령도자 김정은동지께서 새로 건조한 잠수함을 돌아보시였다."『조선중앙통신』. 2019년 7월 23일.

『조선중앙방송』·『조선신보』·『우리민족끼리』

"비핵화 첫 공정은 미국과의 신뢰구축."『조선신보』. 2010년 2월 2일.

"조미핵대결, 오바마정권 '전략적인내심'의 함정."『조선신보』. 2010년 4월 9일.

"조선반도 긴장격화의 주범."『우리민족끼리』. 2011년 3월 16일.

"조선을 알려면 똑똑히 보라."『조선중앙방송』. 2011년 12월 2일.

"비핵화종말, 악습반복이 초래한 사태. 문제의 본질은 조선에 대한 미국의 적대시 정책."『조선신보』. 2013년 1월 23일.

"조선민주주의인민공화국 국방위원회 성명. 나라의 자주권을 수호하기 위한 전면 대결전에 떨쳐나서게 될 것이다."『조선중앙방송·평양방송』. 2013년 1월 24일.

"조선인민군 최고사령부 대변인 조선중앙통신사 기자의 질문에 대한 대답."『조선 중앙방송』. 2013년 3월 21일.

"미제 패배의 5단계 과정."『조선신보』. 2013년 4월 29일.

"조미대결사에 대한 하나의 해석."『우리민족끼리』. 2014년 3월 2일.

"전략잠수함 탄도탄 수중시험발사에서 완전 성공."『조선중앙방송』. 2015년 5월 9일.

"김정은, 전략잠수함 탄도탄 수중시험발사 성공에 기여한 과학자 등과 기념사진." 『조선중앙방송』. 2015년 5월 26일.

"전략잠수함 탄도탄 수중시험발사 또다시 대성공."『조선중앙방송』. 2016년 4월 24일.

"밤잠설치게 된 미국인들, 비용은 얼마나 들까?."『우리민족끼리』. 2017년 8월 19일.

라. 기타

통일전선부 조국통일연구원. "미국과 괴뢰호전광들의 북침전쟁연습책동을 단죄한 다."『조국통일연구원 백서』. 2011년 2월 9일.

2. 국내문헌

가. 단행본

다니엘 바이먼·매튜 왁스먼 저. 이옥연 역. 『강압의 역학: 미국의 대외정책과 군사력의 한계』. 서울: 국방대학교 안보문제연구소, 2003(Byman, Daniel and Matthew Waxman. The Dynamics of Coercion: American Foreign Policy and the Limits of Military Might).

_____. 이옥연 역. 『미국의 강압전략: 이론, 실제, 전망』. 서울: 사회평론, 2004(Byman, Daniel and Matthew Waxman. The Dynamics of Coercion: American Foreign Policy and the Limits of Military Might).

대한민국 국방부. 『2012 국방백서』. 서울: 대한민국 국방부, 2012.

_____. 『2014 국방백서』. 서울: 대한민국 국방부, 2014.

_____. 『2016 국방백서』. 서울: 대한민국 국방부, 2016.

_____. 『2018 국방백서』. 서울: 대한민국 국방부, 2018.

_____. 『대량살상무기 이해와 실제』. 서울: 대한민국 국방부, 2018.

대한민국 통일부. 『북한 제7차 당대회 자료집(북한 발표 원문)』. 서울: 대한민국 통일부, 2016.

마이클 핸델. 김진호 역. 『약소국 생존론』. 서울: 대왕사, 1995(Handel, Michael. Weak States in The International System).

문순보. 『오바마 행정부의 대북정책: 북한의 위협에 대한 대응을 중심으로』. 성남: 세종연구소, 2012.

박지영. 『다종화하는 북한 핵과 미사일의 위협: 기술개발 측면의 분석』. 서울: 아산정책연구원, 2017.

백학순. 『제2기 오바마정부 시기의 북미관계 2013-2014: '핵무기 사용 위협'과 관계의 파탄』. 성남: 세종연구소, 2014.

서 훈.『북한의 선군외교 연구: 약소국 북한의 강대국 미국 상대하기』. 서울: 명인
문화사, 2008.

안동만 · 김병교 · 조태환.『백곰, 도전과 승리의 기록』. 서울: 플래닛미디어,
2016.

엔드류 퍼터. 고봉준 역.『핵무기의 정치』. 서울: 명인문화사, 2016(Futter,
Andrew. The Politics of Nuclear Weapons).

이종석.『새로 쓴 현대북한의 이해』. 서울: 역사비평사, 2000.

정보사령부.『2017 북한연보』. 안양: 정보사령부, 2018.

정성윤.『김정은 정권의 핵전략과 대외 · 대남전략』. 서울: 통일연구원, 2017.

정성윤 · 이동선 · 김상기 · 고봉준 · 홍민.『북한 핵 개발 고도화의 파급영향과 대
응방향』. 서울: 통일연구원, 2016.

최강 · 박지영 · 박일.『ASAN REPORT: 북핵 진단과 대응』. 서울: 아산정책연구
원, 2016.

최의철.『북한의 인권부문 외교의 전개 방향』. 서울: 통일연구원, 2003.

폴 브레큰. 이시은 역.『제2차 핵 시대』. 서울: 아산정책연구원, 2014(Bracken,
Paul. The Second Nuclear Age).

한용섭.『북한 핵의 운명』. 파주: 박영사, 2018.

합동참모대학 합동교리발전부.『美 국방부 군사용어사전(IP 1-02 번역본)』.
2011(Defense Dictionary of Military and Associated Terms).

합동참모본부.『군사기본교리』. 계룡: 국군인쇄창, 2014.

_____.『합동기본교리』. 서울: 대학기획인쇄, 2009.

홍 민.『북한의 핵 · 미사일 관련 주요 활동 분석』. 서울: 통일연구원, 2017.

나. 논문

곽길섭. "김정은 권력공고화 과정에 관한 연구: 제도·상징·정책을 중심으로." 건국대학교 대학원 박사학위논문, 2019.

구갑우. "북한 핵 담론의 국제정치: 북한적 핵 개발의 이유와 김정은 정권의 핵 담론."『동향과 전망』. 제99호, 2017, pp. 83-121.

김경규. "트럼프 행정부의 최대 압박 및 관여 정책: 특징·한계·우선순위."『한국군사』. 창간호, 2017, pp. 115-146.

김승기. "북한의 핵무장과 선군 강압전략 연구: 1, 2차 핵실험 및 천안함·연평도 도발 사례연구." 경기대학교 정치전문대학원 박사학위논문, 2014.

김열수. "김정은 정권의 생존전략 딜레마를 활용한 북핵 문제 해결 방안."『한국국가전략』. 3권 1호, 2018, pp. 365-426.

김용순. "북한의 대미 강압흥정 외교행태에 관한 연구: 선군 리더십을 중심으로."『한국정치학회보』. 제43집 제2호, 2009, pp. 235-261.

김진아. "미국의 대북정책과 강압외교."『월간 북한』. 2017년 5월호, pp. 31-37.

_____. "북미 강압외교의 비대칭성과 대북제재의 구조적 한계."『한국행정학회 학술발표논문집』. 2013, pp. 862-872.

김태현. "김정은 정권의 대남 강압전략."『국방정책연구』. 제31권 제4호, 2015, pp. 9-44.

박 일. "공개정보를 통한 북한 핵정책 고찰." 최강 편.『ASEAN REPORT: 북핵 진단과 대응』. 서울: 아산정책연구원, 2016, pp. 9-61.

박형중. "김정은 집권 이후 핵 정책 및 대남정책." KINU Online Serirs, CO 14-10, 2014년 8월 14일, pp. 1-6.

윤태영. "강압외교에 대한 이론적 고찰과 한·미동맹의 대북한 전략에 대한 시사점." 『정책연구』. 통권 제173호, 2012, pp. 37-66.

이상현. "미국 오바마 2기 행정부의 북핵정책 전망." 『KDI 북한경제리뷰』. 제15권 3호, 2013, pp. 3-13.

이인호. "미국 오바마 2기 행정부의 아·태전략 및 대북정책 전망." 『국방정책연구』. 제29권 3호, 2013, pp. 9-31.

이인호·김영석. "북핵문제 해결을 위한 미국의 강압외교 분석과 개선방안." 『전략연구』. 제22권 제1호, 2015, pp. 91-118.

이정철. "오바마 독트린과 미국의 대북정책 프레임: 지정학, 핵전략, 불량국가." 『한국정치연구』. 25권 1호, 2016, pp. 221-245.

이춘근. "북한의 핵탄두 소형화, 현대화 기술개발 경로와 수준." 『북한연구학회 춘계학술발표 논문집』. 2015, pp. 179-190.

임수호. "실존적 억지와 협상을 통한 확산: 북한의 핵정책과 위기조성외교(1989-2006)." 서울대학교 대학원 박사학위논문, 2006.

_____. "북한의 대미 실존적 억지·강제의 이론적 기반." 『전략연구』. 통권 제40호, 2007, p. 123-165.

장철운. "북한의 핵전력 운용 전략에 관한 연구." 통일부 정책연구과제. 2016.

전성훈. "김정은 정권의 경제·핵무력 병진노선과 4.1 핵보유 법령." KINU Online Series, CO 13-11, 2013년 4월 8일, pp. 1-7.

정성윤. "북한의 대외·대남 전략 구상의 특징과 결정요인: 북핵문제와 강압전략을 중심으로." 『한국과 국제정치』. 제35권 제1호, 2019, pp. 1-31.

정종관. "강대국에 대한 약소국의 역강압 전략에 관한 연구: 북핵문제를 중심으로." 조선대학교 박사학위논문, 2016.

_____. "트럼프 행정부의 대북 강압전략 연구와 한국의 대응전략." 『한국동북아논총』. 제23권 제1호, 2018, pp. 99-121.

조나단 폴락. "북한의 핵과 미사일 프로그램 전략: 방향과 전망." 『한국국가전략』. 3권 1호, 2018, pp. 99-136.

최용환. "북한의 대미 비대칭 억지ㆍ강제 전략: 핵과 미사일 사례를 중심으로." 서강대학교 대학원 박사학위논문, 2002.

현성일. "북한의 노동당 규약 개정과 3대 세습." 국가안보전략연구소 학술회의, 2011년 2월 7일, pp. 19-36.

홍 민. "김정은 정권의 핵무기 고도화의 정치경제." KINU Online Series, 15-25, 2015년 9월 21일, pp. 1-9.

_____. "김정은 정권의 핵ㆍ미사일 활동의 주요 특징과 패턴." KINU Online Series, CO 17-11, 2017년 5월 23일, pp. 1-8.

홍석훈ㆍ나용우. "북핵 고도화와 새로운 대북정책의 모색: 공세적 핵전략으로서의 진화와 우리의 대응전략." 『국가안보와 전략』. 제17권 3호, 2017, pp. 101-130.

다. 언론보도

"비핵화 첫 공정은 미국과의 신뢰구축." 『연합뉴스』. 2010년 2월 2일.

"CRS, 대북 '전략적 인내' 정책에 4가지 요소 포함." 『VOA』. 2011년 12월 28일.

"김정은, 2009년 北미사일 발사 현장 참관." 『YTN』. 2012년 1월 8일.

"김정일유서전문." 『유코리아뉴스』. 2012년 11월 23일.

"핵ㆍ미사일ㆍ생화학무기 계속 발전시켜라." 『중앙일보』. 2013년 1월 29일.

"첫 공개된 김정은 집무실, 벽면 문구보니…." 『중앙일보』. 2013년 3월 29일.

"北 미사일 2기 동해쪽 이동…이지스함 동해 배치." 『KBS NEWS』. 2013년 4월

6일.

"北, 미사일 '은닉 · 전개' 반복…"피로감 극대화." 『세계일보』. 2013년 4월 11일.

"북, 무수단 미사일 2기 철수." 『SBS』. 2013년 5월 7일.

"미 NBC방송 '北 ICBM 가짜일 가능성.'" 『노컷뉴스』. 2013년 8월 16일.

"미 국방부 "북한 단거리 미사일 발사, 허용된 것." 『VOA』. 2014년 2월 28일.

"미 국무부 '북한 미사일 발사, 유엔 결의 위반'." 『VOA』. 2014년 3월 4일.

"미국 '북한 단거리미사일 발사도 유엔 결의 위반'." 『VOA』. 2014년 3월 5일.

"미 국무부 '북 노동미사일 발사, 유엔 결의 위반'." 『VOA』. 2014년 3월 26일.

"유엔 안보리 '北 미사일 발사 규탄'." 『파이낸셜투데이』. 2014년 3월 28일.

"하늘을 나는 어뢰 대잠 미사일." 『주간조선』. 2014년 6월 2일.

"유엔 안보리, '북 단거리 미사일 발사 규탄 언론발표문 채택'." 『YTN 뉴스』. 2014년 7월 18일.

"북 잠수함 기지서 탄도미사일 수직발사관 식별." 『연합뉴스』. 2014년 9월 14일.

"스캐퍼로티 주한 미 사령관 "북한 핵탄두 소형화 능력 갖춰"." 『연합뉴스』. 2014년 10월 25일.

"미 국무부 북한 SLBM 발사시험 우려…긴장 고조 말아야." 『VOA』. 2015년 12월 2일.

"北 김정은 집권 이후 중 · 단거리 발사체 발사 일지." 『연합뉴스』. 2016년 3월 10일.

"北, '핵탄 기폭장치', 외관상 나가사키 투하 '팻맨' 보다 정교." 『연합뉴스』. 2016년 3월 10일.

"미 국무부 '북한 SLBM 발사, 유엔 결의 위반'." 『VOA』. 2016년 4월 24일.

"유엔 안보리 '북한 SLBM발사 결의 위반, 강력 규탄'." 『VOA』. 2016년 4월 25일.

"미 국방부 '북한 SLBM 발사 결과 아직 분석중'." 『연합뉴스TV』. 2016년 4월 26일.

"유엔 안보리, '北 SLBM 규탄…중대조치 경고'." 『NewDaily』. 2016년 8월 27일.

"트럼프 北, 매우 큰 문제…강력히 다룰 것." 『문화일보』. 2017년 2월 14일.

"트럼프 행정부 대북전략 '최대압박·관여 확정'." 『뉴스 1』. 2017년 4월 15일.

"엔진 1개로 5000㎞ 비행… 2~4개 묶으면 美 동부까지 타격." 『조선일보』. 2017년 5월 16일.

"북한 미사일발사 후 괌주민들, 핵공격 불안에 떨어." 『중앙일보』. 2017년 5월 17일.

"괌 주민들, 북한 신형 탄도미사일 공포 확산." 『NewDaily』. 2017년 5월 18일.

"미 국무"강력한 조치로 北, ICBM 책임 물을 것." 『연합뉴스』. 2017년 7월 6일.

"쿠바 미사일 후 55년만의 본토 위협…신경 곤두선 미국." 『조선일보』. 2017년 7월 6일.

"미, 중러 비토할테면 하라, 우리 길 간다…군사옵션 공개 거론." 『조선일보』. 2017년 7월 7일.

"다시 날아온 '죽음의 백조' …첫 실탄 폭격훈련." 『조선일보』. 2017년 7월 10일.

"하와이주, 북 핵공격 대비 비상대비훈련 방안 발표." 『VOA』. 2017년 7월 22일.

"미본토 위협 현실화…트럼프 '중국에 책임있다' 보복 시사." 『조선일보』. 2017년 7월 31일.

"北, '전면전' 위협…"화성-12로 괌 포위사격방안 검토." 『연합뉴스』. 2017년 8월 9일.

"동체 길어지고 쌍둥이 엔진…화성-15, 개량형 아닌 '신형'." 『한겨레』. 2017년 8월 9일.

"북한 공격 위협에 불안한 괌 주민들." 『한국일보』. 2017년 8월 9일.

"북한, 8월 중순까지 괌 포위사격 방안 완성할 것." 『연합뉴스』. 2017년 8월 10일.

"북, '괌 포위사격' 모의영상 공개하며 UFG비난 선동." 『VOA』. 2017년 8월 21일.

"北, 영상으로 괌 위협…발사단추 누르기만하면 돼." 『H헤럴드』. 2017년 8월 22일.

"북매체, 괌 '미사일 위협' 영상 공개…미국은 그야말로 좌불안석." 『중앙일보』. 2017년 8월 22일.

"北, 유엔 회원국 위협, 중러도 안보리 성명 "이의없다"." 『문화일보』. 2017년 8월 30일.

"안보리, 북규탄 의장성명 만장일치 채택." 『문화일보』. 2017년 8월 30일.

"안보리 새 대북제재 결의 2375 만장일치 채택." 『VOA』. 2017년 9월 12일.

"북한, SLBM 발사관 2-3기 갖춘 신형잠수함 완성 임박." 『MK뉴스』. 2017년 9월 14일.

"美, 北미사일 발사 사전 감지…전문가 '괌 타격능력 과시 의도'." 『radioKOREA』. 2017년 9월 15일.

"[北 또 미사일 도발] 文 "북한 재기불능으로 만들 힘 있다" 강력 경고." 『파이낸셜뉴스』. 2017년 9월 15일.

"안보리, '북 미사일 규탄·제재 성실 이행' 언론성명 채택." 『RFA』. 2017년 9월 15일.

"백악관, 北미사일 상황 실시간 체크… '중러 행동하라' 압박." 『조선일보』. 2017년 9월 16일.

"하와이 주민들, 북 핵 공격 가능성에 비상한 관심…관련 문의 쇄도." 『VOA』. 2017년 10월 11일.

"하와이 비상관리청 부청장, 12월부터 북핵 대피훈련 시작…태평양사령부와 정례 협의." 『VOA』. 2017년 10월 20일.

"트럼프 北 미사일 발사에 "우리가 처리할 것"." 『한국일보』. 2017년 11월 29일.

"미사일 전문가들 "북한 ICBM, 미 본토 공격 가능…대기권재진입도 문제없어"." 『VOA』. 2017년 11월 30일.

"미국 군사전문가 북한 '화성-15형' 사진 보고 하는 말이…." 『매일경제』. 2017년 12월 1일.

"화성-15형 사진 본 美전문가들 '정말 큰, 신형 미사일'." 『노컷뉴스』. 2017년 12월 1일.

"화성-15형 실은 9축 자행발사대차가 주목받는 이유." 『민플러스』. 2017년 12월 4일.

"한반도 유사시 美 전력 2시간 내 DMZ 전개 가능." 『국민일보』. 2017년 12월 6일.

"북한 ICBM 기술 세계 3, 4위 수준." 『주간동아』. 2017년 12월 19일.

"미 군사전문가 "북, 9축 이동식발사차량 본격 생산 정황." 『민플러스』. 2018년 2월 15일.

"김정은 2013년부터 단계적·동시적 조치 비핵화 플랜 있었다." 『한국일보』. 2018년 5월 22일.

"북한, 2020년에 핵탄두 100개 보유국된다." 『중앙일보』. 2018년 12월 28일.

"김정은, 黨전원회의서 '제재로 굴복' 오판에 타격줘야(종합)." 『연합뉴스』. 2019년 4월 11일.

"북신형 잠수함, SLBM 3개 탑재 가능." 『세계일보』. 2019년 7월 31일.

"북, 核프로그램 지속…양보 없을 것." 『News Science Politics & Policy』. 2019년 9월 7일.

"에스퍼 장관 '북한, 핵탄두 장거리탄도미사일 구축 시도'." 『VOA』. 2020년 1월 25일.

3. 외국문헌

가. 단행본

Byman, Daniel and Matthew Waxman. The Dynamics of Coercion: American Foreign Policy and the Limits of Military Might. Cambridge: Cambridge University Press, 2002.

Echevarria II, Antulio J. MILITARY STRATEGY: A Very short Introduction. Oxford: Oxford University Press, 2018.

Freedman, Lawrence. Strategic Coercion: Concepts and Cases. Oxford: Oxford University Press, 1998.

George, Alexander L. Forceful Persuasion: Coercive Diplomacy as an Alternative to War. Washington, D.C.: United States Institute of Peace Press, 1991.

_____. Avoiding War: Problems of Crisis Management. Boulder: Westview Press, 1991.

Habeeb, William Mark. Power and Tactics in International Negotiation: How Weak Nations Bargain with Strong Nations. London: The Johns Hopkins University Press, 1988.

Jakobsen, Peter Viggo. Western Use of Coercive Diplomacy after the Cold War. Basingstoke: Palgrave Macmillan, 2002.

Pape, Robert A. Bombing to Win: Air Power and Coercion in War. Ithaca: Cornell University Press, 1996.

Schelling, Tomas C. The Strategy of Conflict. New York: Oxford University Press, 1963.

_____. Arms and Influence. New Haven and London: Yale University Press, 1966.

나. 논문

Baldwin, David A. "Power Analysis and World Politics: New Trends and Old Tendencies." World politics. Vol. 31, No. 1, 1979, pp. 161-194.

George, Alexander L. "Strategies for preventive diplomacy and conflict resolution." Political Science and Politics. Vol. 33, No. 1, 2000, pp. 15-19.

다. 기타

Government and Commission Report

The Commission on America's National Interests.

United States The White House.

Academic

Baron, Kevin. "What is Foal Eagle?." Foreign Policy, 3 April 2013.

Sagan, Scott D. "The Korean Missile Crisis: Why Deterrence is Still the Best Option." Foreign Affairs. 28 November 2017.

Electronic Data

"Department of Defense to Depioy Ballistic Missile Defense System to Guam." MilitaryInfo, 3 April 2013.

"Bolton: North Korean Rhetoric 'Beyond Their Normal Playbook'." The Washington Free Beacon, 4 April 2013.

"From the PACOM Playbook to PACOM's Plan B (MD)." Information Dissemination, 4 April 2013.

"U.S. delays missile test to avoid stoking North Korea tensions." Reuters,

6 April 2013.

"US Reinforcing Pacific Defense to Counter North Korean Threats." Defence Update, 6 April 2013.

"North Korea tension prompts US missile test delay." BBC, 7 April 2013.

"The North Korean Navy Acquires a New Submarine." 38 North, 19 October 2014.

"CIA establishes Korea Mission Center." CIA HOME, 10 May 2017.

"How North Korea Shocked the Nuclear Experts." Politicomagazine, 26 August 2017.

"New Sinpo-C-class Submarine for North Korea." Conflict observer, 19 October 2017.

"The Price of War With North Korea." The New York Times, 6 December 2017.

"North Korea ICBM Efforts Hampered by Test Ban." Wall Street Journal, 8 October 2018.

부록 1. '핵 소형화 시인 주장' 『로동신문』 보도 건수 년도별 현황
(2013-2018: 총 161건 * 2013.2.13 이전: 전무)

보 도 일		보 도 제 목
2 0 1 3	2월 13일	· 나라의 안전과 자주권수호를 위한 정정당당한 실제적 대응조치
	2월 14일	· 우리 공화국의 제3차 지하핵시험 성공소식을 여러나라에서 보도
	2월 15일	· 과학자들을 대표하여 한 장철 국가과학원 원장의 연설
	2월 21일	· 선군조선의 의지와 위력이 과시된 핵시험
	2월 21일	· 주권수호를 위한 투쟁의 앞길을 절대로 막을 수 없다
	2월 25일	· 그 누구도 감히 건드릴 수 없는 전략로케트 및 핵무기보유국
	2월 26일	· 핵무기 개발자들의 영웅적 위훈 길이 빛나리
	2월 26일	· 대결소동의 부당성 단죄
	3월 2일	· 절대로 용납될 수 없는 자주권 유린 책동
	3월 6일	· 최후승리는 자주권수호에 떨쳐나선 우리 군대와 인민에게 있다
	3월 8일	· 무자비한 정의의 총대로 철천지원쑤 미제와 총결산하고 조국 통일대업을 이룩하자
	3월 8일	· 조선인민군 장병들을 대표하여 한 조선인민군 장령 강표영의 연설
	3월 9일	· 최전방초소에 빛발친 천재적 예지
	3월 10일	· 참패의 력사를 되풀이하는 무모한 선택
	3월 13일	· 우리의 핵억제력은 강위력한 자위의 보검
	3월 14일	· 북침전쟁광란을 짓부시는 무적의 힘
	3월 15일	· 멸적의 쇠물이 끓는다
	3월 17일	· 지체없이 끝장내야 할 도발의 악순환
	3월 27일	· 백두산 총대는 노호한다
	4월 2일	· 조선민주주의인민공화국 내각의 주체101(2012)년 사업정형과 주체102(2913)년 과업에 대하여
	4월 2일	· 경애하는 김정은동지께서 조선로동당 중앙위원회 2013년 3월 전원회의에서 하신 보고
	4월 3일	· 대담한 공격전, 전인민적인 결사전을
	4월 3일	· 주체혁명위업수행에서 중요한 리정표를 마련한 당중앙위원회
	4월 4일	· 우리의 핵무력은 믿음직한 전쟁억제력
	4월 4일	· 우리의 핵억제력은 자주권수호를 위한 정의의 보검

보 도 일	보 도 제 목
4월 5일	· 미국의 대조선적대시정책의 파산을 선고한 전략적로선
4월 7일	· 미국이 심사숙고해야 할 것이라고 경고
4월 10일	· 파멸을 앞당기는 〈맞불전략〉
4월 12일	· 조선의 조준경안에 있는 미국의 군사기지들
4월 13일	· 만대에 길이 빛날 위대한 업적(3)
4월 14일	· 최악의 사태책임은 미국에 있다
4월 18일	· 당의 새로운 병진로선은 경제와 국방병진로선의 계승이며 심화발전
4월 20일	· 민족의 안전과 번영을 담보하는 정당한 로선
4월 21일	· 미국은 종국적파멸을 면치 못할 것이다
4월 22일	· 강위력한 핵무력우에 평화도 있고 부강번영도 있다
4월 24일	· 조선의 핵무기는 정의의 무기(1)
4월 24일	· 〈정론〉백전백승의 최정예강군
4월 25일	· 영웅적조선인민군은 백두산총대로 주체혁명위업의 최후승리를 굳건히 담보해 나갈 것이다
4월 25일	· 〈사설〉위대한 선군령장을 높이 모신 백두산혁명강군은 필승불패이다
4월 25일	· 〈정론〉핵과 평화
4월 26일	· 주체의 태양 빛나는 선군조선의 앞날 휘황찬란하다
4월 27일	· 핵무기는 강장 위력한 전쟁억제력이다
5월 1일	· 경제건설과 핵무력건설병진로선에 관한 중앙연구토론회 진행
5월 3일	· 조선반도긴장격화와 핵전쟁위기를 몰아온 장본인은 미국과 남조선괴뢰들이다
5월 4일	· 핵억제력은 우리 민족의 존엄과 자주권의 상징
5월 7일	· 북침전쟁책동을 짓부시는 강위력한 보검
5월 8일	· 인민생활향상과 핵억제력
5월 8일	· 우리 민족의 조국통일의지는 확고부동하다
5월 12일	· 기초적인 첩보자료조차 몰라 쩔쩔매는 미국
5월 13일	· 강력한 핵억제력은 민족공동의 만년재부
5월 16일	· 핵무력을 중추로 하는 우리의 자위적 국방력

(좌측에 세로로: 2013)

보 도 일		보 도 제 목
2013	5월 21일	· 핵무기의 소형화, 경량화, 다종화, 정밀화
	5월 23일	· 미국은 우리의 핵과 공존하는 법을 배워야 한다
	5월 23일	· 새로운 병진로선은 반미전면대결전에서의 최후승리의 담보
	10월 13일	· 미국이 진정으로 조미관계 개선에 관심이 있다면 대조선적대시정책부터 철회하여야 할 것이다
	12월 29일	· 2013년 조선의 중대사변들
2014	9월 28일	· 극악한 특등대결광, 현대판 매국역적은 한시라도 빨리 제거해버려야 한다
2015	2월 11일	· 날강도 미제는 미국본토 제땅에서 종국적멸망의 쓴맛을 보게 될 것이다
	6월 20일	· 적대시정책을 고집하는자들에게는 안식처가 없다
	10월 6일	· 로골화되는 북침선제공격야망
2016	1월 7일	· 〈전략적인내〉정책은 종말을 고하였다
	1월 7일	· 민족의 천만년미래를 억척같이 담보하는 력사의 대장거
	1월 8일	· 조선이 국력에는 한계가 없다
	1월 8일	· 조국에 필요하면 수소탄보다 더 위력한 것도 만들어내겠다
	1월 9일	· 주체조선의 첫 수소탄시험의 완전성공을 경축하는 평양시 군민 련환대회에서 한 축하연설들
	1월 10일	· 조선이 이룩한 위대한 승리
	1월 10일	· 〈론평〉평화협정체결에 응해나서야 한다
	1월 11일	· 최후승리를 선언하는 2016년의 진동
	1월 12일	· 핵강국의 위용을 떨친 기세로 강성국가건설의 모든 전선에서 대혁신, 대비약을 이룩해나가자
	1월 19일	· 령도자가 위해하여 민족이 강대하다
	3월 9일	· 경애하는 김정은동지께서 핵무기연구부문의 과학작, 기술자들을 만나시고 핵무기병기화사업을 지도하시었다
	3월 18일	· 전인민적, 전국가적 성전으로 특대형도발자들을 죽탕쳐 매장해버릴 것이다
	3월 18일	· 특대형 도발자들을 릉지처참할 때까지
	3월 19일	· 죽음의 도박장에 나선 전쟁부나비들
	3월 19일	· 조선의 선언

보 도 일	보 도 제 목
3월 21일	· 장송곡을 울리며 멸망길을 재촉한다
3월 27일	· 도발자들에게 섬멸적인 불세례를 안길 것이다
3월 27일	· 장송곡을 울리며 멸망길을 재촉한다
4월 2일	· 〈론평〉불공정한 세계정치질서를 변혁하기 위한 정의의 불길을 지펴올리자
4월 6일	· 눈부신 태양을 옹위하여 천만이 총폭탄되리
4월 17일	· 제재와 압박은 우리에게 통하지 않는다
4월 25일	· 우리 인민군대는 조선로동당의 위업을 옹위하는 불패의 혁명적 당군으로 영광떨칠것이다
4월 27일	· 정책전환을 하겠는가, 핵불세례를 맞겠는가
4월 30일	· 〈론평〉궁지에 몰린 쥐무리의 비명
5월 2일	· 오바마의 궁여지책–생억지전술
5월 4일	· 〈론평〉주체의 핵강국의 진군을 절대로 가로막지 못할 것이다
5월 4일	· 〈정론〉혁명의 길 끝까지 가리라
5월 5일	· 조미대결전에서 최후승리는 우리의 것이다
5월 6일	· 주체의 핵강국건설위업에 쌓으신 업적 영원하리
5월 8일	· 왕창옥대표의 토론
5월 11일	· 조선로동당 제7차대회를 경축하는 평양시군중대회
5월 24일	· 〈정론〉5월의 이 기세로 총공격 앞으로!
5월 26일	· 〈론평〉대세에 역행하는 미국에는 출로가 없다
6월 21일	· 〈론평〉동방의 핵강국은 자비를 모른다
6월 26일	· 조선민주주의인민공화국 최고인민회의 상임위원회 정령
7월 3일	· 우리 당의 믿음직한 핵무장력–조선인민군 전략군
8월 1일	· 〈론평〉미국은 변화된 현실을 바로 보고 분별있게 처신해야 한다
8월 26일	· 진보적인류는 희세의 선군령장을 끝없이 신뢰하고 따른다
9월 7일	· 만리대공에로 치솟는 백두산대국의 위용
9월 11일	· 당당한 핵보유 의 위용 과시, 우리 당의 위대한 병진로선 만세!
9월 12일	· 선군조선의 태양이시며 해외동포들의 자애로운 어버이이신 경애하는 김정은원수님께 삼가 드립니다
9월 14일	· 천만군민의 심장을 세차게 울려준 장엄한 승전포성

(2016 표시는 표의 왼쪽 세로 칸)

보 도 일		보 도 제 목
2016	9월 15일	· 동방의 핵강국이 울린 정의의 핵뢰성, 세계에 준 충격
	9월 19일	· 다종화되고 있는 핵무기
	9월 20일	· 〈론평〉선군조선은 빈말을 모른다
	9월 21일	· 《싸드》배치는 그 무엇으로도 합리화될수 없다
	9월 25일	· 자주의 핵강국을 건설하신 위대한 업적 만대에 빛나리
	9월 25일	· 정의의 핵무력우에 나라의 평화와 민족의 존엄이 있다
	9월 26일	· 〈론평〉우리는 조미대결에서 또다시 승리하였다
	9월 28일	· 반공화국핵소동은 북남관계파괴와 긴장격화의 근원
	10월 1일	· 사대화 굴종으로 얻을 것은 수치와 죽음뿐이다
	10월 3일	· 붉은 기폭에 승리만을 아로새겨온 우리의 당기
	10월 3일	· 〈론평〉조선의 핵은 폭제를 막는 인민의 힘이며 민족번영의 억만년미래이다
	10월 6일	· 제재소동은 멸망에 직면한 자들의 최후발악
	10월 7일	· 〈론평〉자위적국방력강화는 우리의 드팀없는 의지이다
	10월 12일	· 대조선적대시정책포기는 미국자신을 위해 필요하다
	10월 19일	· 〈론평〉천하의 백치 박근혜역도의 잠꼬대같은 《북핵해법》타령
	11월 2일	· 〈론평〉주체의 핵강국의 앞길은 그 무엇으로도 가로막지 못한다
	11월 3일	· 〈론평〉대조선적대시정책의 결과는 쓰디쓴 참패뿐이다
	11월 11일	· 수소탄까지 보유한 핵강국
	11월 15일	· 〈론평〉동방의 핵강국은 자기의 위용을 더욱 떨쳐갈 것이다
	11월 25일	· 전략적선택을 심중히 해야 한다
	12월 20일	· 〈론설〉절세의 위인, 불패의 강국에 대한 열렬한 격찬
	12월 22일	· 어리석은 개꿈에서 깨어나야 한다
	12월 22일	· 부강조국건설의 생명선
	12월 23일	· 〈론평〉친미보수《정권》의 붕괴와 파멸은 력사의 필연이다
	12월 27일	· 〈론평〉주체의 핵강국의 전진은 그 무엇으로써도 가로막지 못한다
	12월 28일	· 조선의 힘 꺾을자 이 세상에 없다
	12월 29일	· 민족사적대업을 이룩하신 령장의 발걸음 천하를 뒤흔든다
2017	1월 1일	· 반제자주의 도도한 흐름은 막을 수 없다

보 도 일	보 도 제 목
1월 11일	· 자위적국방력과 선제공격능력을 계속 강화해나갈 것이다
1월 13일	· 종지부가 찍힌 일방적인 핵위협공갈의 력사
1월 13일	· 주체주선의 앞길은 그 누구도 가로막을수 없다
1월 18일	· 우리의 자위적행사는 누구도 시비할수 없다
2월 20일	· 〈론평〉우리의 승리적전진을 가로막을자 이 세상에 없다
2월 21일	· 침략자들의 도전을 무자비하게 짓뭉개버릴 것이다
2월 24일	· 선군혁명의 병기창을 억척같이 다져가는 위대한 령도
2월 25일	· 북침전쟁도발을 노린 무모한 망동
3월 4일	· 백두령장의 필승의 의지를 과시한 력사적사변
3월 6일	· 〈론설〉《《북핵압박공조》》는 파탄을 면할수 없다
3월 13일	· 미제와 남조선괴뢰호전광들은 침략적인 북침합동군사연습을 당장 중지해야 한다
3월 18일	· 〈론평〉미국의 시대착오적인 대조선적대시정책은 비참한 파멸을 면치 못할것이다
3월 31일	· 경애하는 최고령도자 김정은동지께서 위대한 병진의 기치를 높이 드시고 우리 공화국의 존엄과 위용을 최상의 경지에서 떨쳐주신 불멸의 업적은 천추만대에 길이 빛날 것이다
4월 5일	· 《《대아메리카제국》》의 핵몽둥이를 분질러놓은 조선, 《《본토방위전략》》을 떠들며 비칠거리는 미국
4월 10일	· 부강조국건설의 생명선
4월 16일	· 위대한 수령 김일성동지 탄생 105돐경축 열병식 및 평양시군중 시위 성대히 거행
4월 25일	· 〈론평〉전쟁부나비들의 어리석은 객기
4월 25일	· 〈사설〉조선인민군은 수령결사옹위군, 혁명적당군의 영광스러운 전통을 끝없이 빛내여나갈것이다
4월 26일	· 주체조선의 무진막강한 국력을 과시한 력사적사변
5월 10일	· 조선중앙통신사 보도
6월 9일	· 〈론평〉감출수 없는 미국의 대조선적대시정책의 침략적본질
6월 17일	· 무모한 핵전쟁도박
7월 9일	· 〈론평〉사대굴종과 동족대결로 얼룩진 매국행각
7월 16일	· 《《화성-14》형의 충격, 그 의미》》
7월 17일	· 민족사적대업을 이룩하신 업적 천추만대에 빛나리
7월 23일	· 위력한 핵공격수단 대륙간탄도로케트

The left column shows the year **2017** spanning all rows.

보 도 일		보 도 제 목
2017	8월 6일	· 미국의 핵위협을 불가능한 것으로 만든 대륙간탄도로케트 〈화성-14〉형
	9월 5일	· 자멸을 재촉하는 무분별한 불장난소동
	9월 19일	· 어길수 없는 승리와 패배의 두 전통(5) 최후승리는 주체조선의 것이다
2018	4월 21일	· 과학교육사업에서 혁명적전환을 일으킬데 대하여
계		161건: 2013(57건), 2014(1건), 2015(3건), 2016(69건), 2017(30건), 2018(1건)

부록 2. 북한 핵실험 · 미사일 · 방사포 시험발사 총괄 현황

연도	일자	구분	발사체 및 실험체	수량	발사거리 (km)	발사 장소 (탄착지)	비고
1984	4.9.	단거리	스커드-B(화성-5호) * 최초 시험발사	7	300		
1986	5.	단거리	스커드-C(화성-6호) * 최초 시험발사	1	500		
1990	5.	준중거리	노동 1호(화성-7호) * 최초 시험발사 / 실패	1	150	무수단	
1991 (2건)	6.	단거리	스커드-C(화성-6호)	1			
	10.	단거리	스커드-C(화성-6호)	1			
1992	6.	준중거리	노동 1호(화성-7호) * 실패	1			
1993 (2건)	5.29.	단거리	스커드-C(화성-6호)	2		함북 무수단 (동해)	
		준중거리	노동1호(화성-7호) * 성공 추정	1	500		
1994	5.31.	단거리	실크웜 (금성 1호, KN-01)				
1998	8.31.	장거리	대포동 1호(광명성 1호)	1	1,800~2,500	함북 무수단 (동해)	
2003 (4건)	2.24.	지대함	실크웜 (금성 1호, KN-01)	1	100	함남 (동해)	
	3.10.	지대함	실크웜 (금성 1호, KN-01)	1	100	함남 (동해)	
	4.1.	지대함	실크웜 (금성 1호, KN-01)	1	60	서해	
	10.20.	지대함	실크웜 (금성 1호, KN-01)	1	100	함남 (동해)	
2004	4.	단거리	단거리 미사일 (독사, KN-02)	1		강원도 깃대령	
2005	5.1.	단거리	단거리 미사일 (독사, KN-02)	2	120	함북 청진 (동해)	
2006 (4건)	3.8.	단거리	단거리 미사일 (독사, KN-02)	2	100~120	동해 (동해)	
	7.5.	장거리	대포동 2호(1발) * 실패(공중폭발)	1		함북 무수단 (동해)	
	7.5.	준중거리	노동 및 스커드급(6발) 시험발사	6			
	10.9.	핵	1차 핵실험			함북 풍계리	
2007 (4건)	5.25.	지대함	실크웜 (금성 1호, KN-01)	1	100	함남 단천 (동해)	
	6.7.	지대함	실크웜 (금성 1호, KN-01)	2	100	서해 (서해)	
	6.19.	지대함	실크웜 (금성 1호, KN-01)	1	100	동해 (동해)	
	6.27.	단거리	단거리 미사일 (독사, KN-02)	3	100	함남 신상리 (동해)	
2008 (4건)	3.28.	함대함	함대함 단거리 미사일	3	40	서해 (서해)	
	5.31.	함대함	함대함 단거리 미사일	3		평남 중산군 (서해)	
	6.27.	단거리	지대지 단거리 미사일	3	100	함흥인근 (동해)	
	10.7.	공대함	실크웜 (금성 1호, KN-01)	2		서해 (서해)	
2009 (9건)	4.5.	장거리	은하2호 / 광명성 2호	1	1단: 280 2단:2,300	함북 무수단	
	5.25.	핵	2차 핵실험			함북 풍계리	
	5.25.	지대함	지대함 단거리 미사일 발사 (12:08)	1	130	함북 무수단 (동해)	

연도	일자	구분	발사체 및 실험체	수량	발사거리 (km)	발사 장소 (탄착지)	비고
2009 (9건)	5.25.	지대함	지대함 단거리 미사일 발사 (17:03)	2	130	원산 인근 (동해)	
	5.26.	지대함	지대함 단거리 미사일 발사	2	130	함흥 신상리 (동해)	
	5.29.	지대공	신형 지대공 미사일 발사 (18:12)	1		함북 무수단 (동해)	
	7.2.	지대함	지대함 단거리 미사일 발사 (17:20, 18:00, 19:50, 21:26)	4	100	함흥 신상리 (동해)	
	7.4.	준중거리	노동 1호 (8:00)	2	300~450	강원 깃대령 (동해)	
		단거리	스커드 (10:45, 12:00, 15:00, 16:10, 17:40)	5			
	10.12.	단거리	단거리 미사일 (독사, KN-02) * 추정	5		무수단 (동해)	
2012 (5건)	1.11.	단거리	단거리 미사일 (독사, KN-02) * 추정	3	90~100	동해 인근 (동해)	
	3.29.	지대함	실크웜 (금성 1호, KN-01) * 추정	2	120	동해 인근 (동해)	
	4.13.	장거리	은하 3호 / 광명성 3호 * 실패	1		평북 동창리 (남쪽)	
	9.27.	지대함	실크웜 (금성 1호, KN-01) * 추정	1	80~90	평남 인근 (서해)	
	12.12.	장거리	광명성 3호 2기 / 은하 3호	1		평북 동창리 (남쪽)	김정은 참관
2013 (5건)	2.12.	핵	3차 핵실험			함북 풍계리	
	3.15.	단거리	단거리 미사일 (독사, KN-02) (16:30)	2		동해 인근	
	5.18.	단거리	단거리 미사일 (독사, KN-02) (9:00, 11:00, 16:00)	3	100	강원 원산 (동해)	
	5.19.	방사포	300mm 방사포 (KN-09) * 추정	1		강원 원산 (동해)	
	5.20.	단거리	단거리 미사일 (독사, KN-02)	2		강원 원산 (동해)	
2014 (18건)	2.21.	방사포	300mm 방사포 (KN-09) (16:00)	4		강원 원산 (동해)	
	2.27.	단거리	스커드-B (화성-5호) (05:42~) * 추정	4	200	강원 깃대령 (동해)	
	3.3.	단거리	스커드-C(화성-6호) (06:19) * 추정	2	500	강원 원산 (동해)	
	3.4.	방사포	300mm 방사포 (KN-09) (04:17, 04:57, 05:07)	4	155	호도반도 (동해)	
	3.16.	단거리	단거리 미사일 (독사, KN-02) * 비유도 추정 (18:20 10발, 20:03 8발, 21:28 7발)	25	70	원산 갈마반도 (동해)	
	3.22.	단거리	단거리 미사일 (독사, KN-02) * 비유도 추정 (04:00-06:10)	30	70	원산 일대 (동해)	
	3.23.	단거리	단거리 미사일 (독사, KN-02) * 비유도 추정 (00:52-02:21)	16	60	원산 일대 (동해)	
	3.26.	준중거리	노동1호(화성-7호) (02:35, 02:45) * 추정	2	650	평북 숙천 (동해) * 내륙통과	
	6.26.	방사포	300mm 방사포 (KN-09) (17:00)	3	190	원산 호도반도 (동해)	김정은 참관
	6.29.	단거리	스커드 계열 (04:50, 04:58) * 추정	2	500	원산 일대 (동해)	김정은 참관
	7.2.	방사포	300mm 방사포 (KN-09) (06:50, 08:00) * 추정	2	180	원산 일대 (동해)	

연도	일자	구분	발사체 및 실험체	수량	발사 거리 (km)	발사 장소 (탄착지)	비고
2014 (18건)	7.9.	단거리	스커드 계열 (04:00, 04:20)	2	500	황남 평산 (동해) * 내륙통과	김정은 참관
	7.13.	단거리	스커드 계열 (01:20, 01:30)	2	500	개성 북쪽 (동해) * 내륙통과	김정은 참관
	7.26.	단거리	스커드 계열 (09:40)	1	500	황남 장산곶 (동해) * 내륙통과	김정은 참관
	7.30.	방사포	300mm 방사포 (KN–09) (07:30, 17:50) * 추정	4	130~210	평북 묘향산 (동해) * 내륙통과	
	8.14.	단거리	전술로켓탄 (KN–10) (09:30, 09:40, 09:55, 12:56, 13:05)	1	220	원산 일대 (동해)	김정은 참관
		방사포	300mm 방사포 (KN–09) * 추정	4			
	9.1.	단거리	스커드 계열 (10:30) * 추정	1	220	자강도 용림 (동해)	
	9.6.	단거리	스커드 계열 (07:00) * 추정	3	210	원산 일대 (동해)	
2015 (15건)	1.23.	SLBM	SLBM 수중 사출시험 * 비행시험 추정	1		함남 신포조선소	
	2.6.	함대함	신형 반함선 로켓 (KH–35)	4	100	원산 일대 (동해)	김정은 참관
	2.8.	단거리	불상 미사일 (04:20–5:10)	5	200	원산 일대 (동해)해	
	2.20.	지대함	실크웜 (금성 1 호, KN–01)			서해 남포	
		지대공	SA–3 지대공 미사일				
	3.2.	단거리	스커드 계열 (06:32, 0641) * 추정	2	490	서해 남포 (동해)	
	3.12.	지대공	SA 계열 (06:00–07:00)	7	250	함남 선덕 (동해)	
	4.2.	단거리	단거리 미사일 (독사, KN–02) (10:30) * 추정	1	140	서해 인근	
	4.3.	단거리	단거리 미사일 (독사, KN–02) (16:15–17:00) * 추정	4	140	평북 동창리 (대동강 하구)	
	4.7.	지대공	신형 지대공 단거리 미사일 (KN–06) * 추정	2	100	평남 화진리 (서해)	
	5.8.	SLBM	북극성–1 (KN–11) * 수중 사출시험	1		신포 인근 해역	김정은 참관
	5.9.	함대함	신형 반함선 로켓 (KH–35) (04:25–05:23) * 추정	3		원산 호도반도 (동해 마양도)	
	6.14.	함대함	신형 반함선 로켓 (KH–35) (16:21–16:47)	3	100	원산 호도반도 (동해 마양도)	김정은 참관
	11.2.	지대공	SA–3 * 서부전선 반항공부대 고사로케트 훈련	1		평남 증산군	김정은 참관
	11.28.	SLBM	북극성 1 호 (KN–11) (14:20–14:40)	1		원산 앞 바다	김정은 참관
	12.21.	SLBM	북극성 1 호 (KN–11)	1		원산 앞 바다	
2016 (24건)	1.6.	핵	4 차 핵실험			함북 풍계리	
	1.8.	SLBM	북극성 1 호 (KN–11)	1		원산 앞 바다	김정은 참관
	2.7.	장거리	장거리 탄도미사일(광명성 4호) (09:30)	1		평북 동창리 (남쪽)	
	3.3.	방사포	300mm 방사포 (KN–09) (10:00)	6	100	원산 일대 (동해)	김정은 참관

연도	일자	구분	발사체 및 실험체	수량	발사거리 (km)	발사 장소 (탄착지)	비고
2016 (24건)	3.10.	단거리	스커드 계열 (05:20)	2	500	황북 황주 일대 (동해) * 내륙통과	김정은 참관
	3.16.	SLBM	SLBM (KN-11) * 지상 사출시험 추정	1		신포조선소	김정은 참관
	3.18.	준중거리	노동 계열 (05:55)	1	800	평남 숙천 (동해) * 내륙통과	
	3.21.	방사포	300mm 방사포 (KN-09) (15:19~16:05)	5	200	함흥 북방 (동해)	김정은 참관
	3.29.	방사포	300mm 방사포 (KN-09) (17:40) * 추정	1	200	원산 일대 (내륙)	
	4.1.	지대공	신형 지대공 단거리 미사일 (KN-06) (13:00) * 추정	3		함북 신덕 (내륙)	김정은 참관
	4.15.	중거리	무수단 (화성 -10) (05:30) * 공중폭발	1		동해안 일대 (동해)	
	4.23.	SLBM	북극성 -1 (KN-11) (18:30)	1	30	함남 신포 (동해)	
	4.28.	중거리	무수단 (화성 -10) (06: 40) * 수초만에 추락	1		원산 일대 (동해)	
	4.28.	중거리	무수단 (화성 -10) (19: 26) * 공중폭발	1			
	5.31.	중거리	무수단 (화성 -10) (05:20) * 폭발	1		원산 일대 (동해)	
	6.22.	중거리	무수단 (화성 -10) (05:58) * 폭발	1	150	원산 일대 (동해)	김정은 참관
	6.22.	중거리	무수단 (화성 -10) (08:00)	1	400 (고각 : 1,413)		
	7.9.	SLBM	북극성 1호 (KN-11) 시험 발사 (12:50)	1	10	함남 신포 (동해)	
	7.19.	준중거리	노동 1호(화성-7호) (05:45)	2	500~600	황북 황주 (동해) * 내륙통과	김정은 참관
		준중거리	스커드-ER (KN-16) (06:40)	1	500~600		
	8.3.	준중거리	노동 계열 (07:50) * 추정	2	1,000	황북 은율 (동해) * 내륙통과	
	8.24.	SLBM	북극성 1호 (KN-11) (05:30)	1	500	함남 신포 (동해) * 日 방공식별구역 낙하	김정은 참관
	9.5.	준중거리	노동 (12:14)	3	1,000	황북 황주 (동해) * 내륙통과 * 日 방공식별구역 낙하	김정은 참관
	9.9.	핵	5차 핵실험			함북 풍계리	
	10.15.	중거리	무수단 (화성-10) (12:33) * 공중폭발	1		평북 구성시 방현비행장	
	10.20.	중거리	무수단 (화성-10) (07:00) * 공중폭발	1		평북 구성시 방현비행장	
2017 (18건)	2.12.	준중거리	북극성-2형 (KN-15) (07:55)	1	500	평북 구성시 방현비행장 (동해) * 내륙통과	김정은 참관
	3.6.	준중거리	스커드-ER (KN-16) (07:36)	4	1,000 (고도: 260)	평북 동창리 (동해)* 내륙통과/日 EEZ	김정은 참관
	3.22.	중거리	무수단 (화성-10) (07:00) * 추정	1		강원·원산비행장 일대	

연도	일자	구분	발사체 및 실험체	수량	발사 거리 (km)	발사 장소 (탄착지)	비고
2017 (18건)	4.5.	준중거리	화성-12형 (KN-17) (06:40) * 추정	1	60	함남 신포 일대 (동해)	
	4.16.	중거리	화성-12 (KN-17) (06:20) * 추정	1		함남 신포 일대	
	4.29.	중거리	화성-12 (KN-17) (05:30) * 추정	1		평남 북창 (내륙) * 내륙통과	
	5.14.	중거리	화성-12 (KN-17) 시험발사 (05:37)	1	787 (고도: 2,110)	평북 구성 방현 비행장 (동해) * 내륙통과	김정은 참관
	5.21.	준중거리	북극성-2형 (KN-15) (16:59)	1	500	평남 북창 (동해) * 내륙통과	김정은 참관
	5.27.	지대공	지대공 유도 미사일 (번개 5호, KN-06)	1		함경남도 선덕	김정은 참관
	5.29.	단거리	정밀유도체계 도입한 미사일 (KN-18) * 스커드 계열 추정	1	450 (고도: 100)	강원도 원산 (동해)	김정은 참관
	6.8.	지대함	지대함 순항미사일(KH-35 추정) (06:18)	4	200 (고도: 2)	강원도 원산 (동해)	김정은 참관
	7.4.	ICBM급	화성-14 (KN-20) (09:00)	1	933 (고도: 2,802)	평북 구성 방현 비행장 (동해) * 내륙통과 / 일본 EEZ	김정은 참관
	7.28.	ICBM급	화성-14 (KN-20) (23:04)	1	998 (고도: 3,724)	자강도 무평리 (동해) * 내륙통과	김정은 참관
	8.26.	방사포	300mm 방사포 (KN-09) (06:49) * 추정	3	250 (고도: 50)	강원도 깃대령 (김책 남단)	
	8.29.	중거리	화성-12형 (KN-17) 시험발사 (05:27)	1	2,700 (고도: 550)	평양시 순안구역 일대 (북태평양) * 내륙 / 일본통과	김정은 참관
	9.3.	핵	6차 핵실험			함북 풍계리	
	9.15.	중거리	화성-12 (KN-17) 시험발사 (05:27)	1		평양시 순안구역 일대 (북태평양) * 내륙 / 일본통과	김정은 참관
	11.29.	ICBM급	화성-15 (KN-22) (02:48)	1		평남 평성시 (동해) * 내륙통과	김정은 참관

부록 3. UN안보리 대북결의 · 성명 및 미국의 대북 독자 제재 현황
(2012-2017)

보도일				조치이유
일자	종류	보	문서번호	
2012	4.16	의장성명	S/PRST /2012/13	광명성-3호 발사(2012.4.13) 규탄
2013	1.22	결 의	S/RES/2087	광명성-3호 발사(2012.12.12) 제재
	2.12	언론성명	SC/10912	3차 핵실험(2.12.) 규탄
	3. 7	결 의	S/RES/2094	3차 핵실험(2.12) 제재
	4. 8	미국 독자 제재법	H.R.893	Iran, North Korea, and Syria Nonpro-liferation Accountability Act of 2013 / 3차 핵실험(2.12)에 대한 대응
2014	4.27	기자회견 (구두성명)	비공식문건	3월 단거리 · 노동미사일 발사 규탄
2016	1.6	언론성명	SC/12191	4차 핵실험(1. 6) 규탄
	2. 7	언론성명	SC/12234	광명성-4호(2. 7) 발사 규탄
	2.18	미국 독자 제재법	H.R.757	North Korea Sanctions and Policy Enhancement Act of 2016 / 4차 핵실험 (1. 6)에 대한 대응
	3. 2	결 의	S/RES/2270	4차 핵실험(1. 6) 제재
	3.18	언론성명	SC/12293	노동미사일(3.18.) 발사 규탄
	4.24	언론성명	SC/12335	SLBM 시험발사(4.23.) 규탄
	6. 1	언론성명	SC/12385	4-5월 탄도미사일 발사 규탄
	6.23	언론성명	SC/12418	무수단 미사일(6.22) 발사 규탄
	8.26	언론성명	SC/12494	7-8월 탄도미사일 발사 규탄
	9. 6	언론성명	SC/12509	북극성-1형 시험발사(8.24) 규탄
	9. 9	언론성명	SC/12513	5차 핵실험(9. 9) 규탄
	10.17	언론성명	SC/12557	무수단 미사일(10.15) 발사실패 규탄
	11.30	결 의	S/RES/2321	北 5차 핵실험(9. 9) 제재

보 도 일				조치이유
일자	종류	보	문서번호	
2017	1. 2	결　의	S/RES/2356	무수단 미사일(10.15/20) 발사 제재
	2.13	언론성명	SC/12716	무수단 발사실패(2016.10.26.)과 북극성 -2형 발사(2017.2.12.) 규탄
	3. 7	언론성명	SC/12741	스커드-ER 발사(3. 5) 발사 규탄
	3.23	언론성명	SC/12763	신형로켓엔진시험 및 무수단 미사일 발사 규탄
	4. 6	언론성명	SC/12780	화성-12형 발사(4. 5) 규탄
	4.20	언론성명	SC/12801	화성-12형 발사(4.12) 규탄
	5.15	언론성명	SC/12821	화성-12형 발사(4.29, 5.14) 규탄
	5.22	언론성명	SC/12831	북극성-2형 발사(5.21) 규탄
	8. 2	미국 독자 제재법	H.R.3364	Countering America's Adversaries Th -rough Sanctions Act of 2017 / 북한의 미 본토 타격능력 강화에 대한 제재 및 전방위적 압박 목적
	8. 5	결　의	S/RES/2371	화성-14형 발사(7.4/28) 발사 제재
	8.29	의장성명	S/PRST /2017/16	화성-12 발사(8.29) 규탄
	9.11	결　의	S/RES/2375	北 6차 핵실험(9.3) 제재
	9.15	언론성명	SC/12994	화성-12형(9.15) 발사 규탄
	12.22	결　의	S/RES/2397	화성-15형 발사(11.29) 제재
총　　계				결의 8건, 의장성명 2건, 언론성명 19건 기자회견 구두성명 1건 미국 독자제재법 3건

* 미국 독자제재법은 발효일 기준임.